U0087886

日本史

矜持的變色龍

廖敏淑——著

三民書局

自　序

　　清末首位駐日參贊黃遵憲詩云:「只一衣帶水,便隔十重霧」,以此形容當時的中日關係,迄今似乎還能適用於我們看待日本史的狀況。

　　學習外國史時,總不免帶著自己國家民族的視角,優點是可以經由對比更加深刻理解彼此異同之處,但過度從己方視角觀察,也許看不清對方的真實樣貌。不管從地理、人種、歷史及文化等方面來看,我們往往感覺日本較其他國家親近,也熱衷與日本歷史對比,但若基於日本國家社會結構史的發展而言,日本歷史結構其實更加接近西方。閱讀完本書,想必讀者能夠認知到這一點。為了起到畫龍點睛的作用,序言部分僅簡單提及本書內文未多加闡述的一些概念。

　　首先,關於日本史的分期。將歷史分期的做法,源於西方近代歷史科學與哲學的興起,學者依據歐洲史的演進,將歷史分成古代、中古、近代等時期,日本在接受西方近代文明的同時,也將自己的歷史做了相應劃分,這樣的劃分持續至今,基本未在日本學界引起太多紛歧,本書也樂於採用這樣的分期。中國在近代化過程中也採用了歷史分期,但相較於日本史,中國史的分期卻在學界一直存在種種爭議,其根本原因在於中國歷史的軌跡迴然

不同於西方。特別是在「祭（宗教）政合一」的君權神授政治權威，以及封建、莊園、貴族世襲統治等制度上，西方和日本都陸續延續到進入近代時期才逐步瓦解，西方所謂的近代，毋寧是逐步瓦解上述制度，而漸次進入到確立中央集權、階級流動、宗教不凌駕於政治、學識之上，以及資本與私有權等制度確立的一連串過程。日本開國之前，在前近代的幕藩制度上，歷經多次改革，總無法釜底抽薪，接受西方制度之後，才迅速步上了近代化的過程，將國家社會體制轉變成仿效西方近代的體制。但在中國，這些制度的瓦解，有些部分最早可以推到周代，遠早於西方兩千多年，中國與西方、日本不合拍的歷史進程，是中國史難以使用西式歷史分期、而日本卻能適用該分期的主要原因。

　　其次，關於日本島上的人種，過去常有「大和單一民族」的印象，但那是基於日本近代對於自己「神國」的塑造而創出本國民族優於其他民族的「神話」，如同納粹宣傳純潔雅利安人種一般，是服務於政治的假學說。事實上，在一萬多年前，日本列島與中國大陸相連，彼此往來，人種相近；海面上升後，仍有許多渡來人經由朝鮮半島陸續移民到日本。就連承續近親通婚血脈的平成太上天皇都曾於 2010 年公開承認天皇血脈中包含了朝鮮系。因此所謂「大和單一民族」的政治假學說，也該成為歷史「死語」了，尤其是在今日多元文化的共識上，我們認為所有人種平等，把視角放在關注哪些人在哪塊土地上創造出了什麼樣的文化，而無須糾結於過去特殊政治時空下的假學說。

　　其三，關於副標題「矜持的變色龍」。整部日本史，呈現出日

本在周邊高等文明影響下，不斷學習更高文明的過程，渡來人帶來大陸和朝鮮的農業文明時，日本列島政權就轉換成男系政權，其中樞陸續模仿朝鮮的佛教政治以及儒學的禮教憲法，乃至後來的律令政治；到了開國時期，又採用西方近代文明，步上中央集權的西式帝國等等。但孤僻一隅的日本，在政權色調轉換中，其社會容易保有因地制宜的悠久傳統，如到戰國時代為止還殘存著女性繼承的女系社會遺存，乃至今日某些鄉村依舊遺留一些村請制的傳統等等，這些集體共同生活的歷史基因塑造了日本的特有風格。無論政治體制經歷過多少巨大轉變，對流淌於社會底層的傳統之矜持，是日本的一大特色。日文的「矜持」，有自誇、自負、莊重、自尊等含意；中文的「矜持」，則主要是沉穩、保守、嚴肅等含意。兩相結合，正好符合我從歷史上看到的日本民族之印象，時而誇大，時而保守。

最後，筆者想分享一下個人對於日本歷史的簡單感想：整部日本史基本呈現出在「身分」前提下的「大權旁落」現象。日本歷史中廣泛存在臣下逐步擴張勢力、漸次滲透、最終架空主上，但仍藉著主上權威而執掌政權的情況，不過這樣僭越主上而掌權，是有「身分」侷限的，並非人人得以施行，這些臣下本身就是貴族或特權階級，他們通過種種手段掌控大權，例如，蘇我氏、藤原氏、武家政權（大政委任）的操控朝政；執權政治、三管領、幕閣的掌控幕政；下級武士創建的藩閥政府乃至帝國大學、陸軍海軍大學校出身者掌控「王政復古」後的日本帝國等等。一方面體現其社會中「請負」（請託）傳統在政治上的展現，一方面也存

在著總總血統、階級，乃至於鄉緣、近代學歷等「身分」侷限。如今的「世襲」政客也操控著本屬於國民的主權，這或許可說是日本史上長久政治請負與封建身分制度下遺存的活化石吧。

另外，關於本書的敘事安排。明治六年（1873年）1月1日，日本採用西方新曆，書中日期在此前的為舊曆，此後的日期為新曆，不另換算新舊曆。地名的大阪，在明治以前的文書多標記為大坂，故本書在明治以前使用大坂，明治以後使用大阪。文中歷史專有名詞以日文為主，於首次出現時，以括弧添加中文用詞。以上提請讀者閱讀時注意。

廖敏淑

2023 年 6 月序於臺北木柵

日本史
矜持的變色龍

目 次 *Contents*

Japan

第 I 篇
上古、古代

第一章 *Chapter 1*

列島最初的居民與文明

距今約一萬八千年前，末次最大冰期結束前，東亞島弧均與亞洲大陸相連，因此當時日本列島上的居民與大陸居民沒有兩樣，均被學界稱為蒙古人種。後來隨著間冰期的氣溫逐漸上升，海平面升高，距今約六千年到一萬年前達到海侵高峰，日本列島才與大陸隔海相望。繩文時代中前期的日本列島經歷了相對溫暖的時代，晚期因氣溫下降，只習於採集為生的日本列島上居民艱難地度過這段寒冷時期，直到從大陸渡海而來的「渡來人」帶來了水稻耕種等文明，跳躍式地將日本列島帶入彌生時代的農耕文明。繩文時期居留在日本列島上的人，還保留著濃眉、雙眼皮、厚唇、深輪廓的闊臉型，但在大陸上經歷了寒冷時期後渡海而來的人，則大多是單眼皮、輪廓較長且淺平的臉型。前者被稱為「舊蒙古人種」（繩文人），帶來稻作等文明的渡來人則被稱為「新蒙古人種」，在彌生時代與日本列島本土的居民混血，成為現在日本人的祖先。

第一節　舊石器時代

　　在日本歷史學受西方近代化影響而開始對日本史做歷史分期之後，由於一直未發現舊石器時代的考古證據，因此學者原以為日本不存在舊石器時代，於是對於遠古時期只以代表新石器時代的土器之特徵，劃分了繩文與彌生時代。直到 1946 年相澤忠洋（1926–1989 年）在群馬縣岩宿發現打製石器，日本學界才證實了日本列島也存在舊石器時代。不過日本迄今出土的舊石器物件如小刀型石器、尖頭石器、細刀刃、石斧、薄片石器等的定年，大約集中在距今三萬年前至一萬年前，均屬於人類舊石器時代的晚期之細石器文化。此外，在今日的北海道地區，也出土了舊石器時代晚期以黑曜石打製的石器。

　　舊石器時代晚期處於寒冷冰河時期的日本列島上的居民，主要過著使用打製的細石器捕殺諾氏古菱齒象 (Naumann elephant)、大角鹿等大型野獸，居住於柱穴（圓柱型凹洞）的生活。

第二節　繩文人與土器

　　繩文時代距今約一萬二千年前至二千四百年前，屬於新石器時代，繩文人除打製石器、廣泛使用磨製石器與骨角器等石器外，還製造土器，由於出土土器上有繩紋壓印的紋飾（見圖 1），因此被稱為繩文時代。土器是尚未使用轆轤、窯等製陶技術，以低溫

「野燒」（在地上直接燒烤）方式燒製的土陶器，用來煮沸堅硬的植物種子、肉類等食物，或儲存食物之用，有些則用來蒸乾海水取鹽。

由圖 2 可知繩文時代的中前期氣溫比現代還高，十分溫暖。當時日本列島上的居民主要採集橡實、栗子、野菇、山菜等植物食用，並以弓箭獵捕

圖 1： 藏於東京國立博物院的繩文初期土器

動作較快的野豬、日本鹿等中型野獸。聚落發現了貝塚、丸木舟遺跡，可見繩文人也從事漁撈生計。

相對於其他同時代文明已經開始栽培植物作為主要食物來源之一，繩文人雖也從事一些植物甚至稻作栽培，但由於氣候溫暖，隨意採集即可溫飽，因此並不以農業栽培作為主要的食物生產手段。

從發現的繩文人聚落可知，他們居於豎穴式住居（半地穴式，有木柱支起茅草屋頂的房屋），一個聚落大約有四～六戶，人口約二十～三十人。氣候溫暖、食物隨處可得的繩文時代，人們在單一處所居留的時間很短，大致是沿著一個河川流域，為了覓食而反覆遷徙，因此住處大多是簡單的帳篷式小屋，或是利用山中洞穴作為居所，由這些小集團又各自組成了大的部落。通過僅產於

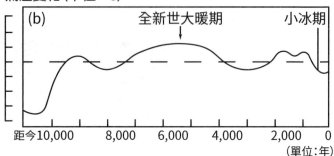

圖 2：過去一萬年的氣溫變遷，實線為各年代氣溫與二十世紀初期氣溫（虛線）的差值

北海道白瀧、長野和田峠、伊豆神津島等地的黑曜石，在繩文時代卻普遍出現在日本列島中部及關東地帶的現象，可知日本列島已經存在著遠方部落之間的交易，以及部落對小集團分配物資的情形。

　　由出土墓葬、骸骨等研究發現，繩文人身形矮小，成人男性約一百五十多公分，女性約一百四十多公分，闊臉、輪廓深、濃眉、雙眼皮、厚唇。現代的愛奴、琉球人還大致保持這樣的臉部特徵。繩文人燒製女性形象的土偶，用來祈禱生殖與豐收，認為動植物和大自然現象均有靈魂存在，已有崇拜精靈的原始自然泛神信仰 (animism)。有作為類似成年儀式等作用的拔齒習俗。棺內放有陪葬物（厚葬），採取折曲手足肢體的屈葬型式。

　　從約距今四千年前繩文晚期開始，地球平均氣溫下降約二度攝氏度，繩文人無法再像過去溫暖的時候一樣隨意採集就能生存，殘存下來的繩文人燒製土偶、在洞穴裡刻上神靈圖像，以呪術等方式祈求度過艱難的歲月。

第三節　彌生人與農耕文明

　　彌生時代約為西元前五世紀至西元後三世紀,由於 1884 年在東京都文京區的彌生地方發現了與繩文土器不同、沒有文樣的土器（見圖 3）,因而被稱為彌生時代。彌生時代雖然只有八百年左右,卻因渡來人帶來大陸文明,使日本列島從新石器時代晚期直接進入了農耕時代,渡來人帶了大陸文明的青銅器、鐵器,因此彌生時代是石器、青銅器、鐵器並用的時代。

　　彌生人使用壺形（儲藏米）、甕型（蒸煮用）、高杯型（盛物之用）等土器,彌生土器較繩文土器薄、堅固且色彩明亮,但燒製土器的方式仍是尚未使用轆轤、窯等製陶技術的「野燒」。

　　從中國大陸經由朝鮮半島渡海而來的「渡來人」是經歷寒冷時期的 「新蒙古人種」,他們的平均身高約比繩文人高三〜四公分,臉較長、較平。陸續到來的渡來人帶來了以水稻為基礎的農耕文明,並把在當時中國大陸上盛行的青銅禮器、用於農耕或作戰的鐵器以及織布技術等文明帶進日本列島,使日本列島一口氣

圖 3：吉野ヶ里遺跡出土的彌生土器

從新石器晚期跳躍到農耕文明時代。渡來人最常採取的路徑，是從朝鮮半島南端或山東半島、浙江等地出發，渡海後抵達九州北部。到了彌生時代中期，九州北部約七成的居民都是渡來人了。

　　種植水稻必須掌握灌溉用水、肥沃的土地，還要儲存糧食、種子，這涉及了水源、土地、剩餘生產物資的爭奪、分配，還有以男性為主力的集體農耕勞作，於是普及了水稻文明的日本列島生活樣態出現很大變化，從母系社會進入男系社會。居住的模式也與繩文時代不同，農業文明下的彌生人大多住在高於平地五十公尺以上、周圍有壕溝防衛的高地「環濠集落」（見圖4）。部落中的中心地帶建有供部落首長居住或是舉行宗教儀式的「高床住居」（高床意指高地板，類似吊腳樓）建築，以及用來儲存糧食、

圖4：吉野ヶ里歷史公園所修復的環濠

種子等財產的「高床倉庫」。一般彌生人的住屋還是豎穴式住居。農業文明需要集體勞作，加上穩定的糧食獲取，均使部落人口相對繩文時代大增，因此與繩文人在住處旁營造墳墓的情況不同，彌生人是在部落外圍設置公共墓地，墓地中墳墓尺寸的大小也顯示出部落中出現了階級社會。彌生時代的墓葬形式有在九州北部出土的土器甕棺墓、在中國地方出土的箱式石棺墓，以及從九州北部、近畿到中部地方、關東等地都曾出土的方型周溝木棺墓等，並出現了將死者肢體伸展平放的伸展葬。其中，箱式石棺墓、方型周溝木棺墓以及伸展葬的型式應該都是和農耕文明一起，隨著渡來人帶到日本列島上的。

從出土墓葬可以見到許多屍骨插著武器或肢體受損甚至無頭顱等情形，與「環濠集落」的存在一樣，都證明農業文明伴隨了爭奪水源、土地、剩餘生產物資等的戰爭。

在圍繞農業生產紛爭的背景下，防備力強大的部落經過戰爭統合了周邊的部落而形成較大的政治集團，《漢書·地理志》記載：「樂浪海中有倭人，分為百餘國，以歲時來獻見云。」即是形容此時日本列島上小國林立的狀況。《後漢書·東夷列傳》也記載了光武帝建武中元二年（57 年）春正月，「奴國奉貢朝賀，使人自稱大夫，倭國之極南界也，光武賜以印綬。」這枚光武帝賜給倭奴國王的蛇鈕金印於 1784 年在福岡志賀島出土，上刻有「漢委奴國王」印文。可知彌生中晚期的列島政權在渡來人的引介下，習得用與中國建立封貢關係的方式，來獲得作為區域共主的正統性。

邪馬臺國、古墳時代、大和王權

第一節　邪馬臺國

　　邪馬臺國誕生於彌生晚期因農業文明而戰爭頻生的時代。西元二世紀末，日本列島大亂，各小國互相攻擊，歷有年數，各國共立邪馬臺國 (yamataikoku/yamatokoku) 女王卑彌呼為王，亂事方平，形成了以邪馬臺國為中心的三十餘國小國聯合政權。《三國志‧魏書‧東夷》記載：「倭國亂，相攻伐歷年，乃共立一女子為王，名曰卑彌呼，事鬼道，能惑眾，年已長大，無夫婿，有男弟佐治國……景初二年（238 年）六月，倭女王遣大夫難升米等詣郡，求詣天子朝獻，太守劉夏遣吏將送詣京都。其年十二月，詔書報倭女王曰：『制詔親魏倭王卑彌呼，……以絳地交龍錦五匹、絳地縐粟罽十張、蒨絳五十匹、紺青五十匹，答汝所獻貢直。又特賜汝紺地句文錦三匹、細班華罽五張、白絹五十匹、金八兩、五尺刀二口、銅鏡百枚、真珠、鉛丹各五十斤，……悉可以示汝

國中人，使知國家哀汝，故鄭重賜汝好物也。』……卑彌呼以死，大作塚，徑百餘步，徇葬者奴婢百餘人。」可見邪馬臺國延續彌生中晚期與大陸文明建立封貢關係的行為，藉以獲得作為大區域聯合共主的正統性。而中國賞賜的漢鏡、青銅器、絲綢等物品，則可用於祭神、分封貴族及各地首長。

由於史料解讀與實際地理位置的齟齬，加上缺乏直接的考古資料，迄今對於邪馬臺國所在地是位於九州或是近畿地方，日本學界仍存在爭議。若根據《三國志・魏書》冊封使記下的航程、方位推算，則邪馬臺國應在距九州遙遠的南方，因此有學者認為邪馬臺國位於琉球；若位於近畿，則距離雖勉強合乎航程推算，但必須修正史書記載的方位。

主張位於近畿說法的學者，考慮到接續邪馬臺國的是位於近畿的大和政權，加上認為近畿一帶出土古墳中均有銅鏡等物品，與史料記載邪馬臺國從中國獲得的物品相同，且邪馬臺國的日文發音與「大和」幾乎相同，正好能直接連結到後來的大和政權。

而主張位於九州說法的學者認為，若以「短里」或中國軍事里程計算方式，將史料記載的里程除以十，則正是九州，這些學者認為邪馬臺國是以九州北部為中心的小聯合政權，其後近畿出現的大和政權或許是與邪馬臺國無關的新政權，後來由大和政權吞併了邪馬臺國；或是邪馬臺國遷徙到近畿成為大和政權，這也符合神武天皇東征的神話。

第二節 古墳時代

古墳又稱巨墳，其型制有前方後圓墳、前方後方墳、圓墳、方墳等，墳丘長一百公尺以上的大規模古墳都是前方後圓墳（圖5）。古墳時代約為三世紀後半至七世紀後半，約當卑彌呼時代到大和政權前期。前文史料中提及卑彌呼將死時「大作塚，徑百餘步」，可以推測卑彌呼的墳墓也是巨墳。古墳雖然大多集中出現在西日本地帶，但除了北海道、東北北部（青森、秋田縣）和琉球之外，日本各地均存在古墳。此外，韓國南部全羅南道也存在與日本古墳型制相同的巨墳，應該是大和政權當時派駐在全羅南道監製鐵器等任務的官員死後的墳墓。

古墳上置有各種形式的「埴輪」土器，如特殊壺形、圓筒埴輪、家形埴輪、武器形埴輪、人形埴輪、動物形埴輪等。早期古墳

圖 5：位於埼玉縣行田市的二子山古墳，屬於前方後圓的古墳

是豎穴式石室，僅埋葬地方首領一人的棺槨；後期受朝鮮半島古墳的影響，出現了橫穴式石室，可以陸續放進首領家族數人的棺槨。古墳中的陪葬品有銅鏡、鐵製武器、盔甲、馬具、勾玉等等。

營造巨墳須要有龐大的人力、物力，這些古墳型制和陪葬品樣式極其雷同，顯見出現了大範圍區域的政治聯合集團，由大王規定墳墓型制，並將銅鏡、鐵製武器等來自中國賞賜或由來自中國、朝鮮的高級工匠所製造的器物分配給地方首長。

第三節　大和政權

大和 (yamato) 政權約於西元三世紀後半成立，如前所述，因缺乏史料和直接考古證據，目前無法判定邪馬臺國的位置，也就無法斷定接續邪馬臺國的大規模政治聯合體之大和政權一開始究竟誕生於九州北部或是近畿地方的奈良盆地東南部。雖然存在一段歷史空白，但通過一些蛛絲馬跡可以看到大和政權初期的幾個內外事件與制度。

中國在東漢以後進入魏晉南北朝的分裂時代，西元一世紀建國於中國東北部到朝鮮半島北部的高句麗逐漸強大起來，三世紀在朝鮮半島南半部有馬韓、辰韓、弁韓等國，到了四世紀這三個國家分別演變成百濟、新羅、加耶（加羅）等國。高句麗於313年併吞樂浪郡，採南進政策，壓迫新羅、百濟、加耶，四世紀下半葉，受壓迫的百濟、新羅也不斷往南侵占加耶領土。由於加耶是日本列島各政權製鐵的來源地，為了確保鐵器資源，日本列島

上的「倭」人也加入朝鮮半島的戰事。在高句麗丸郡（今中國吉林省集安市）出土的「好太王碑」❶有一段文字：「而倭以辛卯年（391 年）來渡海，破百殘，□□新羅以為臣民。」即可見一斑。

五世紀時，所謂倭之五王的讚、珍、濟、興、武持續向南朝劉宋朝貢，試圖求得劉宋認可大和政權對部分朝鮮半島的控制權，如南朝《宋書・東夷傳》記載武（日本學者認為是雄略天皇）「自稱使持節、都督倭百濟新羅任那加羅秦韓慕韓七國諸軍事、安東大將軍、倭國王，順帝昇明二年（478 年），遣使上表」。無論當時雄略天皇（457–479 年在位）使節自稱的統治、都督領域是否屬實，都可以看見大和政權已成為日本列島上一個大區域政權，並與朝鮮半島、大陸政權往來。

大和政權的中樞是以大王為中心，與大和（今奈良）、河內（淀川之內，今大阪府境內）及周邊豪族聯合而成的政體。

大和政權在五世紀末至六世紀之間創立了作為統治制度的氏姓制度，豪族編組成各「氏」，所謂的「氏」是孕育大和政權的政治、社會組織，也是統治階層的特別集團。氏由許多的家所構成，以作為首長的「氏上」為中心，其下有「氏上」的直系、旁系血親，以及無血緣的各家人員，「氏上」作為代表率領氏人，成為大和政權的組成分子。豪族領有田莊等私有地，以及被稱為「部曲」的私有民，作為其經濟、軍事基礎，部曲被冠上豪族的氏名，如

---

❶　係西元 414 年高句麗第二十位王「長壽王」為其父第十九位王「好太王」所立之碑。

稱為蘇我部、大伴部等。氏的內部還有奴隸等隸屬民，以供勞役。氏名有源自侍奉大王的官職而得來的，如大伴（伴王理政）、物部（管理財物）、土師（古墳建造）、中臣（協助大王祭祀）、膳（御廚）等氏；也有直接冠上其居住地或統治地的地名而來的，如葛城、平群、巨勢、蘇我等氏。

大王根據各氏的政治地位和性質，賜「姓」給諸豪族，以統治各氏。作為政治制度的「姓」，分有臣、連、君、直、造、首、史等階級，依政治地位賞賜給有力豪族。最高階的「臣」賞賜給葛城、蘇我、吉備、出雲氏等構成大和政權的有力豪族或地方有力豪族，氏姓並提時則稱「葛城臣」或「蘇我臣」，如此類推；其次的「連」賜給大伴、物部、中臣氏等支撐大和政權的有力官僚豪族；「君」、「直」等賞賜給遠方或近畿周邊的地方有力豪族；「首」則賞賜給海部、西文、志紀氏等官僚或渡來系豪族。

「臣」「連」兩姓組成大和政權的中樞，「臣」姓中的葛城、平群、巨勢、蘇我氏，擁有被授任大臣的傳統；「連」姓中的大伴、物部氏則有被授任大連的慣例。

大王家在地方上的直轄民被稱為「名代」或「子代」之部，在畿內、畿外各地也擁有被稱為「屯倉」的直轄領。

在地方制度上，大和政權在服屬的地方中，對處於要塞位置的地方設置了縣，其首長稱為縣主。到五世紀末至七世紀初時，制定了國造制，逐一將統治地方的各有力豪族任命為「國造」，最終任命了百餘個國造。國造為了取得大和政權的認可，對大和政權貢獻子弟、子女（采女）、地方特產、馬、士兵等人力、物力，

還兼負有管理直屬大王的屯倉、部民等任務，以及統率國造軍隊參加大和政權的遠征等義務。

　　四世紀末到六世紀的大和政權因為與朝鮮半島密切往來，逐步接受了許多渡來人和大陸文明，渡來人帶來了鐵器製造、陶器製造（又稱須惠器，使用了轆轤、窯等製陶技術）、紡織機織布、金銀銅等金屬工藝以及土木等新技術；並借用漢字來書寫倭人的名字和地名，漢字、漢學造詣高的渡來人被任命為史部，參與大和政權；西元六世紀，百濟約每三年向大和政權派遣五經博士，陸續傳入了儒家思想、醫學、易術、曆法；隨著信奉佛教的渡來人到來，佛教也逐漸於大和政權中樞的豪族之中傳播。目前日本以 538 年（或 552 年）百濟聖明王贈送大和政權釋迦佛像和經典一事作為佛教正式官方傳播的開端。

飛鳥時代與律令制國家的成立

　　日本史學者以大和政權的大王（天皇）❶宮室所處地點來區分時代，飛鳥（今奈良明日香村）時代約從六世紀末至八世紀初，與古墳時代的晚期相重疊，廣義的飛鳥時代指大和政權的王宮位於奈良盆地南部的飛鳥及藤原京時期的時代；狹義的飛鳥時代則不包括藤原京時代，僅指從崇峻天皇五年（592 年）到持統天皇八年（694 年）遷都藤原京為止。

第一節　佛教傳入與蘇我氏

　　西元五世紀，高句麗不斷向百濟進攻，475 年攻陷百濟王城漢城，百濟將王城南遷，並向南方的加耶擴展領土，512 年占領

---

❶　目前日本學界認為在天武天皇（672–686 年在位）六年（679 年）之前，大和政權並未使用天皇稱號，而是使用大王稱號，但一般習慣將所有天武以前的大王也都稱為天皇。

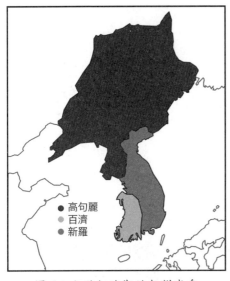

圖 6：六世紀晚期的朝鮮半島

● 高句麗
● 百濟
● 新羅

了加耶西部的領土。同受高句麗侵逼的新羅也南下，並於 562 年併吞了加耶剩下的土地。加耶滅亡後，原本與加耶有密切往來關係的大和政權勢力也不得不從朝鮮半島撤退。

在周邊局勢發生變動之際，大和政權內部也出現了大王繼承鬥爭，西元六世紀初，豪族各自擁立大王、互相鬥爭，最終由蘇我稻目（506?–570 年）勝出，擔任「大臣」。作為「大臣」則得以將女兒嫁給大王，此後蘇我氏❷陸續支持具有蘇我氏血統的王子繼任大王。從稻目開始，加上其後的馬子（551–626 年）、蝦夷（587–645 年）、入鹿（?–645 年），四代蘇我氏「氏上」（家長、族長）成為主導飛鳥前期朝政的中心人物。

蘇我氏在大王擁立之爭中戰勝其他豪族的主因，在於蘇我氏

❷　與葛城、平群氏一樣，均以武內宿禰為祖先。六世紀時稻目從葛城氏分家，建獨立氏族。蘇我氏熟悉外國事務、擁有眾多渡來人部曲，其氏上多人具有百濟等朝鮮系名字，如滿智、韓子、高麗、稻目、馬子等，他們可能是與朝鮮系渡來人通婚所生之人，或取名受朝鮮系渡來人之影響所致。

收攏了許多具有高度文明的渡來人氏族部曲，相對其他豪族掌握了高超的政治、軍事能力，熟悉外國事務。蘇我氏也在渡來人的影響下，信仰了佛教，建造飛鳥寺，並使推古（592–628 年在位）、廄戶王（574–622 年，後來被稱為聖德太子）等大王家族陸續信仰了佛教。在百濟等朝鮮半島上傳播的佛教，具有作為政治統治的功能，通過百濟傳到大和政權的佛教也帶著同樣功能。舶來的佛教與政治結合的運作，成為蘇我氏與其他傳統大和豪族之間對立的鴻溝。

蘇我氏的權勢愈來愈大，甚至暗殺大王、擁立具有蘇我血統且願意與蘇我配合的大王，592 年蘇我馬子暗殺欽明大王（539–571 年在位）與蘇我小姊君所生之子的崇峻大王（587–592 年在位），改立欽明與蘇我堅鹽媛所生之王女、敏達大王（572–585 年在位）之大后，也是用明（585–587 年在位）、崇峻兩大王之妹的御食炊屋姬為大王，此即推古，是日本首位女性大王。

推古在自己兒子竹田王子死後，於 593 年立外甥廄戶王（也具有蘇我血統）為太子，並將宮室「豐浦宮」營建在外祖父蘇我稻目根據地的飛鳥，試圖以推古、廄戶王、大臣蘇我馬子三者共治來集中權力的姿態，面對東亞變局。

第二節　推古朝政治與外交

一、對外措施

　　推古朝成立前，隋朝已經統一了中國，對內實施律令制，一統且強大的中國再次給周邊帶來壓迫感。隋於 583 年將突厥分化離間成東西兩部，598 年以後四度出兵高句麗。對朝鮮半島諸國和倭國而言，為了應對大國隋朝的壓力，必須盡快集中政權。推古、廄戶王、大臣蘇我馬子為了集中王權，試圖確立倭國在朝鮮半島的優勢地位，做了許多舉措，對外方面如數度派遣遣隋使，並於 600、623 年遠征新羅等；對內方面，第一次遣隋使返國後報告了作為文明國的基準，於是推古十一年（603 年）制定冠位十

圖 7：推古天皇

二階制度，推古十二年頒布了憲法十七條等。

　　遣隋使從推古八年（600 年）開始派遣，至推古二十六年（618 年），至少派遣了五次。第一次遣隋使，《隋書・東夷傳》記載：「開皇二十年（600 年），倭王姓阿每，字多利思比孤，號阿輩雞彌，遣使詣闕。上令所司訪其風俗，使者言：倭王以天為兄，以日為弟，天未明時，出聽政，跏趺座，日出，便停理務，云委我弟。高祖曰：此太無義理，於是訓令改之。」可見當時大和政權神化大王地位的敘事。同書對第二次遣隋使的記載：「大業三年（607 年），其王多利思比孤遣使朝貢，使者曰：『聞海西菩薩天子重興佛法，故遣朝拜，兼沙門數十人，來學佛學』。其國書曰：『日出處天子，致書日沒處天子，無恙？』」對此，隋煬帝說：「蠻夷書有無禮者，勿復以聞。」這是中日歷史上著名的「日沒處天子」、「日出處天子」公案，顯示出隋朝皇帝認為倭王行徑無禮、不自量力的想法，以及大和政權試圖與大國中國對等往來的矜持。

　　每次遣隋使節團均帶了由渡來人子孫組成的留學生或學問僧成員隨同前往。其中僧旻（?–653 年）、高向玄理（?–654 年）、南淵請安（生卒年不詳）等人於 640 年才歸國，他們在中國經歷了隋朝的滅亡與唐朝的成立過程，歸國後開設學堂，培養出中央集權國家的政治指導者，如中大兄王子（626–672 年）❸、中臣鎌

---

❸　舒明天皇（629–641 年在位）與皇極天皇（642–645 年在位）之子，後來的天智天皇（688–671 年在位），無蘇我血統。

足（614–669 年）❹、蘇我入鹿等人。

二、政治改革

　　所謂冠位十二階是通過高句麗、百濟，分別從中國的南北朝傳來的官僚賜爵制度，依個人的才能、功績與忠誠度而由大王贈與的爵位，共分「大德、小德、大仁、小仁、大禮、小禮、大信、小信、大義、小義、大智、小智」十二個位階，又搭配「紫、青、紅、黃、白、黑」六色的冠帽以資區別。冠位十二階不能世襲，只賜給中央豪族之中，大夫以下的階層，大臣蘇我氏、王族以及地方豪族，不在賜與冠位十二階的範圍。試圖提拔中下階層貴族以制約大豪族、將權力集中於中樞，是推古朝邁向中央集權、官僚制的努力之一。

　　《日本書紀・憲法十七條》：「一曰、以和為貴、無忤為宗。……二曰、篤敬三寶。三寶者佛法僧也。則四生之終歸、萬國之極宗。何世何人、非貴是法。人鮮尤惡。能教從之。其不歸三寶、何以直枉。三曰、承詔必謹。君則天之。臣則地之。天覆地載。四時順行、萬氣得通。地欲覆天、則致壞耳。是以、君言臣承。上行下效。故承詔必慎。不謹自敗。四曰、群卿百寮、以禮為本。其治民之本、要在乎禮。上不禮、而下非齊。下無禮、以必有罪。是以、群臣有禮、位次不亂。百姓有禮、國家自治……十二曰、國司國造、勿斂百姓。國靡二君。民無兩主。率土兆民、

---

❹　臨終之時，天智天皇賜姓藤原，改稱藤原鎌足，為藤原氏之祖。

以王為主。所任官司、皆是王臣。何敢與公、賦斂百姓。」從條文中可以看見推古朝努力擺脫封建制約，試圖模仿文明先進的中國、朝鮮，創建以佛教、禮法政治秩序治理的國度之藍圖。但無論佛教或禮法政治秩序，在尚處於封建社會的推古朝中，也就蘇我氏、推古女王、廄戶王等極少數中樞貴族信奉，憲法十七條不過是此時大和政權中樞努力追求的治國理想罷了。

三、推古文化

推古朝文化最顯著的發展就是佛教文化。佛教原本只是渡來人及蘇我氏等少數統治階層所信仰的宗教，豪族中的物部氏與中臣氏特別反感佛教影響政治，但在此時因蘇我氏主掌朝政，而使佛教受到國家保護，推古二年（594 年）頒布「佛教興隆之詔」。據傳篤信佛教的廄戶王曾經親自注釋了佛教經典。由蘇我馬子發願，於 588 年開始建造「氏寺」法興寺（後稱飛鳥寺，受到王廷保護）；因廄戶王發願，而分別於 593 年、607 年建成了四天王寺（位於難波）、斑鳩寺（今法隆寺）；639 年開始建造百濟大寺（位於飛鳥北約 20 公里的平群），此為由大王首次興建的佛寺，由於貴族將物力、人力用來興建「氏寺」、佛寺，於是不再營造巨大古墳，結束了沿續幾百年的古墳時代。

這些佛寺建築有著巨大的紅漆柱子，以瓦鋪成屋頂，與以往的倭國建築迥然不同。但大和政權下的社會依舊是泛神自然信仰，使用呪術來消災祈福。可見大和政權的統治階級，與其他社會階級在文化、宗教上有著顯著的差異。

圖 8：四天王寺

第三節　乙巳之變與孝德朝

　　推古朝後期東亞局勢又發生變動，618 年中國隋朝滅亡、唐朝興起；朝鮮半島上三國爭戰，政變頻傳，641 年百濟義慈王發動政變後，於 642 年開始侵略新羅；642 年高句麗宰相殺死國王和大臣，與百濟聯合侵略新羅；644 年唐太宗為拯救有封貢關係的新羅而出兵征伐高句麗。在周邊一連串的變動下，大和政權也不斷發生政變和政治改革。

　　643 年蘇我氏上入鹿滅了廄戶王之子山背大兄王一族，其他王族、豪族對長久主政的蘇我氏早已不滿，以此為契機，立志打

倒蘇我氏的中臣鎌足與非蘇我血統的中大兄王子聯手，於皇極四年（645 年）6 月 12 日在飛鳥板蓋宮謀殺了蘇我入鹿，翌日，蘇我蝦夷自殺，蘇我氏本家滅亡，結束蘇我氏長達百年對於朝政的掌控，史稱乙巳之變。參與乙巳之變的還有蘇我旁系的豪族，故此政變包含了中大兄對王位的競爭以及蘇我氏內部爭奪「氏上」地位的鬥爭等因素。

6 月 14 日，皇極 （642–645 年在位） 試圖讓位給中大兄王子，中大兄王子則推薦皇極弟弟，於是由孝德（645–654 年在位）即位，這是日本史上第一次大王讓位。中大兄王子被立為太子，中臣鎌足被任命為內臣，從唐朝歸國的僧旻與高向玄理作為政權的智囊，被任命為「國博士」。可見乙巳之變僅是大和政權中樞的派系鬥爭，並未影響倭國吸取大陸文明、實行中央集權政治制度的國策方向。

根據《日本書紀》記載，乙巳之變翌年的大化 ❺ 二年 （646 年）元旦頒布了四條「改新之詔」：1.罷昔在天皇等所立子代之民處處屯倉，及臣連伴造國造村首所有部曲之民各處田莊。 2.初修京師，置畿內、國司、郡司、關塞、斥候、防人、驛馬、傳馬及造鈴契，定山河。 3.初造戶籍、計帳、班田收授之法。 4.罷舊賦役而行田之調。過去以此詔為依據，認為這是所謂「大化改新」的嶄新政制改革。但由於「改新之詔」中許多事項都是後來的時代才出現，並非此時施行的制度，因此日本史學界於 1960 年代以

---

❺　大化被認為是日本的第一個年號。

後出現否定大化改新的說法。

　　不過，孝德朝還是有一些制度變化，比如改革冠位十二階，大化三年（647 年）制定了七色十三階，把豪族和大臣都納入授階對象❻。649 年又擴大成十九階。650 年根據中國的祥瑞思想，將大化改元為「白雉」，652 年遷都到大和外港的難波（今大阪浪速區）長柄豐碕宮❼。有些學者主張就算孝德朝沒施行「改新之詔」中的內容，但孝德天皇時期一些政治改革也可以稱為大化改新。

第四節　白村江敗戰與壬申之亂

一、白村江敗戰

　　孝德死後，皇極在飛鳥重祚為齊明大王（655–661 年在位）。655 年高句麗與百濟聯合侵略新羅，660 年唐高宗為救新羅，派兵制伏義慈王，百濟滅亡。當時百濟王子豐璋滯留倭國，百濟的貴族、遺民請求倭國協助復國，倭國同意請求，於是齊明與中大兄王子派出救援百濟的大軍，661 年齊明與中大兄出發到筑紫（今

---

❻　這事實上違背了冠位十二階原來制約豪族、提拔中下貴族的用意，暗示了乙巳之變及其後政局仰賴豪族勢力的現實。

❼　有學者認為遷都是為了擺脫飛鳥作為蘇我氏根據地的影響。但遷都翌年，653 年中大兄隨即要求孝德返回飛鳥，孝德不同意。中大兄留下孝德，逕自率領皇極、孝德大后及一批大臣回到飛鳥，654 年孝德抑鬱而終。

表 1：天皇二十六～三十七代與蘇我氏譜系

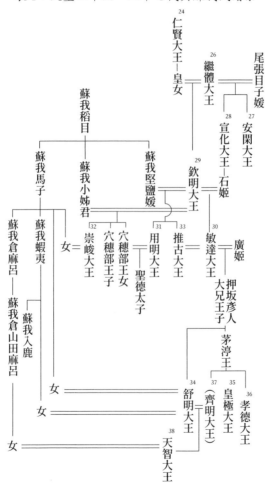

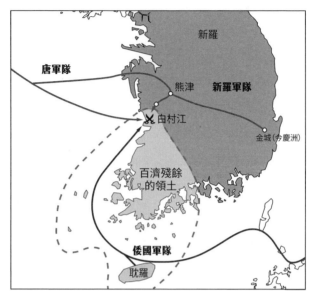

圖 9：白村江之戰

福岡縣內），準備出征，但齊明死於途中，隨後中大兄未舉行繼位
儀式，而是以「稱制」方式，繼續指揮戰爭。662 年中大兄派軍
渡海，663 年的白村江之戰（中方稱白江口之戰），倭國與百濟遺
民聯軍敗給新羅與唐的聯軍。

　　敗戰後，為了防禦與善後，中大兄王子進行一連串國政改革。
663 年頒布「甲子之宣」，將豪族重新編成大氏、小氏、伴造等階
級，確認民部、家部為豪族的領有民（部曲），試圖以確認豪族權
利的方式與其和平共處；在對馬、壹岐、九州北部等地設置防人
（邊境防衛兵）、烽火，在筑紫建築水城（有壕溝、土壘）。665
年在筑紫周邊、瀨戶內海沿岸到大和各地，建築朝鮮式的山城（類
似中國長城那樣有城垛的高牆）。 因為擔心新羅或唐繼續進兵倭

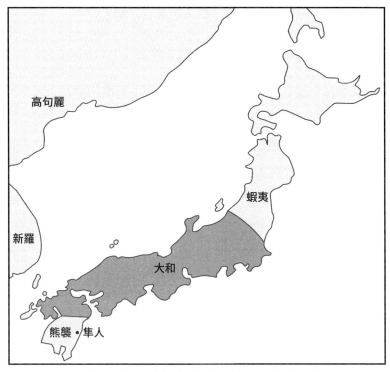

圖 10：約七世紀時的大和政權控制區域圖

國，中大兄於 667 年將都城從飛鳥（有水路通達大阪灣）遷到內陸地帶的近江（今滋賀縣米原市一帶）大津，史稱近江朝廷。668 年中大兄正式即位，為天智天皇（668–671 年在位），並頒布由中臣鎌足編纂的《近江令》（過去單行法令的集結）。670 年頒布庚午年籍，此被視為倭國最早編成的全國戶籍。

　　在中大兄進行一連串變革之時，668 年唐和新羅聯合軍滅了高句麗，當朝鮮半島上的三國僅剩新羅時，新羅不願意唐的力量繼續留在半島上，雙方發生戰爭，新羅於 676 年將唐的勢力逐

出，統一了朝鮮半島，進入「統一新羅」時期。

二、壬申之亂

　　天智逝世後翌年（672 年）發生了壬申之亂，這是日本古代最大內亂。壬申之亂發生的主要原因，首先是天智施政問題：由於中大兄在白村江戰前發動乙巳之變，於難波營造新都卻又很快棄置，在白村江戰敗後，又遷都近江、設置許多堡壘和要塞士兵，並把百濟遺民安置於東國（指近畿以東的區域）地帶，這些事項無一不勞民傷財，加重豪族負擔；尤其是比其他豪族經濟不寬裕、還得派出防衛兵遠赴九州或西國（指近畿以西的區域）地帶、甚至多承擔了劃出土地給百濟人定居任務的東國豪族，對天智大王的所有措施都深感不滿。而且從乙巳之變後，中大兄不斷把權力集中在自己和智囊的中臣鎌足等少數人身上，逐漸疏遠、排斥中央豪族，甚至是在乙巳之變中協助其除掉蘇我本家嫡系的蘇我旁系豪族，破壞了中央豪族的參政傳統。其次是大王繼承的問題，天智本來想讓位給同父同母的弟弟大海人王子（631–686 年，父母皆大王），卻在死前改立自己兒子大友王子（648–672 年，天智與伊賀采女之子），於是引發大海人與支持大海人的諸豪族不滿。

　　大海人與大和中央豪族大伴氏，以及東國地方豪族等聯合起兵攻打大友王子，大友兵敗，近江朝廷滅亡。大海人回到飛鳥，於 673 年在岡本宮（此後擴建成飛鳥淨御原宮）即位為大王，即天武天皇（673–686 年在位）。

第五節　律令制國家的成立

一、天武施政

　　天武時期，將大王稱號改為天皇。以往日本史學者認為推古朝時已經從大王改稱天皇，但倭國會使用天皇稱號應該是受中國影響，而唐高宗在 674 年才使用道教的「天皇」作為稱號；1998年奈良國立文化財研究所公布飛鳥淨御原宮遺址附近出土的木簡報告，丁丑年（天武六年，677 年）木簡上寫著「天皇」字樣，是目前發現最早使用天皇字樣的實物。故目前日本學界認為天武時代大王才改稱天皇。

　　天智三年（664 年）大臣蘇我連子（611–664 年）去世，之後天智為了集中權力不再設大臣，天武即位後也未設置大臣，而是採用「皇親政治」：除了親自執掌政務外，重用皇后（645–702年，天智天皇女兒鸕野皇女）、草壁皇子（662–689 年）、大津皇子（663–686 年）等皇親來加速建設律令制國家，讓這些皇親成為中央各官廳負責人、出使地方使節等等。皇親政治是從天武朝開始到律令國家體制成立為止的政治體制。

　　在天武天皇集中權力於皇族的情況下，從王申之亂殘存下來的豪族只能將自己的地位置於皇族主導的政治體制之下，以便存活於統治階層。

　　為了加速建設律令制國家，天武天皇陸續推行了多項施政。

675 年廢止天智制定的氏族之民部；組建畿內武裝的軍國體制，要求諸王以下的官人必須武裝，並檢查其武器與騎馬訓練。官人武裝政策在日本史上僅見於天武及其後的持統兩朝。681 年開始著手制定律令，並以「帝紀及上古諸事」為名開始編纂國史（後來集結成《日本書紀》）。另外天武天皇也推行私人歷史書編纂工作（後來編成《古事記》）；同年立與皇后鸕野所生之子草壁皇子為皇太子。682 年改定食封制度，這是給官僚個人的薪俸制度，推進律令官僚體制。684 年制定八色之姓，包含皇族在內，從向來的臣、連、伴造、國造等姓的身分秩序，選拔出臣、連高級中央豪族中與皇族關係密切者，分別賜姓「真人、朝臣、宿禰、忌寸、道師、臣、連、稻置」（實際上只賜了前四位的姓）八種位階，藉以提高皇族的地位、明確區分出上級和下級氏姓出身以及中央貴族與地方豪族。「真人」是賜給皇族的姓，天武天皇的國風諡號（和風諡號）為「天渟中原瀛真人天皇」，也使用了「真人」。「瀛」、「真人」都是受中國道教影響而來的字詞。「朝臣」是賜給中央最高氏族的姓，其次依序是「宿禰」、「忌寸」等。未被選拔出來賜姓的氏族，則繼續使用臣、連、伴造等向來的姓。

另外，天武還鑄造「富本錢」作為貨幣❽，並開始營建藤原京。

---

❽　有學者認為當時未有實際廣泛流通作為貨幣的富本錢跡象，也可能是宗教上用來陪葬的「厭勝錢」。也有學者認為富本錢本來是要作為貨幣流通的，但推行失敗，最終成為「厭勝錢」。

二、持統賡續

在律令制定、國史編纂、都城建造等工程尚未完工之際，天武天皇於 686 年去世，接替他工作的是皇后鸕野皇女（持統天皇，690–697 年在位）及皇太子草壁皇子。

天武天皇死後，皇后與草壁繼續律令編纂工程，原本等服喪之後，由草壁即位，不過草壁卻在 689 年突然去世。或許是為了穩定朝局，朝廷緊急頒布沒有律只有令的法令，即《飛鳥淨御原令》，共有二十二卷，現已不存，詳細內容不明，但根據《日本書紀》中的一些記載，可以看見關於天皇稱號、戶籍六年一造、五十戶為一里的地方制度、班田收授等內容，與 701 年制定的《大寶律令》相關內容大致相同。

草壁皇子去世後，天武皇后鸕野即位為天皇，持續推動天武遺志，並等待草壁之子長大。持統八年（694 年）遷都飛鳥北邊約二公里處的藤原京，京城本身直至遷都十年後的景雲元年（704年）才建造完成，有條坊設計，是日本最早的正式都城，到和銅三年（710 年）遷都平城京之前，共有持統、文武（697–707 年在位）、元明（天智皇女、草壁皇子妃、文武天皇母，707–715 年在位）三位天皇居住於此。

三、《大寶律令》

697 年持統天皇讓位給十五歲的孫子文武天皇，持統作為太上天皇，輔佐文武，握有政治實權。在持統與藤原不比等（659–

720 年）❾主導下，由刑部親王總裁，繼續律令編纂，大寶元年（701 年）完成法典，此即《大寶律令》，是日本最早律令兼備的法典，律幾乎完全引用唐律。此後日本進入中國式律令制與大和政權氏姓制混合的律令制國家時期。

702 年，日本派出以粟田真人（?–719 年）作為執節使的龐大遣唐使團到中國，向武則天皇帝報告制定了《大寶律令》，以及國名改為「日本」等變化，這是白村江之戰後，日本首次派出遣唐使到中國，卻遇上了武周時代。《舊唐書・東夷傳》中並列了倭國和日本兩傳，〈日本傳〉中寫道：「日本國者，倭國之別種也。以其國在日邊，故以日本為名。」顯示撰史者仍將日本當作倭人列島中的一個國家。但《新唐書・東夷傳》及以後的中國正史都不再出現倭國傳而只列日本傳，這表示中國接受了更改的日本國名。以「日本」作為國名，自然延續了推古朝給隋國書中「日出處天子」的淵源，但選擇這樣的名字正如同日本中世史專家網野善彥（1928–2004 年）所認為的，並非站在本國立場取的名字，而是為了讓中國認知到該國相對於中國所處的地理方位，而取的名字。

整個唐代，日本向中國正式派出十幾次遣唐使，首任遣唐使是西元 630 年的犬上御田鍬，直到 838 年派出藤原常嗣（796–840 年）作為大使的遣唐使團後，又過了半世紀，894 年日本打算派出以菅原道真（845–903 年）為大使的遣唐使團，但菅原認為遣唐使花費甚鉅，加之唐朝已經衰敗，不值得冒險渡海前去取經，

---

❾　藤原鐮足次子，繼承了藤原的賜姓。

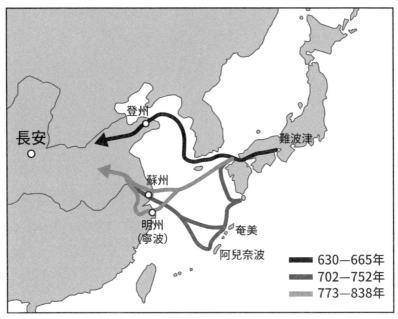

圖 11：遣唐使路線圖

因而建議廢止，日本朝廷採納其議，於是 838 年成為末次前赴唐朝的使團。遣唐使的派遣目的，除了對唐表示友好，以及輸入唐朝政治制度和匯集於長安的國際文化以外，亦包括搜集朝鮮半島及東亞地區的情報。遣唐使團成員多的時候有大使、副使、留學生、學問僧、船員等約五百人。

四、民眾負擔

　　仿造唐律的日本政府編制了全國人民的戶籍，以戶為單位進行徵稅，並詳細記載人民（編戶之民）的貴賤身分，確定氏姓、

徵集兵士、分配口分田（班田收授），將律令制度施行到地方末
端。人民接受口分田後，必須負擔租（穀物稅）、庸（勞役）、調
（纖維、手工業製品等穀物以外的生產物品）、雜役（勞動、土木
工程等）等義務。

另外還必須服兵役，每戶如有正丁三～四人則徵召一人，依
比例徵兵。兵役分為必須到京城擔任京城或宮內警衛一年的「衛
士」，以及到太宰府擔任九州北部沿岸防衛三年的「防人」等役
別，「防人」約有三千人，多由東國人民擔當。士兵雖可免除庸、
調、雜役等負擔，但是服役使家中喪失正丁的勞動力，士兵還必
須自行負擔軍備、服裝、糧食，以及往返任地路費的一部分，負
擔沉重。

過去在氏族部曲下生活的人民，雖然沒有自己的田地，對氏
上負有各式義務，但生活都有氏上規定、安排，不必單獨面對國
家，而一旦成了編戶之民，就必須負擔租、庸、調、雜役及兵役，
對長期處於封建社會的日本人民而言，相當難以適應，於是編戶
之民陸續拋棄口分田，逃入豪族門下，尋求庇護。幾十年後，班
田收授與相應的租、庸、調等制度都逐步瓦解，日本也漸漸步入
莊園遍布的中古時代。

五、白鳳文化

七世紀後半到八世紀初的文化，稱為白鳳文化（白鳳，據傳
為天智或天武時期的年號之一）。主要內容如下：

　1.漢詩文興盛，白村江之戰後，許多百濟貴族、文人亡命而

來，天智朝以後，倭國統治階層盛行創作漢詩文，如大友皇子、大津皇子的詩文均被收入奈良時代編纂的《懷風藻》之中。

　　2.受漢詩文影響，日本古代的口誦歌謠也以五音、七音來創作長歌、短歌，天武朝時開始使用漢字來表記日文，形成了正式的和歌創作。

　　3.天武天皇以伊勢神宮為中心建立神祇制度，以自己未婚的皇女作為伊勢神宮的齋主，此後成為慣例；並確立國家佛教，由國家保護、統制佛教。

　　4.薄葬與火葬，大化二年（646 年）頒發詔書，禁止以前的喪葬習俗，改依王、大臣、庶民等六級身分，規定石室、墳丘的大小等等，此即「大化的薄葬令」，使得過去大造墓室的古墳型制消失。另外，受到佛教影響，出現了火葬，最早實施火葬的是 700 年去世的道昭和尚（赴唐僧侶，師從玄奘）；而皇族中，702 年持統太上天皇與 707 年文武天皇均行火葬。從土葬改為火葬，代表宗教、生死觀都發生重大改變，當時只有少數篤信佛教的日本高層貴族才選擇火葬。

第四章 | *Chapter 4*

奈良時代與平安時代

和銅三年（710 年），元明天皇從藤原京遷都到奈良盆地北部的平城京，以平城京為首都的時代稱為奈良時代或平城京時代（710–784 年）。平城京摹仿長安城，建成棋盤狀，具有條坊制的都市，當時約有十萬人口。

桓武天皇（781–806 年在位）於 784 年遷都長岡京（今京都府長岡市一帶），後因水患、怨靈等問題，又於 794 年遷都平安京（今京都），直到鐮倉幕府成立為止的約三百九十年間，稱為平安時代（794–1192 年）。

第一節　平城京與藤原氏崛起

奈良時代前期主要的治績為仿效唐朝設置「驛制」，大寶律令制定了以首都為中心，從畿內向諸國修建七道官道，約每十六公里設置「驛家」（驛站），以備公文書傳遞及官吏公務利用。中央向地方諸國派遣國司，國司治所稱為國府，國府轄下的郡，則由

表 2：天皇三十八～五十代與藤原氏譜系

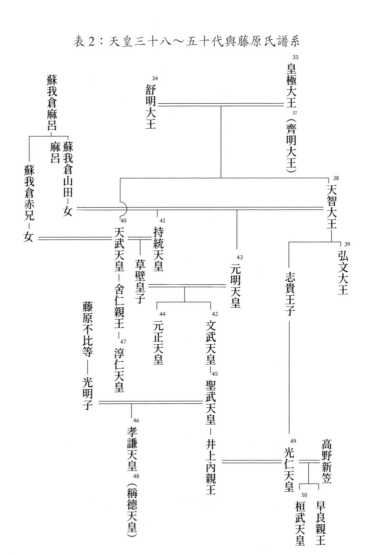

當地豪族擔任郡司，郡司的行政官廳稱為郡家，地方上的郡家則以「傳路」與驛路相連，形成交通網絡。

和銅元年（708 年）武藏國貢獻銅礦，政府改元和銅，鑄造「和同開珎」。為了促進錢幣流通，頒布「蓄錢敍位令」，即囤積錢幣可以給予相應的官階，但效果仍不佳，最終「和同開珎」只在京城、畿內、國府周邊流通。此外，開採了長門的銅與陸奧的金。還派遣養蠶和高級紡織技術者前往地方，促進手工業生產、增加租稅。

此時大和朝廷還擴大了統治區域，東向方面，針對東北的蝦夷❶，於 712 年在日本海側設置出羽國，建秋田城（今秋田市），724 年在太平洋側建多賀城（今宮城縣多賀城市），以出羽、陸奧作為政治與治理蝦夷的據點，採取以夷制夷的蝦夷政策，對歸順者給予祿與饗食，對反抗者則以武力壓制。南向方面，鎮壓了南九州隼人部落的反叛，並於 713 年設置了大隅國。

在豪族的朝政鬥爭上，藤原氏崛起，並且逐步成為最大中央豪族。

藤原鎌足次子不比等，繼承了藤原賜姓，在天武朝受到重用，並迎娶大臣家系蘇我連子之女蘇我娼子為嫡妻，將自家血脈提升

---

❶　此處蝦夷（エミシ）係指日本古代東北地方尚未歸屬大和朝廷的部落居民，其人種、豎穴居等生活方式與當時的日本東國地方並無差異。日本東北地方在鎌倉時代以後從屬於武家政權，政治、社會型態與日本其他地方大致趨同，因此日本中世以後，所謂的蝦夷（エゾ）變成指稱尚未歸屬日本的蝦夷地愛奴人。

圖 12：藤原不比等

為得以將女兒嫁給天皇的家系，不比等長女宮子（683–754 年）為文武天皇夫人，生下後來成為聖武天皇（724–749 年在位）的首皇子，不比等三女光明子（701–760 年）嫁給聖武天皇，後來在不比等兒子們幫助下，光明子成為首位由人臣出身的皇后。不比等複製了蘇我氏陸續把女兒嫁給天皇、讓帶有自家血脈皇子成為天皇，從而主掌朝局的過程。

不比等四個兒子繁衍了「南北式京」藤原四家，長男武智麻呂（680–737 年）的屋邸在次男房前（681–737 年）屋邸之南，於是武智麻呂家系被稱為藤原南家，房前家系被稱為藤原北家，三男宇合（694–737 年）因擔任式部卿，其家系被稱為藤原式家，四男麻呂（695–737 年）曾任左右京大夫，其家系被稱為藤原京家，這四家在平城京時代努力排斥其他豪族，並與妹妹光明子在宮廷內外合作，逐步鞏固了藤原家作為朝廷最大豪族的地位。

藤原兄弟策畫了長屋王之變，長屋王（684–729 年）為天武天皇孫子，其嫡妻為吉備內親王（?–729 年），夫婦兩人乃至兩人兒子皆可能競爭皇位，加上聖武天皇與光明子之間的兒子「基王」

於 728 年未滿足歲即告夭折，引發藤原家對有力皇族長屋王的敵視。729 年長屋王被誣告密學左道、欲傾國家，甚至呪死基王。宇合獲得聖武天皇許可，率領六衛府兵包圍長屋王屋邸，逼迫長屋王及其與吉備內親王所生諸子自殺，但長屋王與不比等女兒長娥子之間所生諸子並未受究責。長屋王死後，藤原四兄弟成功讓聖武天皇立光明子為皇后，開啟了四兄弟主掌政權的時代，不過好景不長，四兄弟在 737 年皆感染天花而病死。

藤原四兄弟相繼因天花身亡後，聖武天皇重用皇族出身的橘諸兄（684–757 年）❷與留唐歸朝的玄昉（?–746 年）、吉備真備（695–775 年）。740 年 8 月，任大宰少貳的宇合長子藤原廣嗣（?–740 年）不滿朝政被非藤原家的人掌控，要求罷黜玄昉等人。9 月，廣嗣在九州以清君側為名舉兵叛亂，隨後被朝廷派兵鎮壓，史稱藤原廣嗣之亂。廣嗣諸弟均因連坐而遭到流放，藤原式家勢力一時衰微。

第二節　聖武、孝謙天皇與大佛開光

在一連串政變、鬥爭與天災人禍之中，聖武天皇不斷遷都，

---

❷ 原為「葛城王」，和銅元年（708 年）元明天皇賜姓其母縣犬養三千代「橘」姓，三千代死後，葛城王上表願意繼承「橘」姓，天平八年（736 年）聖武天皇賜其名為「橘宿禰諸兄」。故橘姓為皇族「臣籍降下」的姓氏之一。「臣籍降下」指皇族降為朝臣，皇族無姓，降為朝臣則有天皇賜姓。

圖 13：東大寺大佛

先後遷居恭仁宮（今京都木津川市）、難波京、紫香樂宮（今滋賀甲賀）等地，並更加崇信佛教，認為佛教能夠鎮護國家，在皇后光明子建議下，於 741 年下國分寺建立之詔，令地方諸國分別建設國分寺、國分尼寺，743 年又下大佛造立之詔。745 年聖武回到平城京，造佛事業也移到奈良，大佛於 752 年於東大寺開眼供養。歷經六次東渡嘗試，終於在 753 年渡日成功的律宗高僧鑑真（688?–763 年）被迎接到奈良，天皇下令由鑑真傳授戒律，並於東大寺起壇為聖武太上天皇、光明皇太后、孝謙天皇（749–758年在位）等人授戒，此為日本登壇授戒之嚆矢。756 年鑑真被封為「僧綱」，統領日本僧尼，建立戒律制度。

　　738 年正月聖武立與光明子所生的阿倍內親王為皇太子，阿

倍內親王是日本史上唯一的女性皇太子。749 年聖武讓位給阿倍內親王，此即孝謙天皇，作為未婚即位的女帝，慣例不會婚配生子。光明子皇太后為孝謙監護，光明子外甥藤原仲麻呂（706–764 年，武智麻呂次子）被提拔為皇太后家政組織的紫微中台令，並兼任中衛大將，掌控軍政實力，足以壓制左大臣橘諸兄勢力。756 年，聖武上皇駕崩，遺詔以天武天皇之孫、新田部親王之子道祖王為孝謙皇太子，但翌年道祖王便以喪中不德而遭孝謙廢儲。孝謙改立天武天皇之孫、舍人親王之子大炊王為皇太子，當時大炊王居於藤原仲麻呂宅邸，是藤原仲麻呂擁護的皇位競爭人。

757 年橘諸兄之子奈良麻呂不滿藤原仲麻呂掌控朝政，企圖殺掉藤原仲麻呂、擁立天武天皇的其他皇孫為天皇，但遭到密告，藤原仲麻呂率領中衛府兵捉拿反叛者，平定亂事，橘奈良麻呂及名列其欲擁立為天皇候補的諸王均被拷問後死於獄中，此為橘奈良麻呂之亂。

亂事處分完畢後，孝謙讓位給大炊王，758 年大炊王即位為淳仁天皇（758–764 年在位）。淳仁天皇對擁立有功的藤原仲麻呂加賜了「惠美」的姓，並賜給仲麻呂「押勝」的名字。淳仁天皇任命鑑真為「大和尚」，解除其僧綱的行政工作，得以自由傳承戒律，並將新田部親王屋邸送給鑑真，鑑真弟子在此建了佛寺，淳仁天皇賜名為「唐招提寺」，鑑真從東大寺移居於此，設了戒壇。763 年鑑真在此圓寂。

藤原仲麻呂掌政後推行繇役減半等德政，760 年，仲麻呂被破例提拔為太政大臣❸，成為名副其實的最高行政權力掌控者，

圖 14：唐招提寺

但同年光明子去世，仲麻呂失去宮廷中有力的保護者。762 年，作為仲麻呂與孝謙上皇之間聯絡人的尚侍❹、仲麻呂的正妻藤原宇比良古去世，使得仲麻呂與上皇之間的溝通不再順暢。

第三節　稱德天皇與道鏡事件

此時生病的孝謙上皇開始寵信照看其病的僧人道鏡❺，仲麻

---

❸ 日本行律令制後，太政官制的太政大臣是則闕，一般不設太政大臣，而由左右大臣運作太政官制。後來即便選任太政大臣，也是由皇族擔任，藤原仲麻呂是首位非皇族的太政大臣。

❹ 內侍司女官的長官。

呂通過淳仁天皇規諫上皇，引起上皇震怒。764 年，仲麻呂感到上皇與道鏡對天皇和自己的敵意，試圖掌握軍事權力以求自保，但遭人密告。上皇先一步從天皇處奪取了啟動皇權所需的御璽和驛鈴，起用吉備真備討伐仲麻呂，最終仲麻呂全家被誅殺，仲麻呂派均被掃除，史稱藤原仲麻呂（惠美押勝）之亂。

　　淳仁天皇遭廢黜，流放到淡路，孝謙上皇重祚為稱德天皇（764–770 年在位），任命道鏡為太政大臣禪師，765 年又任命道鏡為法王，道鏡設立了法王宮職的行政組織，這些都不屬於律令官制。道鏡作為僧侶卻參與政務，並利用天皇寵信，使其弟等家人身居高官，引起藤原氏等豪族的不滿。稱德天皇無子嗣，眾朝臣關心繼位大事，天皇卻又陸續肅清皇族，使得皇位繼承問題成為禁忌。

　　769 年，道鏡之弟太宰帥弓削淨人上奏從宇佐（今大分縣境內）八幡宮得到的「神託」（神的旨意），說「令道鏡即皇位，則天下太平」。為了確認神託真偽，由天皇信任的尼僧法均之弟和氣清麻呂作為敕使前往宇佐八幡宮，得到的神旨卻是「我國家開闢以來，君臣之分定矣。以臣為君，未之有也。天日嗣必立皇胤。無道之人，宜迅掃蕩」。清麻呂將神旨回報後，清麻呂與其姊法均遭到流放，天皇下詔表示由自己決定繼位者。770 年，稱德天皇駕崩，群臣評議後，發出「遺宣」，以白壁王為皇太子，將道鏡流放到下野國（今栃木縣境內）的藥師寺。從宇佐八幡宮神託欲以

---

❺　法相宗僧人，物部氏一族的弓削氏出身。

道鏡為帝至道鏡被流放的一連串圍繞皇位繼承的紛爭，史稱道鏡事件。

白壁王是天智天皇之孫，即位時六十二歲，是迄今最年長即位的天皇。白壁王即位為光仁天皇（770–781 年在位），從男系血統來看，皇位由天武天皇系回到了天智天皇系。

第四節　桓武天皇與平安京

光仁天皇即位之初即立大妃井上內親王為皇后，並立與皇后所生之子他戶親王為皇太子，772 年，因皇后被密告詛咒的大逆事件，相繼廢黜皇后與皇太子；773 年，光仁天皇改立與高野新笠❻所生的山部親王（後來的桓武天皇，781–806 年在位）為皇太子。廢嫡改立的背景是參議藤原百川❼等藤原式家兄弟與他們所擁立的山部親王的陰謀所致。

雖然高齡即位，但光仁天皇仍勵精圖治，整頓了僧侶亂政的情況，削減官員、緊縮財政、監督國司與郡司、肅正地方政治。781 年，光仁天皇因病讓位給皇太子，皇太子即位為桓武天皇，桓武同母弟早良親王被立為皇太子，此舉應是鑑於稱德天皇時期的繼位紛爭，而早早立定皇太子。

桓武天皇自覺自己父系屬於天智天皇系統、母系為百濟渡來

---

❻　光仁天皇夫人，其父為百濟渡來人，是百濟武寧王後裔。

❼　藤原宇合（式家之祖）八男。

人，與先前的天武天皇皇
統不同，加上打算革新過
去仰賴佛教鎮護國家思想
的政治生態，因此著手遷
都。首先選中的是位於由
中國系渡來人秦氏開拓過
的山城國、在平城京北方
約四十公里處水陸交通便
利的長岡之地（今京都府
向日市、長岡市），並於
784 年遷都長岡京。但
785 年，主持造都的天皇

圖 15：桓武天皇

親信藤原種繼遭到暗殺，首謀者之中有數人是與平城京東大寺佛
教勢力相關的官吏。據說皇太子早良親王也參與暗殺行動，遂連
坐而遭到流放，早良在流放途中絕食、抱恨而死。其死後不久，
長岡京發生旱災、疫病流行，皇后等天皇近親相繼死去，伊勢神
宮失火等等禍事，792 年陰陽師占卜結果認定是早良親王的怨靈
作祟，於是舉行了鎮靈儀式。但儀式過後，長岡京又因大雨而導
致洪災，在負責治水的和氣清麻呂等人建議下，794 年桓武選擇
再次遷都位於長岡京東北方位的葛野之地，此即後來的平安京（今
京都市），開啟了平安京時代。

　　除了兩次遷都之外，桓武天皇的主要治績還有「征夷」，這是
延續奈良時代對列島東北地方被視為「蝦夷」的居民之征討。桓

武在任中三次征討蝦夷，789 年首度征夷遭遇大敗，794 年第二次征夷提拔了坂上田村麻呂（758–811 年）❽作為征夷大將軍大伴弟麻呂（731–809 年）的副手，因田村麻呂表現優異，801 年第三次征夷，就直接任命田村麻呂為征夷大將軍，802 年田村麻呂護送了五百名蝦夷人到平安京，田村麻呂並建造膽澤城（今岩手奧州水澤）、志波城（今岩手盛岡）兩處城柵作為控制蝦夷的據點，鞏固征夷成果。805 年，在藤原百川長子緒嗣的建言下，桓武天皇停止了第四次征夷及對平安京的繼續建造，以修養民力。

此外，桓武天皇還將雜役從六十日減為三十日，廢止律令的兵士制度而改設立健兒之制❾，以減輕農民負擔、提高士兵素質。

桓武天皇去世後，皇太子即位為平城天皇（806–809 年在位），立弟弟神野親王為皇太子，這應該是桓武天皇考量到平城病弱且子嗣幼小的安排。平城即位後整併官僚部門、停止一些儀式活動、改善中下階層官員待遇，努力改革政治、減輕財政負擔，以修養民力。另一方面，平城在太子時期就寵幸太子妃之母藤原藥子（?–810 年），而爆發醜聞，當時桓武天皇令其放逐藥子，但平城即位後隨即任命藥子為尚侍，並重用藥子之兄藤原仲成（764–810 年）。809 年平城天皇生病，他認為是怨靈作祟而打算以讓位方式來避禍，於是皇太子即位為嵯峨天皇（809–823 年在

---

❽ 中國系渡來人東漢氏後裔，代代以騎射等武藝為世職的家系。

❾ 在陸奧、出羽、九州以外的地方實施志願兵制，依各國大小及軍事必要性分置二十～二百人，每六十日輪流在國府擔任警備及維持國內治安；另外在九州設置一千三百二十人的選士、在陸奧設置二千人的健士。

位），平城成為太上皇，嵯峨天皇則立平城之子高岳親王為皇太子。810 年平城上皇帶著藥子和仲成移居平城京，藥子以尚侍之職掌管天皇發給太政官命令的內侍宣，在平安京無法發出內侍宣的嵯峨天皇遂以藤原冬嗣（775–826 年）為藏人頭❿，作為天皇的家政機構，代行尚侍職權，此舉引發上皇與天皇的對立，加上藥子和仲成原來就反對平城讓位，又加劇雙方的對抗。平城上皇下詔要求廢平安京並遷都平城京,命令天皇信任的朝臣到平城京，嵯峨天皇隨即下詔拒絕遷都，並招回平城京的一些朝臣。平城上皇被天皇舉措激怒，帶著藥子要前往東國舉兵，天皇則派出坂上田村麻呂阻止上皇等人東下，隨後藤原仲成遭到射殺，平城上皇與藥子見無法東下，遂返回平城京，上皇剃髮出家，藥子則服毒自殺。此事件被稱為平城太上天皇之變或藥子之變，藤原式家出身的藥子與仲成之死，使藤原式家在政界的力量衰退。嵯峨天皇對上皇方人員的處置相當寬大，保留平城上皇的名譽和待遇，雖然廢黜了皇太子高岳親王，但仍保留其親王之位，嵯峨天皇改立異母弟大伴親王為皇太子（後來的淳和天皇）。

　　平安初期大量設置了律令制之外的官位和機構，如桓武天皇時設立的征夷大將軍、勘解由使⓫，嵯峨天皇時設置的藏人頭以及檢非違使⓬等等，並且在不變動律令的情況下修訂了用來補充

---

❿　唐名「侍中」，天皇祕書，向大政官等傳達天皇命令。

⓫　監視國司等官員交接，防止國司或官員違法亂紀、不切實履行交接事務。

⓬　擔任平安京內的治安維持及裁判等工作。

律令規定的格式，如藤原冬嗣等人遵照嵯峨天皇敕命於弘仁十一年（820 年）編成的《弘仁格式》。這些舉措是因時制宜的必要，彈性地彌補了行政所需的環節，另一方面也表示在律令制出現破綻後朝廷無法全面改革，而以另外增補的方式臨時因應，導致了官制疊床架屋的現象。

　　而作為中央集權的律令制出現破綻，是因為封建社會的日本原本就很不容易施行中央集權，平安初期幾位天皇還能勵行親政，但此後朝政又被貴族藤原北家所操縱。

表 3：天皇五十～六十代譜系

50桓武天皇
├─ 51平城天皇 ── 伊予親王 ── 萬多親王 ── 52嵯峨天皇 ── 53淳和天皇 ── 葛原親王 ── 良岑安世
│
51平城天皇
├─ 高岳親王 ── 阿保親王
│   ├─ 在原行平 ── 在原業平
│
52嵯峨天皇
├─ 54仁明天皇 ── 有智子內親王 ── 源信（嵯峨源氏）── 源融（嵯峨源氏）── 源潔姬
│
53淳和天皇
└─ 恒貞親王

葛原親王
├─ 平高棟 ── 高見王
│   └─ 平高望（桓武平氏）

良岑安世
├─ 遍昭
│   └─ 素性

54仁明天皇
├─ 55文德天皇 ── 58光孝天皇 ── 人康親王
│
55文德天皇
├─ 56清和天皇 ── 惟喬親王
58光孝天皇
├─ 59宇多天皇 ── 藤原基經妻
│
56清和天皇
├─ 57陽成天皇 ── 貞純親王
59宇多天皇
├─ 60醍醐天皇 ── 眞寂法親王（齊世親王）── 敦實親王
│
57陽成天皇
── 源清蔭（陽成源氏）── 源經基（清和源氏）

60醍醐天皇

敦實親王
└─ 源雅信（宇多源氏）

第五節　貴族政治與國風文化

　　律令制以前貴族以世職或豪族身分與天皇之間建立的傳統奉仕關係，在平安時期式微了，此時貴族在朝廷的地位，視其個人與天皇的關係而定。有教養的文人如菅原道真等文學造詣深厚者，以其能力被提拔為高官；有能力的官吏也被朝廷重用，如在地方上表現突出的國司、將軍（坂上田村麻呂）等等；其次是天皇父系親戚及天皇母系親戚（外戚）。

　　其中以右大臣藤原不比等次男藤原房前為祖先的藤原北家，在不斷維繫與天皇的關係及鬥爭其他貴族的過程中，確立了藤原北家在貴族政治社會中無可挑戰的至尊地位。

一、藤原北家的發展與攝關政治

　　九世紀初，藤原北家的冬嗣得到嵯峨天皇的寵信，從藏人頭一直升到左大臣的高位。冬嗣次子良房（804–872 年）也受嵯峨天皇的寵信，天皇將皇女潔姬臣籍降下後嫁給良房，良房妹妹順子也嫁給皇太子（繼位為仁明天皇），並生下後來繼位為文德天皇的皇子，良房作為前後幾代天皇的外戚親信，不僅成為太政大臣，還通過承和之變❸、火燒應天門❹等事件，排除了大伴氏、紀氏

---

❸　承和九年（842 年）藤原良房策畫廢皇太子恒貞親王、改立自己的妹妹順子所生的道康親王為皇太子（後來的文德天皇）並排斥橘逸勢等貴

等自古以來堪與藤原氏比肩的中央豪族，進一步鞏固了藤原氏的獨專地位。良房將與潔姬所生之女明子嫁給文德天皇，又讓明子之子成為後來的清和天皇（858–876年在位），還首次以人臣身分擔任了攝政，輔佐九歲登基的外孫清和天皇。

　　良房無子，以兄之子基經（836–891年）為養子，876年清和天皇讓位給九歲的陽成天皇，基經繼良房之後又擔任了攝政。884年陽成天皇讓位，基經擁護光孝天皇（884–887年在位）繼位，而被任命為關白（輔佐成年天皇），是日本歷史上首位關白。在將近二十年的時間裡，基經獨專國政、廢立天皇。此後，藤原北家長者（藤氏長者、家督❺）輪番出任攝政和關白，迎來了藤

族的事變。

❹　承和之變後，伴氏對藤原良房刻意壓制其他豪族的做法十分不滿，與紀氏等豪族逐漸形成了一個反對良房的小集團。貞觀八年（866年）閏3月10日的夜裡，平安宮大內裏的正殿入口應天門遭人縱火焚燒。9月22日，藤原良房將伴善男、伴中庸父子及紀豐城、紀夏井等人流放到伊豆，並沒收了他們的土地財產，排除了政治上的異己勢力。良房藉著這次處理火燒應天門事件的機會，將這兩個舊貴族勢力排除出中央政權的核心，鞏固了藤原氏的統治地位。伴氏原為大伴氏（避淳和天皇之諱「大伴」而改為伴）。

❺　即一族、一門之長。原出自《史記‧越王句踐世家》：「家有長子曰家督」，在日本則指統率一門子弟，繼承家業、領地或官位等門第權利者，一般由前任家督的嫡（長）子繼承，但日本嫡（長）子有時也未必是正室所生，可以選自庶子或過繼養子，使之成為嫡子以繼承家督之位。

原北家全盛的攝關時代。從良房、基經到十一世紀中葉為止，由攝政與關白運作國政的現象，稱為攝關政治。

即便藤原北家達到全盛的攝關政治狀態，依舊小心清除可能挑戰藤原家的貴族勢力，如昌泰四年（901年），時任太政官的藤原時平（871–909年）與菅原道真對立，道真遭到誣告而左遷大宰府、子女流放，史稱昌泰之變；安和二年（969年）藤原北家謀劃了冤案事件，左大臣源高明（914–983年）被降職，左遷大宰府，橘繁延等被流放，史稱安和之亂。源、橘兩家都是臣籍降下的大貴族，至此藤原北家完全排斥其他貴族勢力挑戰的可能性，直至武家的崛起，再也沒有出現能夠撼動其地位的豪族，確立了攝關家在貴族政治社會中的至高地位。

由最大貴族藤原北家操控的攝關政治，也稱貴族政治，由於是代天皇操控朝政，很難大刀闊斧地改革，政治也就只是因循慣例與形式，因此有學者將攝關貴族政治稱為形式主義的政治。

二、國風文化

指十世紀初至十一世紀以攝關政治時期為中心的文化。國風文化也影響了十二世紀的院政時期文化，並成為今天日本文化的源流。

相對於奈良時代、平安初期日本朝廷中央文化廣受唐風影響，如桓武天皇舉行了中國式的郊天祭祀等等，而所謂的國風文化就是呈現日本式的文化風格，也就是和風、倭風文化。國風文化萌芽於奈良時代，隨著平安中期遣唐使停止，更加速其發展。平安

時代是日本歷史中最重視女性感性的時代，此時的王朝文化也反映出女性的愛好，在官方正式場合採用「雅」的唐風儀典，在私下日常的活動則採用「褻」（俗）的和風流派。

國風文化主要內容如下：

1.淨土教流行

九世紀初圓仁和尚（794–864 年）將中國五臺山的念佛三昧法傳回比叡山，985 年源信和尚（924–1017 年）著有《往生要集》，集天臺淨土宗之大成，此後末法思想的淨土信仰在日本大為流行，滲透到京城貴族，也影響了佛寺建築與佛像、雕刻、繪畫等國風文化。此時日本大量建造了淨土信仰的阿彌陀堂及阿彌陀如來像。

2.女流文學發達

藤原北家以外戚身分奠基輝煌的攝關政治，在向皇室源源不絕送進自家女兒的同時，也選拔有才華的中級貴族女子進宮作為女官服侍天皇及攝關家后妃，於是出現了清少納言（966?–1025?年）、紫式部（978–1016 年）、和泉式部（978–1034? 年）等女流作家。清少納言著有隨筆 （散文）《枕草子》，與後來鴨長明（1155–1216 年）的《方丈記》、吉田兼好（1283?–1352? 年）的《徒然草》並稱日本三大隨筆。作為日本王朝物語的最高傑作的《源氏物語》據信由女官紫式部所作，紫式部還留下了《紫式部日記》，記載其在宮中服務時的生活。和泉式部留下了《和泉式部日記》，內容記載其與貴族戀愛的情形。

3.假名文字

在奈良時代開始使用借漢字偏旁而來的萬葉假名，此時期更

被廣泛使用。片假名作為訓讀漢文時的輔助文字；而從漢字草書演變而來的平假名則主要由女性開始使用。此時期男性高級貴族大多書寫漢文，如藤原實資（957–1046 年）的漢文日記《小右記》，但由於不與中國直接往來，一些高級貴族開始出現以日文文法書寫漢文的情形，如擔任攝關家家督的藤原道長（966–1028 年）日記《御堂關白記》就是和風化的漢文。而隨著假名文字的盛行，也出現男性貴族以假名創作的情形，如《土佐日記》就是紀貫之（866?–945 年）以女性角度、用平假名書寫的日記，記錄其結束土佐守任期返回京城的旅途記事。

此時貴族服裝，男性依場合的正式程度分別穿戴衣冠束帶、直衣或狩衣，而女性貴族最正式的正裝則是十二單。這些正裝衣

圖 16：1928 年，身著十二單正裝的香淳皇后

著仍是現在日本皇室的傳統正裝，還作為現在女性和服的原型。
貴族住宅的代表型制是寢殿造。

第六節　對外關係

　　除了向中國派出遣唐使，學習中國文明、蒐集東亞和國際情
報之外，日本在奈良、平安時代還分別與新羅、渤海國往來。

　　676 年新羅統一朝鮮之後，仍然一邊接受唐朝冊封，一邊充
實國力。日本與新羅之間經常互派使節，但由於日本想將新羅當
成屬國，因此兩國偶爾會有緊張局面出現。奈良時代後半期，日
本與新羅的邦交趨於消極，不過兩國商人往來卻相當活躍。

　　渤海國（698–926 年）是以靺鞨族為中心，在現在的中國東
北部及朝鮮半島北部建國的國家。渤海王自稱是高句麗後裔，和
唐、新羅之間有著對抗關係。為了爭取外援，727 年渤海王遣使
到日本，要求建立邦交，後來直到渤海國被契丹滅國為止，日本
與渤海國之間一直維持友好的外交關係。安史之亂期間，日本的
遣唐使路線受阻，也曾運用過渤海路往返中國。

Japan

第 II 篇

中 世

第五章 | *Chapter 5*

中世社會的形成

　　701 年律令制實施均田，推行公地公民制度，但均田制實施二十年左右，為了鼓勵開墾的積極性，723 年實施了《三世一身法》，讓開墾新地者三代能擁有墾田私財，隨後 743 年又頒布《墾田永年私財法》，實際上承認私有財產。事實上，日本社會處於封建結構，農民依附於豪族，即便班田授田，還是很多農民承受不了自行擔負租庸調的賦役而棄籍，投入豪族或寺社領主門下。《墾田永年私財法》又讓資本雄厚的中央貴族、大寺社或是地方豪強通過地方上的國司，開墾新田而將之私有化，這是莊園盛行的背景。這樣私有化莊園的歷史可以溯至八世紀，亦即律令制剛實施不久，莊園就萌生了。隨著律令制的崩壞，地方不靖，不僅朝廷平定叛亂、甚至很多國司也將地方治安「請負」（委託、承包）給從貴族中分化出來的武藝尤為精湛之貴族或地方豪族，這些擁有馬匹、武器等武裝力量的豪族就是初期武士的原型，其中被視為武家棟樑（領袖）的是同樣具有臣籍降下血統的桓武平氏與清和源氏❶。

　　在中央地方政治、軍事制度崩壞的情況下，一些僧侶離開所屬寺院，在山林中修行或是周行地方諸國、推廣佛教信仰，這些在民間傳教的僧侶被稱為「聖」，聖之中奉勸人們樂捐，以進行寺院、橋、道路、港灣修建的僧侶，代替國司負起地方公共建設工作的，則被稱為「勸進上人」。

　　政治崩壞、莊園盛行、武士崛起、寺社成為莊園領主、僧侶負擔起地方公共事業等現象，和歐洲中世紀具有同樣的時代特質。

第一節　莊園與武士

一、莊園普及

　　延喜二年（902 年）日本朝廷實施最後一次班田，當年阿波國（今德島縣）田上鄉戶籍，五戶四百五十三人中，男子五十九人，女子三百七十六人，被課以庸、調的男子數量異常稀少，顯見是人為造假，戶籍無法呈現實際狀況，班田自然無以為繼。同年又發布「延喜莊園整理令」，禁止「院宮王臣家」❷ 等權門勢家與地方諸國百姓勾結而將土地私有化，其內容並非新規，而是過去法令的集結，但其中有若不妨礙地方諸國政務者可以承認其私

---

❶　武士棟樑指系出桓武平氏（又分出伊勢平氏等）或清河源氏（又分出河內源氏等）等名門軍事貴族家系的武士統帥者。

❷　院指太上皇或太上皇后，宮指天皇及其妻、子，王指親王，臣指在朝任官的世襲貴族。

有的例外規定，因此也存在官方正式承認莊園的餘地，使得各地紛紛請求承認莊園。此後直到保元元年　（1156 年）　後白河天皇「保元新制」❸為止，日本朝廷不斷頒布莊園整理令，這些整理令委由地方上的國司去執行，往往無法貫徹，一再頒行也說明朝廷無法限制莊園增長的景況。後白河天皇之後，武家控制朝廷，由武家政權分配莊園或是承認莊園的歸屬權。

　　在朝廷律令制逐漸崩壞的過程中，朝廷無法像過去那樣監督國司執行地方政務，只好讓國司繳納一定稅額後將地方政務完全委託給國司，即所謂的「國司請負」，而為了獲得暴利，許多國司在地方上搜刮財富、肆意妄為，屢屢有地方的郡司或豪農申訴國司暴政的情況。朝廷收到申訴，雖將該國司解任，但這些國司都是世襲貴族，對朝廷而言還是包稅人，因此隨後又派給其他職位，根本無法解決國司暴政的問題。包稅的國司在地方上又將相當於租庸調稅賦的稅收交由田堵（豪農）來請負（承包），對作為徵稅的田地以「名」來區分，各個田地賦與承包人的名字，大規模承包的豪農則被稱為　「大名田堵」。十一世紀後作為中下級貴族的國司為了在京城侍奉攝關等高級貴族，以換取獲得國司職位，往往派「目代」前往國司任地，由目代指揮從地方上選拔出來的豪族作為役吏，執行地方政務，這些人被稱為在廳官人，職位是世襲的。

---

❸　即保元莊園整理令，規定以天皇為最高權門（豪門領主），不承認後白河天皇即位後新成立的莊園。

　　作為包稅人的國司為了獲取更多財富，必須經常整理田地，往往與大名田堵利益衝突，不斷開發土地的大名田堵，便將田地不斷往更上級的貴族寄進（獻納），以求得庇蔭，豁免一些稅賦，到了十一世紀後半，這樣將莊園寄進給中央攝關大貴族乃至皇室的現象已經相當普遍。在莊園寄進的關係中，作為開發領主的大名田堵稱為領家，而接受他們獻納莊園的上級貴族則稱為本家或本所。

二、武士崛起

　　八世紀末桓武天皇導入健兒之制時，就代表朝廷徵兵制的軍團制度崩壞，此後除了陸奧、出羽等必須和蝦夷對抗的前線外，其他軍團都廢止了，朝廷失去國家軍事力量，各地治安惡化，地方上豪農為了自衛而武裝，成為武士崛起的源頭之一。

　　律令制下的租庸調等實務稅賦由地方的郡司、豪農負責搬運到京師，西日本及沿岸等地採取舟運，但京畿以東的東國地帶產良馬，則以馬運送。在地方治安惡化以及反抗或逃避國司苛徵稅賦的盜匪橫行之下，東國出現了請負稅賦運輸和安全的「俘馬」集團。俘馬集團擁有馬匹和武器，他們除了承包稅賦運輸外，也是強盜，搶劫其他俘馬集團。而日本朝廷從奈良時代不斷對東北地方的蝦夷用兵，將稱為「俘囚」的蝦夷投降者移往東國地帶，俘囚多半從事運輸及商業，正是俘馬集團的先驅。九世紀以降爆發多次俘囚反亂，當時鎮壓地方反叛的是有武略家藝的國司如平高望（?–911年），或是在廳官人如藤原秀鄉（891?–958?年）等

中下級貴族，這些在東國活躍的武藝貴族在地方上土著後，成為武士崛起的另一個源流。

　　除了東國的僄馬之外，西國沿岸也是海賊橫行，在鎮壓這些反亂的過程之中，也不斷發生武藝精湛的軍事貴族與在地豪族之間的鬥爭，從中分化出與以往朝廷貴族不同性質的「武士」貴族。

　　武士之中的豪門是桓武平氏與清和源氏。桓武平氏之祖是平高望，作為桓武天皇曾孫的高望王，為了討伐反亂而依宇多天皇（887-897 年在位）敕命臣籍降下，賜姓為平朝臣，因此以平高望為名。898 年平高望作為上總 （今千葉縣中部） 介 （國司次官），親率長男良望 （國香）、次男良兼、三男良將前往任地，高望父子在國司任期內平定任地反叛事件，在國司任期結束後也未返京城，而是與在地土豪通婚，作為開發領主開墾常陸 （今茨城縣境）、下總 （今千葉與茨城縣交界一帶）、上總的土地，維持武裝力量以擴大勢力，鞏固了高望王系桓武平氏的基礎。

　　平家在東國發展期間爆發了平將門 （903?-940 年） 之亂。將門為良將之子，在與親族鬥爭之中，逐步擴大勢力，成為在地土豪追隨的存在，又積極介入土豪之間的糾紛，而與國司爭鬥，最後演變成反叛朝廷的亂事。將門控制大部分東國地區後，自稱「新皇」，與朝廷互別苗頭，兩個月後在平貞盛 （國香嫡子）、藤原秀鄉等人追討下滅亡。

　　當時瀨戶內海的海賊橫行，藤原純友 （893?-941 年） 跟隨父執前去鎮壓海賊，卻雙雙土著下來，還成為海賊頭領。平將門之亂爆發後，藤原純友也率領海賊作亂，甚至攻打近畿一帶。朝廷

在平將門亂平之後，隨即派遣小野好古作為追捕使長官、源經基
（?–961年）作為次官前往討伐純友，於941年擊敗純友。

　　源經基是清和天皇之孫，被稱為「六孫王」，曾赴任武藏（今
川崎、橫濱與琦玉交接一帶）介，並參與平將門、藤原純友討伐，
晚年臣籍降下，為經基系清和源氏之祖。

　　亂事頻發下，失去軍團力量的朝廷為了平亂，積極讓武藝精
湛的武士為自己效力，任命其為追捕使、押領使；國司也將地方
武士組成館侍、國侍，以維持治安、對抗叛亂。這些都是武士崛
起的背景。

圖 17：平安時代的武士

第二節　院政與平氏政權

一、院　政

　　日本列島上自古存在著家督制度，一般是家督死後傳給繼任者，但也不乏家督生前引退而讓位的情況，當這種情況發生在皇室時，由於引退的上皇所居處所被稱為某院，上皇本身也被稱為院，故所謂院政是指上皇以其家政的政廳機構來執掌國政的政治型態。

　　院政從奈良時代起即屢有發生，但在白河上皇（1086–1129年，院政）到後白河上皇（1158–1192年，院政）時期成為常態，不間斷地持續了百年左右，上皇之所以能在這百年維持院政，主要仰賴武士的力量，尤其是作為院政院司的伊勢平氏，院政持續到源氏在源平之戰中獲勝，於鎌倉開設幕府，朝廷大權旁落，日本進入武家政權時代為止。學界將白河上皇開啟院政的1086年到平家政權滅亡的1185年的百年期間，稱為院政時代。

　　母親為內親王而非藤原氏的後三條天皇（1068–1073年在位）打算先讓位第一皇子貞仁親王（即後來的白河天皇，母親是藤原茂子）繼位，然後讓貞仁依序讓位給第二、第三皇子的實仁、輔仁親王（母親均為源基子），藉此擺脫藤原氏對皇位的操控，但後三條天皇退位不到五個月即逝世，來不及成立有效的院政，而原作為白河天皇（1073–1086年在位）繼承人的實仁親王於1085年

病逝，此時白河天皇不願意按父親生前規劃傳位給異母弟輔仁親王，遂退位為上皇、讓位給自己八歲的兒子善仁親王（即堀河天皇，1086–1107 年在位），為了確保皇位按自己心意傳承，白河上皇（1086–1129 年，院政）開啟院政，在院的北側設置北面武士作為直屬的武力，以武士棟樑伊勢平氏為院司，上皇藉此掌握實權，與其他皇族及藤原氏抗衡。此後，白河上皇院政橫亙了堀河、鳥羽、崇德三位天皇在位時期，鳥羽上皇（1129–1156 年，院政）院政橫亙了崇德（鳥羽上皇第一皇子，1123–1142 年在位）、近衛（鳥羽上皇第七皇子，1142–1155 年在位）、後白河（鳥羽上皇第四皇子，1155–1158 年在位）三位天皇在位時期。

　　1155 年近衛天皇逝世，鳥羽上皇排斥崇德上皇皇子而安排後白河天皇繼任，引發崇德上皇不滿。保元元年（1156 年），鳥羽上皇去世，爆發了保元之亂，當時除了後白河天皇與其兄崇德上皇之間圍繞皇位之爭外，攝關家的藤原忠通、賴長兩兄弟也在爭奪家督位子，於是崇德上皇與賴長結合，招來平忠正以及源為義、源為朝（源為義八子）等武士攻打後白河天皇，後白河天皇也聯合關白藤原忠通，招來平清盛（平忠正之姪，1118–1181 年）、源義朝（源為義長子，1123–1160 年）與上皇對抗，形成天皇家、攝關家、平家、源家彼此兄弟父子各自加入不同陣營互攻的亂鬥，最終由後白河天皇方面獲勝，崇德上皇遭流放讚岐，賴長戰死，源為義被長子義朝斬首。後白河天皇於 1158 年讓位給兒子，成為上皇（1158–1192 年，院政）。保元之亂開啟了武士參與皇位、攝關家督爭奪以及朝廷中樞事務的契機。

表4：天皇七十～七十七代譜系

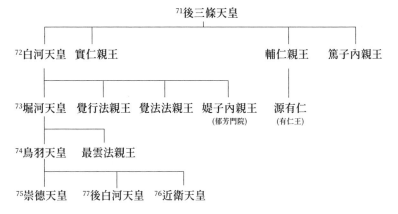

表5：天皇七十七～八十八代譜系

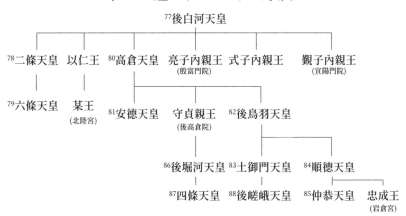

　　保元之亂後，上皇近臣藤原通憲（出家時法號信西，1106-
1159 年）與藤原信賴（1133-1159 年）反目，通憲聯合平清盛，
而信賴則與源義朝聯合。平治元年（1159 年），信賴與源義朝趁
著平清盛參拜熊野，舉兵拘禁上皇和天皇，通憲自殺。平清盛返
京後平亂，將信賴斬首，源義朝逃至尾張，兵敗被殺，義朝之子
賴朝（1147-1199 年）遭流放伊豆，史稱平治之亂。亂後，源氏
勢力大為衰退，而平清盛則掌控朝廷，開啟了平氏政權時代。

二、平氏政權

　　作為北面武士院司的伊勢平家，自平清盛祖父正盛起，均為
院近臣，蓄積了龐大政治力和財力，平清盛在父親忠盛死後接過
平家棟樑的位置，接連平定保元、平治之亂，確立武士權門勢家
的地位，1160 年平清盛官位升遷為參議正三位，位列公卿，1167
年又升遷為太政大臣，創下武家出身者位居最高公卿的紀錄。平
清盛並熱衷與攝關家、皇室聯姻，將女兒盛子嫁給關白藤原基實，
女兒德子嫁給後白河上皇的皇子高倉天皇（清盛妻妹之子，1168-
1180 年在位）。平家占據朝廷諸多官位，不斷蓄積知行國❹與莊
園領地，造就了平氏政權時代（1160 年代至 1185 年），由於平清
盛宅邸位於京都六波羅，故又被稱為六波羅政權。

　　武士掌握政權被稱為「武家」，相對於武家，向來服侍天皇的

---

❹　在日本中世，「知行」意指領有、控制，豪門領主領有或實際控制原來
　　律令制下國司所管轄的國，即稱為知行國。

表 6：平氏略系

桓武天皇 — 葛原親王 — 高見王 — 高望王

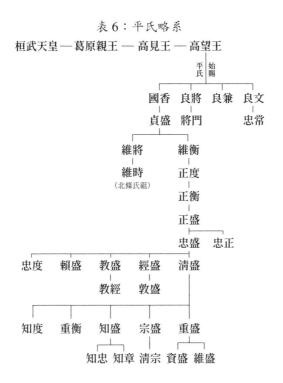

朝廷貴族則被稱為「公家」。平氏政權成立於貴族社會之中，與攝關家、皇室聯姻，壟斷朝廷諸多官位、領有全國半數知行國與五百多個莊園，使其帶有公家貴族色彩，但其作為武士棟樑，派出武士到其所領的莊園和知行國，分置「地頭」、「國守護人」❺，

❺ 國守護人即守護，其原型為追捕使，原由武藝精湛的國司或其子弟兼任，或委由當地土豪擔任。武家政權時期由將軍（幕府）任命有力「御家人」（與將軍締結主從關係的武士）擔任，每國設置一人，作為軍事指揮官及行政官監督地頭，統率該國之御家人。鎌倉幕府的《御成敗式目》規定守護的義務是執行大番役催促、謀反人搜索逮捕、殺害人

這又具備武家性質，因此平氏政權被視為兼具公武性質的政權。

　　此外，平家還熱衷與宋朝貿易及瀨戶內海交易，曾在攝津（今大阪、堺、神戶交界一帶）修築港口，試圖招攬宋船停泊，還將瀨戶內海的海民加以組織、開挖瀨戶的音戶水道，以方便大船行駛。

搜索逮捕等所謂「大犯三條」的職權。地頭，是為了管理莊園和公領所設置之職，在每個莊園和公領設置一個地頭，武家政權時期，將軍（幕府）從御家人中選出地頭，命其監視莊園和公領的軍事、員警、徵稅、行政等事務，由於地頭直接管理土地和百姓，乃積極侵吞莊園，甚至要求莊園主分割一半土地給自己（下地中分）。

第六章 | *Chapter 6*

鎌倉時代

　　鎌倉幕府是由源賴朝在鎌倉（今神奈川縣鎌倉市）創設的武家政權（幕府），直至 1333 年鎌倉幕府執權北條氏被新田義貞等軍所滅為止，其間約歷時一百五十年，稱為鎌倉時代。鎌倉幕府的武家政權政治形式為後來的室町、江戶幕府所繼承。

第一節　源平之亂與幕府成立

　　治承三年（1179 年）11 月，平清盛發動政變，幽禁後白河上皇，逼迫高倉天皇讓位給三歲的言仁親王（清盛外孫、安德天皇，1180–1185 年在位），後白河上皇皇子以仁王眼見皇位傳至下一輩，自己繼位無望，加上長年知行的城興寺領莊園被平氏沒收，而心生不滿，1180 年以仁王舉兵，向全國源氏發出令旨，要求討伐平清盛，引發全國反平氏勢力，如以源賴朝為首的關東武士團、源義仲（1154–1184 年，源賴朝從弟）、地方武士團以及畿內寺社等紛紛起兵。

　　1181 年閏 2 月平清盛因熱病去世 ， 平氏政權失去強力指導者。同年，西國大饑饉，平氏莊園大多位於西國，饑荒導致平氏力量大幅衰弱。

　　反平氏的勢力中，以源賴朝最受矚目，賴朝為源義朝三男，在平治之亂後被流放到伊豆 ， 1180 年 8 月與岳父北條時政（1138–1215 年）等人一起舉兵，陸續集結效忠源氏的東國武士，勢力瞬間大增 。 10 月賴朝進入源氏根據地鎌倉 ， 不急著攻打平氏，而是開始專心經營東國，設置了「侍所」（管治武士機構），賴朝成為東國武士團代表，被稱為「鎌倉殿」（鎌倉將軍的尊稱），與鎌倉殿締結主從關係的武士，被稱為「御家人」。一些歷史學者認為「侍所」是幕府成立的重要機構，因此將賴朝設置「侍所」的 1180 年視為鎌倉幕府成立的時間點。

　　壽永二年 （1183 年），源義仲攻入京都，驅逐平氏一門，但義仲轄下武士在京都四處搶劫，義仲還試圖擁立以仁王之子北陸宮繼位天皇，因而引發後白河上皇及朝廷貴族的不滿，雙方失和。後白河上皇要求源賴朝上洛❶維護秩序，作為交換條件，賴朝要求上皇發布將東海道、東山道、北陸道的莊園、公領歸還給原來的國司、本所之命令。後白河上皇於 10 月發布宣旨，除北陸道外，大致滿足了賴朝要求。賴朝維護了這些莊園主的權利，也成了這些莊園的大領主。

---

❶　亦即「上京」，日本將平安京比擬為洛陽，從地方到京都，稱上洛或入洛；離開京都到地方，稱下洛、出洛。

圖 18：源平之亂中的一之谷之戰，源氏軍隊追趕潰敗的平氏軍隊

　　源賴朝派遣弟弟源範賴 （1150–1193 年）、 源義經 （1159–1189 年）為大將，率領東國武士攻討源義仲及逃亡西國各地的平氏殘餘勢力。1184 年源賴朝設置「政所」（擔當行政的公文所）、「問注所」（司法擔當）。文治元年（1185 年）壇之浦之戰，平氏滅亡，平清盛之妻時子抱著安德天皇跳入海中，安德天皇薨逝，歷經六年的源平之亂結束。同年的文治敕許，源賴朝讓後白河上皇同意其在地方上設置守護和地頭的權力，掌握了全國的軍事權、警察權。有些歷史學者認為設置守護和地頭是幕府政權的重要權力，因此將 1185 年視為鎌倉幕府成立的時間點。

　　義經因取得多數戰功而遭賴朝妒忌，1189 年賴朝在奧州合戰

圖 19：源賴朝

中滅了庇護義經的奧州藤原氏，任命了陸奧奉行，將陸奧、出羽作為幕府的直轄領，完全掌握東國，終結了長達十年的內亂。至此，無人能威脅武家棟樑源賴朝的地位。

1190 年源賴朝補任為常設武官最高職的右近衛大將，右近衛大將一職伴隨許多朝廷的政治制約，因此源賴朝立即辭去此職，轉而要求自由度高的征夷大將軍一職，反對源賴朝擔任征夷大將軍的後白河上皇於 1192 年 3 月去世，同年 7 月源賴朝被任命為征夷大將軍。後來的室町、江戶幕府開創者均具備征夷大將軍身分，因此大多數歷史學者認為源賴朝被任命為征夷大將軍的 1192 年是鎌倉幕府成立的時間點。

第二節　北條氏與執權政治

一、北條氏掌控幕府

源賴朝突然於 1199 年 1 月去世，幕府由賴朝嫡妻北條政子（1157–1225 年）及賴朝岳父時政等人所掌控。繼承鎌倉殿的是

賴朝與政子所生的嫡長子、十八歲的源賴家（1182–1204 年），政子與時政設置了有力御家人組成的十三人合議制來輔佐年輕將軍，實際上削弱了將軍的決斷權。有力御家人之間也展開了一連串控制幕府權力的鬥爭，最終由北條氏勝出。

1200 年爆發梶原景時（1140–1200 年）之變。景時為賴朝親信，時任侍所「別當」（長官），受其他御家人妒恨。賴家無法保護景時，景時一族於放逐途中被地方武士所滅。景時之變代表賴朝死後幕府有力御家人之間內鬥的開始。1203 年又爆發比企能員（?–1200 年）之變。能員為賴家岳父，也是賴家長子一幡之外公，是賴家的外戚。在此次鬥爭之中，比企一族及一幡被賴家外公時政、舅父義時（1163–1224 年）所滅。時政逼迫賴家出家（隨後賴家被暗殺），改立賴朝的嫡次子、賴家弟弟實朝（1192–1219 年）為三代將軍，實朝外公時政擔任「執權」❷。

1213 年爆發和田合戰，作為幕府創建元老、時任侍所別當的和田義盛（1147–1213 年）受到時任執權義時的挑撥，起兵對抗在幕府中權力不斷上升的北條氏，結果和田一族被滅，由義時兼任侍所別當。此後北條氏世襲政所、侍所長官，開啟了鎌倉幕府的執權政治。

實朝於 1219 年被賴家兒子公曉（1200–1219 年）殺死，源賴朝嫡嗣斷絕。北條氏得到後鳥羽上皇（1198–1221 年，院政）同

---

❷ 鎌倉幕府家政機構中樞「政所」的長官，北條時政擔任執權後，由北條家世襲執權。

表 7：鎌倉源氏將軍略系

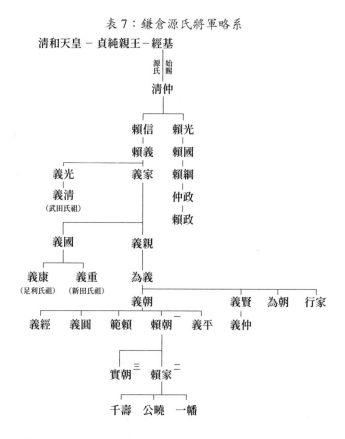

意，迎接與源賴朝有遠親關係的攝關家幼子、年僅二歲的藤原賴經（1218–1256 年）為將軍，此為「攝家將軍」。

二、承久之亂

　　後鳥羽上皇與三代將軍實朝關係親密，認為公曉殺死實朝係因北條氏的挑撥，源氏將軍三代而終的情況也導致幕府內部的對

立，上皇為了恢復朝廷的實權，趁機於承久三年（1221 年）5 月發布追討北條義時的院宣，得到畿內周邊及在京武士的響應。幕府方面則由賴朝「後家」（未亡人）北條政子向御家人提示了將軍的「御恩」（作為恩賞，將軍給予御家人領地或承認其領地所有權），糾集大多數的御家人前來「奉公」（為領主執行軍役等勤務），一個月即挫敗了上皇顛覆幕府的企圖。幕府將後鳥羽上皇流放隱岐，令仲恭天皇退位，對其他參與討伐幕府的朝廷貴族、武士處死。

武家政權流放上皇、廢立天皇、處罰公家貴族的行為，使得朝廷威信墜地，朝廷與幕府的政治地位逆轉。幕府在京都六波羅設置「六波羅探題」監視朝廷，而且此後朝廷決定繼位的上皇、天皇時，須先諮詢幕府意見，開啟了武家干涉皇位的契機。朝廷通過由西園寺家世襲的「關東申次」作為與「六波羅探題」交涉的窗口。

同時，幕府藉此亂事沒收原屬朝廷公家貴族在西國的莊園，使得奠基東國的幕府得以掌握西國及朝廷。因此，有些歷史學者認為承久之亂後，能大致掌握全國的鎌倉幕府，至此才正式宣告成立。

三、執權政治確立

1224 年北條義時去世，北條政子選擇義時之庶長子泰時（1183–1242 年）繼任執權，泰時叔父北條時房（1175–1240 年）擔任執權輔佐之「連署」（幕府公文書均由執權與連署共同簽署），

藉此穩固泰時地位，維繫執權政治的運作。泰時與時房是承久之亂時攻入京都的大將，並且留在京都，同時擔任初代「六波羅探題」，分駐於六波羅的北、南兩館，處理善後並監視朝廷。

　　1225 年政子去世，創建鎌倉幕府的元老均告離世，泰時設置「評定眾」，由北條家、有力御家人及文書官員等十一人組成決策合議機關，以執權為首的集體領導的方式決議幕府重要政務及訴訟案件。此後「評定眾」逐漸由北條一族出任，人數大約維持在十五人左右。作為執權輔佐的連署，均由北條家有力人士出任，而出任連署者，幾乎都曾擔任過評定眾。

　　泰時於貞永元年（1232 年）頒布《御成敗式目》，共計五十一條（憲法十七條的三倍），是日本史上首部武家成文法，以源賴朝以來的先例、武家社會的慣例與道德為基礎，制定武士的權利、義務以及領地繼承等規定，如：第三條諸國守護人奉行事、第七條所領之事、第八條土地占有之事、第九條謀反人事、第十條殺害刃傷罪科事等等，作為鎌倉幕府的基本法。

　　幕府執權均由義時之庶長子泰時後嗣世襲，由於義時的別名或追封的戒名為「得（德）宗」，因此北條一族中的最高門第為得宗家系，得宗為北條一族的總帥。

　　第五代執權北條時賴 （1246–1256 年在任） 從兄長經時（1242–1246 年在任）手中接任執權時，包含有力御家人三浦泰村（1184–1247 年）在內的大半評定眾並不支持時賴，時賴剛繼任的 1246 年就爆發了 「宮騷動」， 前將軍藤原賴經與名越光時（義時嫡長孫）勾結，舉兵反抗得宗，賴時平定騷亂後，將賴經

表 8：北條執權略系

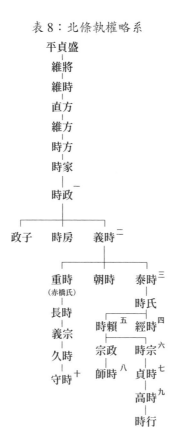

押送回京都。但三浦泰村又試圖讓賴經返回鎌倉，於寶治元年
（1247 年）爆發寶治合戰，時賴與外戚家有力御家人安達氏合力
滅了三浦一門，鞏固了得宗勢力。

　　1249 年為了加速訴訟的裁判效率而設置「引付眾」，引付眾
隸屬於從評定眾中選拔出來的「引付頭人」管轄。引付眾多由北
條氏出任，成為北條氏青年晉升評定眾的跳板。

　　1252 年時賴放逐了參與謀反事件的攝家將軍藤原賴嗣
（1244–1252 年在任）❸，迎接宗尊親王為將軍。因兩任攝家將
軍屢次參與北條氏內鬥或謀反而遭罷黜，北條氏改迎接皇族親王
為將軍，此後均由親王擔任鎌倉將軍，親王將軍又被稱為「宮將
軍」，不參與幕府政治。

　　1256 年時賴出家，由於嫡子時宗年紀尚小，遂將執權位置讓
給堂兄兼妻兄的長時（1256–1264 年在職，為第二代連署重時之
嫡子，北條赤橋家系），但幕府最高權力依舊掌握在出家的時賴
（得宗）手中。至時賴為止，執權均由得宗出任，兩者合一，但

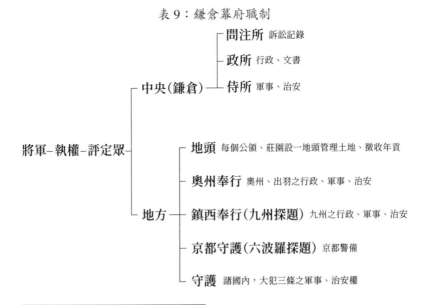

表 9：鎌倉幕府職制

中央（鎌倉）
　問注所　訴訟記錄
　政所　行政、文書
　侍所　軍事、治安

將軍–執權–評定眾

地方
　地頭　每個公領、莊園設一地頭管理土地、徵收年貢
　奧州奉行　奧州、出羽之行政、軍事、治安
　鎮西奉行（九州探題）　九州之行政、軍事、治安
　京都守護（六波羅探題）　京都警備
　守護　諸國內，大犯三條之軍事、治安權

---

❸　藤原賴嗣（1239–1256 年）為前任攝家將軍賴經之子，宮騷動和寶治合
　　戰時年紀仍小，並未受其父反北條得宗行為的牽連。

當時賴出家卻又掌握實權，便形成北條一族總帥得宗的私人權力凌駕於幕府執權的現象，開啟日後得宗專制的契機。

第三節　蒙古襲來

西元十世紀以後由於氣溫下降，加上中國大陸北方的游牧民族獲得新的製鐵技術，迅速以騎兵馳騁於歐亞大陸，陸續於中國創建了遼金元三朝，遼金兩朝與兩宋對峙，元則統一了中國。日本與宋朝並無邦交，僅有僧侶和商人往來。忽必烈（1260–1271年大蒙古皇帝在位，1271–1294年大元皇帝在位）就任蒙古大汗後也稱皇帝，並建立中統年號。忽必烈藉由統治高麗，得知日本列島產金，也通過高麗向日本招諭。

1268年5月幕府收到蒙古國書，當時十八歲的第八代執權北條時宗（1268–1284年在任）在連署北條政宗（1205–1273年）、妻兄安達泰盛（1231–1285年）、得宗「御內人」（家臣）平賴綱（?–1293年）等人輔佐下，決議不回覆忽必烈的致書，幕府認為蒙古懷抱凶惡之心窺探日本，又從在鎌倉的南宋僧侶處得到蒙古凶殘的報告，因此即便過去負責對外文書交涉的朝廷建議幕府應該回信，但幕府依舊決議不與理會。由此事件的處理，可以得知此時幕府掌控了日本的外交權。

沒收到日本回覆的忽必烈下令高麗造船千隻，《高麗史》卷二六，元宗九年（1268年）10月13日條：「其軍兵船隻，整點足備，或南宋或日本，逆命征討，臨時制宣」，這些船可用來準備攻

打南宋或日本。

　　文永八年（1271 年）9 月，忽必烈遣趙良弼（1217–1286 年，女真族）等百餘人的使節團到日本太宰府，幕府依舊拒絕用朝廷擬好的文書草案去回覆忽必烈，不過時宗下令在九州有領地的東國御家人前赴九州執行「異國防禦」，並設置「異國警固番役」，命令在太宰府的鎮西奉行加強對蒙古軍隊可能來襲的九州北部筑前、肥前的防禦準備。同年 11 月，忽必烈在劉秉忠（1216–1274 年）建議下，取《易經》「乾元」之義，建國號曰「大元」，正式建立元朝。

　　1274 年 1 月，忽必烈命安撫高麗軍民總管洪茶丘（1244–1291 年，高麗人）在高麗監造戰艦，5 月派遣「征東兵」一萬五千人到高麗，並以皇女忽都魯揭里迷失下嫁高麗國王元宗（王禃）世子王愖。8 月，「日本征討都元帥」忽敦（生卒年不詳，蒙古族）抵達高麗，洪茶丘獲任「東征右副都元帥」。10 月，由忽敦及洪茶丘率領舟師二萬，及高麗兵一萬，搭乘九百艘船，渡海征日本，襲擊對馬、壹岐、松浦等島以及博多灣，對馬守護代宗資國（?–1274 年）敗死。在筑前、博多灣一帶，幕府以筑前守護少貳資能（1198–1281 年）為大將，動員九州御家人抵禦元軍，但遭元軍以集團戰法及鐵砲火器攻擊，以騎兵戰法為主的日本武士陷入苦戰，不得不退回太宰府附近的水城之內。入夜後元軍退回海面，當晚海上暴風雨，元軍隨即退回高麗南部的合浦。此年為日本文永十一年，故日本稱為「文永之役」。元軍並未立刻再來攻擊日本，因此有日本學者認為元軍此次來襲或許是為了偵察從高

麗南部到九州沿岸的狀況。

　　翌年，1275 年 4 月元朝派正使禮部侍郎杜世忠（1242–1275 年，蒙古族）、副使兵部郎中何文著（?–1275 年，漢族）及畏兀兒人的書記官、高麗人的通譯等人攜帶國書來到日本長門室津（今山口縣下關），遭到太宰府逮捕，8 月使節團被送往鎌倉，9 月，執權時宗將使節團視為間諜，下令斬殺使節團於鎌倉龍口，顯示對抗元朝的意志。時宗下令繼續「異國警固番役」，由長門、周防、安藝等地御家人輪番服役「長門警固番役」，以北條一族出任長門國守護，負責指揮「長門警固番役」；又下令在博多灣沿岸構建石砌的防壘；要求在山陽、山陰、南海三道諸國，不拘御家人或非御家人均要在守護指揮下去防禦異國。就連原本幕府權力不能干涉的貴族、寺社莊園，也在面對外敵的危機下，守護得以向其徵調兵糧。因此文久之役後，幕府在邁向作為全國統治者之路上，又躍進了一大步。當然，對於從事「異國警固番役」、建構石壘、額外被徵集兵糧的御家人或莊園而言，負擔更為繁重了。

圖 20：博多石壘

　　元朝於 1279 年滅掉南宋，隨後開始準備征討日本。元朝得知使節團被殺是 1280 年 2 月，當時忻都、洪茶丘請自率兵往討，廷議姑少緩之。弘安四年（1281 年）5 月忻都、洪茶丘率領由蒙古、高麗、江北軍組成的四萬東路軍從高麗合浦出海，攻打對馬、壹岐，6 月進入博多灣，在一直處於備戰狀態的日本武士奮戰之下，東路軍先退到肥前的鷹島，等待由南宋降將范文虎（?–1302 年）率領的以投降元朝的南宋水軍為主體組成的十萬江南軍前來會合。從寧波出發的江南軍於 7 月抵達日本近海，兩軍整合後準備一起進攻，卻在此時遭遇了強大颱風，元軍的四千艘船艦大半沉沒，兵員溺死者眾。待颱風過後，日軍攻擊鷹島，擄獲眾多俘虜。此役元軍喪師四分之三，順利返航者只有坐著有龍骨結構大船的蒙古軍官等不足三萬人。日方稱此役為「弘安之役」。自古日本即有將颱風視為神風的傳統，弘安之役更加深了日本人認為日本是受神風護佑的「神國」之印象，甚至影響到了第二次世界大戰時期的神風特攻隊。

　　兩次征討日本未果後，忽必烈原本打算再次征討日本，據《元史・外夷傳》，至元二十年（1283 年）又「募兵造舟，欲復征日本，淮西宣慰使昂吉兒上言民勞，乞寢兵」。但忽必烈仍不罷手，後來因江南地帶叛亂頻生，加上周邊地帶的動亂，至元二十三年（1286 年）忽必烈才因交趾犯邊，「宜置日本，專事交趾。」放棄征討日本。

　　當時日本不知道元軍是否再來，幕府仍要求九州及瀨戶內海周邊持續「異國警固番役」，並取代太宰府的鎮西奉行，改在博多

設置鎮西探題，由北條一族出任，鎮西探題地位與六波羅探題相仿，用以統帥九州的御家人，掌管訴訟的裁決等事，九州的政治中心也由太宰府移到了博多。

元朝在忽必烈之後並未征討日本，終元之世，雙方未曾建立邦交關係，與宋日的情況相仿，在「弘安之役」後，元日之間也僅存在僧侶和商人往來。

第四節　得宗專制與倒幕運動

一、得宗專制政治的確立與全盛期

隨著幕府內部北條氏勢力不斷增大，漸漸出現不經由評定眾合議、只召開北條一門的祕密會議就決定重要決策的情況，時宗在應對蒙古來襲事件時，更是經常只聽北條一門或近臣意見就獨斷決策，出現了得宗專制的跡象，而被稱為「御內人」的得宗家臣，也漸次觸及幕府政治。時宗執權時期，有力御家人安達泰盛與御內人「內管領」（首腦）的平賴綱是幕府中僅次於時宗的權勢者。時宗於 1284 年去世，其十三歲的兒子貞時繼任第九代執權（1284–1301 年在任），年紀尚小的執權難以調解安達泰盛（貞時舅父）與平賴綱（貞時乳母之夫）之間的對立，1285 年爆發霜月（11 月）騷動，平賴綱以泰盛之子謀反的讒言，取得討伐泰盛的命令，遂殺害泰盛一門，並藉機殺害其他御家人，掌握了幕府實權。平賴綱作為得宗家臣的執事，率領得宗御內人壟斷幕府權力，

排斥其他有力武士，於是幕府權力完全掌握於得宗及其家臣手裡，確立了得宗專制政治。

　　1293 年爆發平禪門❹之亂，貞時消滅平賴綱一門，從內管領取回政治實權，並廢除合議制的「引付眾」，得宗專制達到全盛。

二、倒幕運動與幕府滅亡

　　得宗專制達到全盛時，社會也累積了反幕府的各種因子。鎌倉中期以後，在無法通過戰爭取得更多土地的情況下，武士領地因「分割相續」制，子孫每人均有權繼承，使得各自領地漸次零碎化，為了維持生計，首先被剝奪的是女性繼承權，情況更加惡化之後，又剝奪家督以外子孫的繼承權，僅由「總領」（家長）一脈繼承，此即「單獨相續」。但無論是「分割相續」或「單獨相續」，終究造成許多武士的貧困狀態，甚至出現了沒有領地的「無足」御家人。而蒙古襲來之後，常態化的異國警固番役、長門警固番役等措施，加重了從事這些「奉公」軍役的武士負擔，幕府卻無能給予更多領地等權利，權利與義務不匹配，貧困與重役加深了御家人對幕府的不滿。在封建社會中，失去領地的武士只能脫逸於幕府建構的「御恩」與「奉公」的莊園、封建秩序之外，而成為幕府眼中的「惡黨」❺。

---

❹　據說是平賴綱曾出家，因此被稱為「平禪門」。

❺　幕府眼中的「惡黨」包含土匪、海盜、山賊等破壞社會秩序者，也指莊園、封建社會制度難以管轄的手工業者、行商、賣藝之人，甚至喜歡奇裝異服而被稱為「婆娑羅」、「異形」的人。尤其指稱鎌倉時代末

表 10：持明院統、大覺寺統兩統迭立及南北朝天皇繼位譜系
(數字為即位順序)

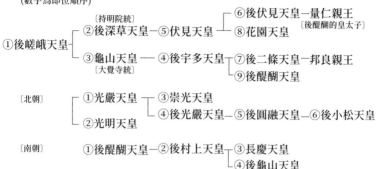

　　在朝廷方面，承久之亂後，幕府得以干涉天皇以及上皇繼任者的認定，在 1272 年後嵯峨上皇去世，卻未指定院政繼承者，圍繞皇統，後嵯峨上皇兩子的持明院統（後深草天皇系）、大覺寺統（龜山天皇系）兩相對立，爭奪龐大的天皇家領莊園的繼承權。兩統每逢皇位輪替時便競相前往幕府周旋，希望繼任者出自本統，幕府為了避免捲入皇位繼承鬥爭，於文保元年（1317 年）促成兩統和談，勸使兩統迭立（輪替）以維持平衡。但幕府對皇位繼承的干涉，埋下皇室與朝廷的不滿，成為朝廷反幕府的遠因。

期出現於近畿附近的反北條得宗或鎌倉幕府之武裝勢力，他們或出身於莊園的地頭或非幕府御家人的新興武士，或是莊官、名主，以武力拒絕向領主繳納年貢，並連結周邊地方反領主、反幕府。《峯相記》描述了播磨國的惡黨，他們於 1300 年左右興起，一開始是奇裝異服「異形異類」的樣子，過了二十年左右，變成騎馬、全副武裝的隊伍，守護以下的武士不敢攖其鋒，收其賄賂而不予鎮壓；播磨國中上下過半與之同伍。

　　此外，擁有莊園、備受統治階級保護的寺院，從平安時代中期以來就經常利用宗教權威，強迫朝廷或幕府同意他們種種要求，例如比叡山（北嶺）的僧兵抬著日吉山王神輿、位於奈良（南都）興福寺的僧兵抬著春日大社神木進京，強迫統治者接受他們訴求，寺院這種行為被稱為「寺院強訴」。

　　北條高時（1284–1301 年在任）擔任執權時，以內管領長崎高綱與外戚安達時顯擔任輔佐，對於惡黨與寺院強訴採取強力鎮壓手段，使得社會積累的反幕府壓力更形高漲。

　　在這樣的局勢下，文保和談後繼位的是大覺寺統的後醍醐天皇（1318–1339 年在位），他學習朱子學的大義名分，仰慕平安時代醍醐天皇親政的風範，不滿干涉皇位繼承的幕府，他鑑於皇位兩統迭立使自己不能立親生兒子為繼承者，當天皇不是自己兒子，則即便身為上皇也無法掌控朝政，於是計畫討幕，以破壞皇位兩統迭立原則。正中元年（1324 年），監視朝廷的六波羅探題偵查到後醍醐天皇與近臣的倒幕計畫，幕府採取寬大態度，不對後醍醐天皇問責，但流放了天皇的近臣，此即正中之變。

　　正中之變後，後醍醐天皇讓自己皇子護良親王 （1308–1335年）、宗良親王（1311–1385 年）出任天臺座主（比叡山住持），藉此引進比叡山僧兵力量，以便倒幕。元弘元年（1331 年），後醍醐天皇的近臣吉田定房（1274–1338 年）反對以武力討幕，遂向幕府密告天皇的倒幕計畫，後醍醐天皇得知倒幕計畫洩漏後，與近臣逃出宮，躲在笠置山（今京都府笠置町），呼籲反幕府的武士、寺社僧兵等勢力起兵。但除了河內惡黨楠木正成 （1294–

1336 年）於赤阪城（今大阪赤阪村）舉兵外，僧兵及其他勢力均無響應。幕府派兵包圍笠置，逮捕後醍醐天皇並將之流放隱岐，史稱元弘之變。幕府隨即扶植持明院統的光嚴天皇（1331–1333 年在位）繼位，改年號為正慶。

圖 21：後醍醐天皇像。腰身裹著多彩袈裟，手持法器的造型，呈現「婆娑羅」奇裝異服的時代潮流

後醍醐天皇流放隱岐後，畿內附近，護良親王以及楠木正成、播磨惡黨赤松円心（1277–1350 年）等持續反抗幕府，地方上的反幕府的勢力也活躍起來，被幕府疏離已久的有力御家人陸續背叛幕府。

後醍醐於 1333 年 2 月逃出隱岐，得到伯耆（今鳥取縣中西部）豪族名和長年（?–1336 年）的支持，盤據於船上山，幕府為了攻打船上山，派出有力御家人足利高氏（尊氏，1305–1358 年）前往京都，足利高氏離開鎌倉後一邊與後醍醐聯繫，一邊向各地有力御家人派遣使者，尋求合作討幕。由於高氏為河內源氏出身，在源賴朝一門滅亡後，被視為源氏的嫡系。足利氏代代與北條得宗家通婚，在鎌倉幕府中的門閥地位僅次於得宗家。高氏於 4 月倒戈，使得原本靜觀其變的全國武士爭相投入倒幕陣營，四處攻擊各地幕府或北條氏的據點。源氏一族的新田義貞（1301–1338

年），原為幕府御家人，也反叛幕府，率領聚集在足利名下的大軍，於 5 月攻入鎌倉，高時以下的北條一門及其御內人陸續自殺，鎌倉幕府滅亡。

室町時代

　　室町時代，指由足利尊氏所創設的室町幕府統治日本的時代，又稱足利時代。就廣義而言，起自足利尊氏建武三年（1336 年，北朝延元元年）制定建武式目；或 1338 年獲補授征夷大將軍，直至十五代將軍義昭（1537–1597 年）於 1573 年被織田信長逐出京都為止的二百三十多年。狹義的室町時代，則截頭去尾，去除早期包含建武新政在內的約六十年左右的南北朝時代，並去除 1493 年明應政變之後的戰國時代，僅指從 1392 年南北朝合一到 1493 年明應政變為止，約百年左右的時代。

第一節　建武新政與南北朝時代

一、建武新政及其瓦解

　　1333 年 5 月鎌倉幕府滅亡後，後醍醐離開伯耆返回京都，途中，宣布罷廢持明院統的光嚴天皇。後醍醐於 6 月返抵京都，建

立以天皇為中心的公家政權，開啟建武新政。

　　倒幕最大功臣分別為帶領御家人武士的足利高氏，及帶領惡黨等新興武士的護良親王，護良親王為了防範足利高氏的勢力，請求後醍醐授予其征夷大將軍，以便藉此名號作為收攬全國武士的向心力；後醍醐打算恢復天皇親政的政治，不希望武家政權再度復甦，若將征夷大將軍授予足利高氏，則高氏勢必藉著將軍名號恢復武家政權，而且此時為防範武士力量，朝廷也的確需要現成武力，遂於 6 月 13 日授予護良親王征夷大將軍、兵部卿的職位。但擔任征夷大將軍的護良親王也因此受到後醍醐疏遠，翌年遭流放鎌倉，而後又死於當地❶。

　　對於倒幕首功的足利高氏，後醍醐天皇任命其為鎮守府將軍、左兵衛督，8 月 5 日，升其為從三位兼武藏守，並將自己名諱「尊治」的偏諱賜與高氏，高氏原名得自北條高時的偏諱，此時遂改名為「尊氏」。尊氏未在建武政權中擔任要職，對政權保持一定距離，但將自家執事（家宰）高師直（?–1351 年）等家臣多人送進建武政權，以掌握政權狀況。

　　後醍醐天皇於 6 月 15 日發布「舊領回復令」綸旨❷，明令以

---

❶　建武二年（1334 年）5 月遭到「欲謀帝位」不實誣陷的護良親王被逮捕，此時後醍醐天皇仍能以楠木正成來牽制足利尊氏。11 月護良親王被送往鎌倉將軍府，由足利直義監視。1335 年 7 月當北條時行軍勢擴大之際，足利直義命人殺害護良親王。

❷　平安初期設置「藏人所」後，不經由手續繁瑣的正式敕書，而由天皇近臣祕書的藏人，以藏人簽署的奉書形式傳達的天皇命令，稱為綸旨，

綸旨作為確認土地所
有權的唯一依據，排除
過去幕府、院政的土地
領有確認權，試圖藉由
壟斷莊園土地的確認
權，來掌控公家、武
家。該綸旨發布後，全
國武士、領主紛紛湧入
京都尋求確認，其中更
不乏在討幕戰爭中以

圖 22：足利尊氏

各種手段取得土地控制的既得利益者，而建武政權根本無能處理
紛雜的土地領有問題，很快又在 7 月發布「諸國平均安堵令」，認
可全國領主目前的土地領有狀態，朝令夕改的結果，使得建武政
權失去全國信任。

　　建武新政機構採天皇親政，在朝廷中央恢復早已形式化而幾
乎喪失機能的太政官、八省制度，任命高級貴族出任八省長官，
廢除攝政、關白。又因當時所處的莊園社會結構，設立了「記錄
所」 ❸，作為建武新政的中央行政機構，任命中級公家及天皇側
近武士來議決重要國政，處理莊園文書調查及一般訴訟。另外還
設置「恩賞方」，任命公家、上級武士來處理討幕有功的公家、武

　　被視為最能體現天皇意旨的文書。建武新政前後，後醍醐天皇親政時
　　期，以及後醍醐天皇子孫所在的南朝，經常使用綸旨。
❸　源自後三條天皇（1068–1073 年在位）的「記錄莊園券契所」。

家恩賞事宜。設置「雜訴決斷所」，任命上中級公家、近臣、足利系武士及舊幕臣來裁決土地領有的紛爭問題，其功能與鎌倉幕府的引付眾相當。又設立「武者所」，組織天皇親衛隊，以新田義貞為長官，企圖對抗足利尊氏。

在地方上，於要塞分別設立「陸奧將軍府」及「鎌倉將軍府」，前者以義良親王（1328–1368 年）為將軍，北畠親房（1293–1354 年）、北畠顯家（1318–1338 年）父子為輔佐；後者以成良親王（1326–1344 年）為將軍，足利直義（1306–1352，尊氏弟）為輔佐。後醍醐天皇重視因知行國制度盛行而導致失去功能的國司制度，任命高級貴族及近臣出任國司，試圖恢復過去由朝廷控制的國司制度，否定知行國制度。地方上，除國司外，也並設了武家所任命的守護。

1334 年正月後醍醐天皇立自己皇子恒良親王（1325–? 年）為太子，定年號為「建武」。為了建設皇宮大內裏，計畫發行銅錢及「楮幣」（紙幣）而向全國課徵稅收，引發全國不滿。當時京都的〈二條河原落書〉❹針對建武新政的失政亂象，寫了種種諷刺。

公家貴族希望復活貴族政治，但高級貴族卻失去攝關職位❺及知行國的土地領有權益，武家期待取代北條氏後能自己把持政

---

❹　收錄於《建武年間記》，由八十八節「七五調」的詞所組成的文章。

❺　從平安中期後形成由藤氏長者出任攝政或關白的慣例。鎌倉初期以後藤原北家中能出任藤氏長者的有五個嫡系家系：近衛、一條、九條、鷹司、二條。以近衛家為最高家格。此五家系又被稱為攝關家、五攝家。後醍醐天皇親政，不設攝關，等於得罪最高貴族。

權，新興的惡黨勢力也期待有符合自己權益的政治，但建武政權天皇親政、壟斷權力的結構，不可能滿足其他階級、勢力的期待，甚至也未能恢復後醍醐天皇想恢復的親政結構，例如太政官制之外必須疊加處理莊園、土地訴訟的記錄所，而恩賞方、雜訴決斷所的設立，也說明這是莊園、武家的時代，不可能回到太政官的律令制時代，也不是天皇能以親政來壟斷政治、經濟權力的時代。

建武新政很快在地方各勢力的叛變之下瓦解了。 1335 年 6 月，作為北條氏六波羅探題對口的 「關東申次」 西園寺公宗（1310–1335 年）與北條泰家（?–1335? 年，北條高時弟）合謀暗殺後醍醐天皇，但未成功。7 月爆發「中先代之亂」 ❻，北條泰家等北條勢力擁立北條高時之子時行（?–1353 年），在信濃舉兵，率軍擊退足利直義而占領鎌倉。足利尊氏向天皇請求出征並給予自己征夷大將軍的任命，但天皇不許。尊氏在無敕命的情況下率兵從京都前往鎌倉，在各地擊敗北條勢力，奪回鎌倉，試圖以鎌倉作為根據地，造就既成事實的武家政權。

尊氏以北條勢力尚存為藉口，拒絕朝廷要求他返回京都的命令，尊氏還列舉新田義貞罪證，視其為君側之奸，要求朝廷誅伐新田義貞，但朝廷聽信新田義貞的說詞，命令義貞討伐尊氏。雙方於 12 月在箱根竹之下對戰，新田義貞潰敗，逃往京都。尊氏追著義貞，於 1336 年 1 月入京，義貞戰敗，後醍醐天皇逃往比叡山，尊氏占領京都，建武新政瓦解。但尊氏馬上又敗給從奧州上

---

❻　其占領鎌倉的時間介於先代（北條氏）和後代（足利氏）政權之間，故稱「中先代」。

京勤王的北畠顯家，尊氏逃往九州，即便是在與足利氏不存在封建人脈關係的九州等地，地方武士都陸續投到尊氏麾下，勢力大振的尊氏，又轉頭東上，5月在攝津的湊川之戰，楠木正成戰死，尊氏掌控京都。隨後尊氏廢黜後醍醐天皇，奉光嚴上皇入京。

二、南北朝時代（1136–1392年）與觀應擾亂

足利尊氏在京都擁立光嚴上皇之弟光明天皇（持明院統，1336–1348年在位）登基，並於1336年11月頒布包含二項十七條的武家政權施政方針「建武式目」，在京都樹立了武家政權。建武式目第一項，以得宗專制前北條義時、泰時之施政為理想，顯示足利幕府為鎌倉幕府正統繼承者。第二項則列了十七條具體施政方針的條文，如任命有能力的守護、禁止「婆娑羅」等等。

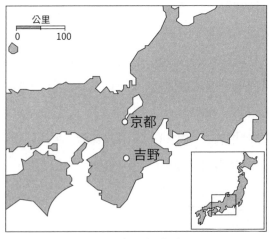

圖 23：南北朝對峙圖

　　後醍醐天皇則帶著天皇即位所需的三種神器：「八咫鏡」、「八尺瓊勾玉」、「天叢雲劍」（草薙劍）輾轉逃往大和國吉野，成立吉野朝廷，於是朝廷分裂，由於吉野位於京都之南，後醍醐天皇所在的吉野朝廷被史家稱為南朝，足利尊氏擁立的光明天皇所在的京都朝廷被稱為北朝，史稱南北朝時代❼。吉野朝廷剛成立不久，北畠顯家、新田義貞相繼戰死，後醍醐天皇也失意而死，其朝廷力量僅賴北畠親房支撐，北朝本應能一舉消滅南朝而統一全國，

---

❼　日本所謂「南北朝正閏論」，即為南朝、北朝何為正統的爭論，在南北朝當時即出現由後醍醐天皇近臣北畠親房著作《神皇正統記》（成書於1343 年）所主張的南朝正統論，以及由親近足利幕府方面的人所寫成的主張北朝正統之軍事物語《梅松論》（約成書於1349 年），在北畠親房之後，一般以北朝作為正統；直到江戶中期水戶藩以名分論編寫的《大日本史》，以及幕末維新志士（創建明治政府的主體）愛讀的賴山陽《日本外史》，均主張以擁有三神器的南朝為正統；明治時期帝國大學的學者以實證主義的歷史學觀點，採取兩朝並立的說法，1903 年開始的國定小學教科書也採用兩朝並立說；但因1911 年1 月在《讀賣新聞》上出現批判國定教科書兩朝並立說不適當的報導，而引發論戰，右翼的帝國議會議員等將之政治化，迫使編寫小學教科書的文部省編修官喜田貞吉（1871–1939 年）停職，讓文部省禁用原來的教科書，而新編的教科書則將「南北朝」改成「吉野朝廷」。於是1911 年以後直至第二次世界大戰敗戰為止，日本政府以南朝為正統，以尊氏為逆賊。1945 年後，南北朝並立說重返學界。此論爭事件是日本帝國時代以皇國史觀壓迫學術的著名案例，也是以皇國史觀強壓於國民，以確立天皇制意識形態的事件之一。此事發生於明治天皇在位時期，有趣的是，從1392 年後直至明治天皇本人、乃至今日的天皇均為北朝系統。

但因支撐北朝的幕府也陷入內部分裂、動亂之中，足利幕府的內鬥，最後引發了全國動亂，甚至南朝也牽扯其中，直到第三代將軍足利義滿（1358–1408 年，1369–1395 年在任）促成南北朝合一為止，才終結內亂時代。

1338 年足利尊氏被任命為征夷大將軍，足利幕府內部形成以尊氏為軍事之長、以尊氏之弟直義為政事之長的「二頭政治」。將軍尊氏作為武家棟樑，與全國武士締結主從關係，在中央通過侍所、在地方通過守護統轄武士，以承認武士領有土地等「御恩」，要求武士對軍役的「奉公」。直義則重新恢復鎌倉幕府的評定、引付機構，又新設安堵方、禪律方等行政、司法機構，以施行幕府政治。

雖然尊氏在幕府成立後自責辜負後醍醐天皇的恩情而醉心於佛教，幾乎過著隱居生活，但幕府權力不可能長期處於分裂的狀態，尤其是致力於維持將軍權威以提高自己影響力的尊氏執事高師直，其與直義在幕府施策重心以及分別代表的武士勢力，乃至個性上均針鋒相對，例如屬於將軍權力的承認土地領有之恩賞與直義掌管的土地糾紛訴訟審理之間，經常發生矛盾；高師直建立將軍親衛隊的來源主要是注重地緣關係的新興武士，而直義則重視鎌倉中期以前由家督統率一族的武士傳統，並且直義因處理土地領有問題而與公家、寺社關係親近。個性強悍的師直與因循保守的直義之間不斷積累矛盾，終於在十四世紀中葉爆發了內鬥，進而演變成尊氏與直義的對立，最後蔓延成全國內亂。

1347 年，南朝的楠木正行（?–1348 年，正成之子）攻打京

都，直義派出的軍隊都敗北，於是改由高師直兄弟率軍出擊，1348 年初，高氏兄弟擊敗南朝軍隊，甚至攻陷吉野，使得高師直在幕府中勢力大增，進一步加深了與直義之間的對立。直義先於 1349 年逼迫尊氏將師直免職，師直則率兵攻打直義，直義敗逃至尊氏的御所，但仍被包圍，最終以直義出家退出幕政為條件，解決了這次的政變危機。取代直義掌管幕政的是原本統治鎌倉的尊氏嫡子義詮（1330–1367 年），而義詮之弟基氏（1340–1367 年）則作為第一代鎌倉公方，到鎌倉去管轄關東地方。

北朝觀應元年（1350 年），得知義父直義遭遇的直冬（尊氏庶子、直義養子，?–1387 年），從任地的備後（今廣島縣東部）舉兵聲援義父。尊氏派師直迎戰，直冬敗走九州，於九州盤據。尊氏要求直冬返回京都出家，遭到直冬拒絕。眼見直冬在九州壯大，尊氏決定親自出征。尊氏出征前夕，直義出逃京都，進到南朝，援引南朝兵力，呼籲討伐高師直，此為觀應擾亂的開始。

投降南朝的直義率兵攻打京都，留守京都的義詮敗逃至備後與尊氏會合，尊氏同意直義殺害高師直一門，換取雙方議和。直義作為義詮的輔佐重返幕府，直冬也被任命為九州探題，但幕府內部直義派與反直義派的結構仍存，尊氏利用恩賞的權力扶植己派勢力，在力量不足時也曾經同意降服於南朝。由於尊氏擁有恩賞武士的權力，武士大部分歸於尊氏一側，直義在深感不安的情況下出逃至北陸。1351 年 9 月，雙方戰鬥又起，尊氏親征直義，直義輾轉多地後於 1352 年 1 月在鎌倉投降。1 個月後被幽禁於鎌倉延福寺的直義突然死去，蔓延全國的觀應擾亂終告止息。但

直義義子直冬於 11 月歸降南朝，仍持續與北朝對抗。1355 年直冬等南朝軍力曾一度攻陷京都，此後數度敗給尊氏、義銓，直冬勢力衰微，1363 年隱匿於其根據地石見（位於今島根縣）後行蹤不明。

南北朝對峙以及尊氏與直義內鬥的背景，在於武士社會的變

表 11：足利將軍略系

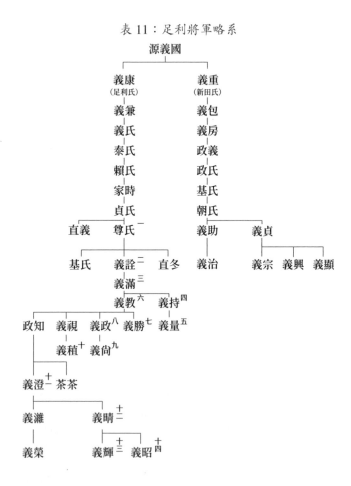

化。從鎌倉中期以來武士家產的繼承逐漸由分割相續轉變為單獨相續，而此時已基本穩定為單獨相續的狀態，使得過去由本家率領分家的總領制崩壞，武士均以地緣為重，武士之間為了爭奪地方控制權，若一方奉南朝為正統，另一方就奉北朝為正統，一方臣屬於尊氏派，另一方即臣屬直義派，在爭奪領地與各自站隊的情況下，使得內亂長期化，而農村也逐漸產生與武士階級抗衡的組織。

觀應擾亂後幕府分裂的權力歸於將軍一統，直義採取繼承鎌倉制度的施政模式，被高師直推動的由執事發行奉書以執行將軍命令的模式取代，確立了足利幕府的政令指揮系統。尊氏死後，繼任的二代將軍義詮先縮小評定及引付眾職能而強化執事權力，後來又打算廢除執事以強化將軍的親裁（親自裁斷）權，但義詮因病早逝，臨終前為了讓家臣輔佐年幼的義滿，任命細川賴之（1326–1392 年）為「管領」。此後兼具了將軍家宰及幕府引付眾首領職權的「管領」，成為足利幕府的核心職位。

第二節　義滿與室町幕府

1367 年十歲的義滿繼任家督，由管領細川賴之輔佐政務。義滿於 1369 年受任征夷大將軍，其任內長年的內亂也漸告消停，地方諸國武士歸組於幕府派遣的守護管轄之下；南朝也失去對抗的實力而不得不與幕府和談，在義滿的籲請之下，1392 年南朝的後龜山天皇（1383–1392 年在位）回到京都，以讓位給北朝後小松天皇（1382–1412 年在位）的形式，實現南北朝統一。南朝讓位

的條件是未來皇位繼承由兩統迭立，但在幕府的運作下，南朝皇子相繼出家，斷絕後嗣，皇位實際上由北朝一系承傳。

內亂漸告消停的同時，1378 年義滿陸續兼任朝廷的右近衛大將及權大納言職位，積極參與公家社會，並在京都皇宮附近室町小路❽營造府邸花之御所，因此足利將軍被稱為室町殿，足利幕府也被稱為室町幕府。與朝廷同在京都的幕府，漸次奪取原先朝廷對京都的管轄權，將軍的權威日漸提高，作為將軍，義滿是首位當上太政大臣之人，除了攝關家貴族外，其他公家貴族都如同臣下一般崇敬義滿；義滿正室日野氏為天皇准母（義母），義滿也相當於天皇義父的地位，其本人甚至問過朝廷能否給他太上天皇尊號。當義滿死時，朝廷打算給他太上天皇尊號，但被幕府以未有先例而婉拒了。可見義滿時代，幕府的武家政權之權勢凌駕於公家朝廷之上的景況。

室町幕府機構也在義滿時代大致完備，在中央，將軍之下有由出身足利一族的細川、斯波、畠山三氏輪流擔任管領，三管領轄下包含負責領地訴訟審理的評定眾與引付眾，以及管理將軍家家政、財政的「政所」（首領為執事），還有負責京都警備、刑事裁判的「侍所」（首領為所司）。擔任所司的也是由出身足利一族的山名、一色，以及祖上出身源氏的赤松、京極四氏輪替，此四氏被稱為「四職」。義滿以有力守護輪替執掌幕府重要政務機構的

---

❽　擔任神祇大副及吉田神社社務的卜部兼熙（1348–1402 年，神道的吉田家祖）將室町小路自宅讓給義滿。

方式，讓這些守護互相制衡，通過將軍本人對幕政的親裁，穩固足利幕府的政治運作。

在地方上，最重要的要地是作為武家棟樑源氏根據地的鎌倉府，設置了由義詮之弟基氏子孫世襲的「鎌倉公方」一職，管轄關東八國以及伊豆、甲斐，在鎌倉公方之下設有

圖 24：足利義滿

「關東管領」，由其負責具體政務管理，關東管領下轄評定眾、政所、侍所、問注所等司法、行政、武士管理機構，配置與幕府中央相差無幾。此外，和鎌倉幕府一樣，在地方要塞設置探題，如統制九州諸將的「九州探題」、擔當奧羽軍事與民政工作的「奧州探題」，以及從「奧州探題」分離而出的擔當出羽國軍事與民政工作的「羽州探題」等。而一般的地方諸國，則每國派有守護，守護作為地方武士的首領，統轄該國武士以及每塊莊園土地上的地頭。

足利幕府將自古以來的足利氏家臣、守護、地方有力武士等集結成直轄軍，稱為「奉公眾」，任命奉公眾擔任軍隊首領、「御料所」（將軍直轄領地）之代官（領主代理人），並允許奉公眾取得年貢上納後的多餘財物。奉公眾共有五部隊三千騎，而各國守

表 12：室町幕府職制

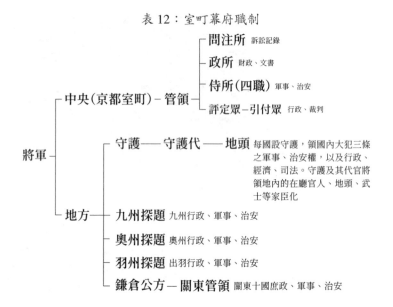

護上京時，帶來京都的兵力至多二百～三百騎，幕府的直轄軍力足以壓制守護兵力。

在財政上，幕府除了擁有來自御料所的定期年貢米外，還能對各國守護不定期課稅，如作為土地稅的段錢、作為房屋稅的棟別錢等，並對京都放貸的店家收取土倉役和酒屋役（高利貸稅），以及對京都周邊的重要交通地點收取關錢、津料等關稅、對於五山禪院課稅。還因擁有外交權，在義滿與明朝建立封貢關係後，幕府得以義滿作為日本國王的名義，拿著明朝給予的勘合，派遣貢舶進行日明貿易，其大宗利潤包含把明朝生絲以二十倍的價錢賣出，以及對跟隨貢舶貿易的大名或五山禪院、商人徵收一成貨物稅等等。

　　義滿於 1395 年把將軍職位讓給九歲的兒子義持（1395–1423 年在職），僅擔任太政大臣之職，隨後又辭任太政大臣而出家，法號道義，1397 年起營造北山第（今鹿苑寺、金閣），此處成為其長住的居所，但其仍為足利家督，直到死前均掌握實權。

　　義滿任內及「大御所」❾時代，陸續征討一些強大守護，奠下幕府的威權。如 1390 年土岐氏之亂，幕府討伐擁有美濃、尾張、伊勢三國守護職的土岐康行，最後只留給土岐氏美濃國的守護職。

　　明德二年（1391 年）明德之亂，義滿討伐擁有十一國守護職的山名氏。山名氏原屬直義、南朝一黨，歸順幕府後還持續擴張，因其領國約占全國六分之一，遂被稱為「六分之一殿」。義滿趁山名氏內亂而出兵征討，山名氏兵敗，淪為擁有三國的守護。

　　應永六年（1399 年）爆發應永之亂，當時掌握商港堺（Sakai，左海）、博多港的大內義弘（1356–1400 年），因壟斷與朝鮮貿易而坐擁巨富，又數次拒絕義滿要求其上洛的命令，而成為義滿眼中釘，大內義弘鑑於土岐氏、山名氏被討伐的前例，遂糾集被討伐兩氏以及過去南朝的餘黨等勢力起兵反叛幕府，最後在堺被幕府軍攻滅。幕府將大內氏領地改封給其他有功將領。但由於義弘之弟盛見（1377–1431 年）固守長門、周防，義滿派人進攻失利後，不得已承認盛見在該地的守護職，幕府後來又承認盛見在九

---

❾　對於退隱親王之居所，或是對攝關之父、對退隱的前任征夷大將軍、或將軍之父居所的敬稱，引申為對該人的敬稱。

州豐後的守護地位，大內氏得以保留博多貿易港的據點。而位於大阪灣的堺，成為後來幕府與管領細川氏進行勘合貿易的據點。

第三節　守護大名與國人

　　足利幕府之所以在南北朝對峙及觀應擾亂中取得優勢，除了征夷大將軍擁有武士領地認可權之外，還在於將軍能向諸國派遣守護或擁有認可守護職位的權力，幕府向全國各地派出許多由足利一門擔任的守護，但也任用不少由當地土著豪族出任的守護，為了攏絡在地守護豪族，而陸續給予守護經濟及司法權力，使得守護的職權遠超出鎌倉時代的「大犯三條」，逐漸發展成守護大名領國制，也埋下了戰國大名割據地方的遠因。

　　從鎌倉時代到南北朝期間，武士圍繞土地糾紛，某一方主張擁有另一方土地的所有權，而擅自割取、偷盜對方土地上作物的現象頻生，此即「刈田狼藉」。北朝貞和二年（1346年，南朝正平元年）幕府給予守護「刈田狼藉取締權」與「使節遵行權」，前者使得守護得以介入武士的紛爭；後者則讓守護接到幕府對領地等糾紛的裁決後，得以派遣使者到當事者所在領地，確保司法的執行。這兩項都是過去守護無權干涉的。

　　而觀應擾亂時的1352年，幕府為了籌集軍費，讓戰況最激烈的近江、美濃（今岐阜縣南部）、尾張（今愛知縣西部）守護當年得以收取莊園、公領土地年貢的一半，此為「半濟令」。半濟令雖為侷限三國、年限一年的暫時措施，但在內亂擴及全國的情況下，

其他守護也紛紛起而要求，半濟令遂陸續推行至全國，而且變成常態措施。義滿繼任將軍翌年的應安元年（1368年），幕府發布「應安半濟令」，不僅承認守護收取一半年貢，也認可了守護分割地方莊園領地的權利，相較於鎌倉時代地頭侵吞莊園而守護卻無土地權利的狀況，此時的守護得以擁有領國土地。此外，守護在替幕府不定期徵收段錢、棟別錢時，也能從中取得部分幕府認可的錢，又增加了守護的財政收入。

守護利用新獲得的行政、經濟、司法等權力，得以將領國內的武士收編到麾下，甚至將公領內的在廳（國衙）官人家臣化；在義滿任內，隨著幕府權勢的穩固，守護也漸次在領國世襲化，有些守護在京擔任幕府工作，於是派遣家臣作為「守護代」駐紮領國，或是將守護領國的事務委託給「守護請」，土著的「守護代」、「守護請」逐步掌控莊園，侵奪莊園領主經營莊園事務的權利。吸收了莊園和公領國衙職權的守護，得以完全控制領國內的事務，迥然不同於鎌倉時代僅有「大犯三條」等軍事、警察權的守護。於是此時的守護被稱為「守護大名」❿，而其領國統治體制，被稱為「守護領國制」。

足利時代的武士持續分化，其中有直接臣屬將軍、重視與將軍從屬關係的武士；也有許多被守護家臣化、作為守護郎黨（家臣）的武士；相對於與將軍或守護建立主從關係的武士外，在地

❿　原本「名田」（意指田地有主，田地上加了所有者名字）所有者中，擁有廣大田地的稱為「大名」，足利時代的守護被稱為「守護大名」也應該是由於他們擁有了領國土地的緣故。

方上土著的武士，也出現具有自立志向、被稱為「國人」的武士，他們還以實力臣服在地的農民，主張國人之間彼此平等、糾紛由自己解決，締結彼此都該遵守的契約，以多數決方式結成地方集團，此即為「國人一揆」。隨後也出現國人合力對抗守護大名，爭取地方自治權的現象。

　　「一揆」，意指團結一致的集團。日本中世紀的人們，遇到個人力量無法完成的事時，便會集結在一起，向神佛立誓，結成團結的集團，除了「國人一揆」以外，還存在「土一揆」、「馬借一揆」等組織。土一揆指農民、土豪結成的反抗領主或高利貸組織，足利時代土一揆時常蜂起，往往要求「德政」，讓統治者迫使高利貸商人免去農民債務。馬借一揆則指擔負運送年貢等物資的武裝運輸集團，他們長年以集團形式往返於城鎮與農村之間，具有武力又消息靈通，活躍於各種土一揆之中，甚至參與了國人一揆。

　　足利時代出現的守護領國制與國人一揆等現象，可說是鎌倉中期以來武士單獨相續、注重地緣連結等情況持續發展的結果，一旦幕府權威衰退，則將出現地方自立與割據的情勢。

第四節　幕府衰弱與應仁之亂

一、從大名合議到萬人恐怖的幕政

　　義滿死後，繼位的義持威望不高，幕政又恢復大名合議制，將軍權力低下，但總算維持住將軍與守護之間的勢力均衡，除了

曾爆發上杉禪秀（?–1417 年）之亂外，幕政相對安穩。1415 年，時任關東管領的禪秀與鎌倉公方持氏（1398–1439 年）不合，持氏沒收禪秀領地後，禪秀辭去關東管領，並與持氏叔父等聯合舉兵，將持氏逐出鎌倉。隨後禪秀被義持派兵圍攻，於 1417 年自殺身亡。

　　義持於 1423 年讓位給兒子義量（1423–1425 年在任），義量病弱，在任兩年即病死，得年十九歲。義量無子，義持也無其他子嗣，遂由義持代理將軍職權，但義持直到 1428 年病重為止，並未指定繼任將軍，管領等群臣召開評議，決定在石清水八幡宮抽籤選定繼任將軍，獲得義持同意，結果從義持已經出家的四個弟弟之中抽出義圓，義圓還俗改名義教（1429–1441 年在任），擔任第六代將軍。

　　義持死亡、義教就職將軍的正長元年（1428 年）爆發了正長土一揆，此次一揆從近江開始蔓延至京都、奈良及畿內各地，各地領主在百姓一揆的壓力下，陸續同意給予德政，如京都東寺附近的土倉、酒屋等，讓土一揆取回了借據和典當物，奈良的興福寺也給土一揆德政令。對於此次大規模的土一揆，興福寺住持尋尊（1430–1508 年）認為是「日本開白（闢）以來，土民蜂起，此初也」。室町時代由於商業發達、貨幣流通，農民也捲入貨幣經濟之中，由此事得以窺見京都、近畿附近許多百姓飽受高利貸剝削的慘況之一斑。此後每當天皇或將軍更迭，經常爆發百姓因生活困苦而蜂起、向統治者要求「德政」的土一揆。

　　義教擔任將軍後，認為義持任內採大名合議制，使將軍權威

大幅下降，應該恢復義滿時期將軍親政的政治。為了強化將軍權威，義教以鎮壓方式對付不服從的人，當時義教與有著自立意識的鎌倉公方關係惡化，永享十年（1438 年）藉著公方持氏與關東管領上杉憲實（1410–1466 年）對立的機會，義教派兵援助憲實，滅掉持氏，此即永享之亂。

義教十分專制，屢因瑣事隨意處罰下屬，其統治時期被視為「萬人恐怖」❶的政治。如 1440 年，義教相繼謀殺有力守護一色義貫、土岐持賴，使得臣下人心惶惶。嘉吉元年（1441 年），有力守護赤松滿佑（1381–1441 年）因擔心受義教處罰，遂先下手暗殺義教，史稱嘉吉之變。滿佑殺死義教後，逃往領地播磨（今兵庫南、神戶西一帶），打算扶植足利義冬之孫義尊（1413–1442年）為新將軍，而幕府在管領細川持之（1400–1442 年）的主導下，立義教八歲兒子義勝（1441–1443 年在任）為將軍，動員各守護兵力圍攻滿佑，並取得天皇討伐滿佑的綸旨，滿佑在圍攻下兵敗，一門均切腹自殺。

將軍被守護殺死的事件，嚴重損害將軍權威，各地混亂頻生，1441 年爆發了大規模的嘉吉德政一揆。近江的土一揆逼使守護六角氏頒布德政令，隨後許多百姓湧向京都，逼迫幕府發布了德政

---

❶　公家中山正親日記，記載從義教就任將軍起至 1434 年的六年間被義教處罰公家人員名單，包含天皇生母、皇族、關白、僧侶、神官、公卿、女房等，至少七十人。如果加入被處罰的武家、百姓，則總數更加龐大。伏見宮貞成親王（1372–1456 年）在其日記中，對義教隨意誅罰下屬的行徑，寫下「萬人恐怖」的字眼。

令，要求各國課收年貢必須「一國平均」，不得超收，又讓高利貸業者的土倉、酒屋等赦免百姓的債務。這些土一揆的組織者為上層農民階級，擁有一定的法律與政治常識，他們要求幕府必須頒布德政令的細節，才願意撤出京都。這些上層農民不僅是土一揆的領袖，也與其他農民形成主從關係，甚至與國人武士結盟，而獲得地侍等下級武士的身分。

土一揆頻發的背景，除了領主剝削、高利貸對農村的滲透之外，也因農村出現新的地主、土豪團結百姓以對抗領主、統治者的社會型態。此後，仍陸續爆發大規模的民眾一揆，如文安四年（1447 年）的文安土一揆、享德三年（1454 年）的享德土一揆、長祿元年（1457 年）的長祿土一揆等，說明幕府無力維持秩序，各地均爆發了百姓、下級武士與領主之間的抗爭。

二、應仁之亂

嘉吉之變後，將軍權威墜地，幕府權力移轉至以管領為主的有力守護之手，幕府不斷衰微，日本漸次步入了長達百餘年的混亂時期。

首開混戰的是鎌倉公方與關東管領上杉氏的爭戰。嘉吉之變後，1449 年關東諸將迎回持氏遺子成氏（1449–1455 年在任）作為新任鎌倉公方，但成氏依舊與管領上杉氏不和，享德三年成氏謀殺關東管領上杉憲忠（憲實之子，1433–1454 年），此為享德之亂，雙方的持續混戰使得關東地方率先進入戰國時期。

在京都，圍繞將軍的繼任人選，以及三管領中的畠山氏、斯

波氏家督更迭的內鬥，使得細川氏與山名氏彼此對立，各自拉攏其他守護加入己方，雙方以京都為中心、分屬東西陣營的戰鬥始於應仁元年（1467 年），持續至文明九年（1477 年），長達十一年的混戰，引發了蔓延至全國的戰亂，史稱應仁（應仁、文明）之亂。應仁之亂也被視為引爆日本進入戰國時代的導火線。

先是畠山持國（1398–1455 年）將家督讓給兒子義就（?–1490 年），但反義就的家臣又另外擁立畠山政長（1442–1493 年），雙方相持不下。接著，斯波義健（1435–1452 年）在未指定繼任家督的情況下死去，一族中圍繞擁立斯波義敏（1435–1452 年）為家督，或擁立從九州探題澀川氏迎來的義廉（1447–? 年）為家督而產生兩派對立。而當時八代將軍義政（1449–1474 年在任）原本因無子嗣，先立了弟弟義視（1439–1491 年）為繼任將軍，但其妻卻於 1465 年誕下兒子義尚（1473–1489 年在任），釀成由誰繼任將軍的問題，並引發正在爭奪幕府控制權的管領細川勝元（1430–1473 年）與所司山名持豐（1404–1473 年）之間的對立，細川支持義視，而山名支持義尚為繼任將軍。圍繞繼任將軍及畠山氏、斯波氏家督更迭的鬥爭原本只是小規模衝突，到了 1467 年 5 月，演變成全面戰鬥。守護大名紛紛選邊投入戰鬥，加入細川（東軍）的有畠山政長、斯波義敏等，共計二十四國約十六萬人，加入山名（西軍）的有畠山義就、斯波義廉等，共計二十國約十一萬人。京都作為主戰場，在兩軍戰火和下級士兵足輕的踩躪下變成廢墟。戰火還蔓延至地方。1473 年，兩軍主將持豐及勝元相繼死去，雙方出現和談契機，但直到 1477 年西軍的主戰

派畠山義就、大內政弘（1446–1495 年）分別就國，離開京都後，疲累的雙方才達成和議。

京都雖然暫告和平，但經歷十一年的守護大名混戰後，由有力守護參與幕政的幕府體制崩壞；在地方上仍不時有戰亂發生，莊園制度也趨於瓦解。

當守護大名長期在京都等外地混戰時，其領國中的權力也逐漸移到守護代與國人手中。地方上的國人為了在混亂中守護自己權益，往往結成國人一揆。如 1485 年南山城的國人聯合地侍、名主等農村的上層土豪結成一揆，要求在南山城交戰的領主畠山氏兩派撤出南山城、並要求領主不再新設關口，在畠山氏撤出後，由國人組成的「三十六人眾」輪流擔任處理每月日常政務的「月行事」，制定了「國掟」（地方國法），直到 1493 年接受幕府統治為止，實施了長達八年的自治。此為「山城國一揆」。據說馬借也參與了此次的國人一揆，協助山城國的國人武士、農民對抗領主。另外，1488 年爆發的「加賀一向一揆」，則是由信奉淨土真宗本願寺的加賀門徒與國人聯合的一揆⓬，他們驅逐守護富樫政親（1455–1488 年），實行長達百年的自治。

下層階級的力量凌駕於上層階級的現象，被稱為「下剋上」，是這個時代的特徵。

⓬ 蓮如（1415–1499 年）振興了淨土真宗本願寺教派，其信徒被其他教派稱為「一向宗」，指其「一向專念阿彌陀佛」的特徵，由本願寺信眾一向宗組成的一揆則被稱為「一向一揆」。

第五節　對外關係與文化

一、對外關係──倭寇與貢舶貿易

　　從鎌倉晚期到室町幕府成立的混亂期，東亞的局勢也發生劇烈變動。

　　鎌倉幕府雖然與元朝沒有邦交關係，但為了重修建長寺，於1325 年派遣建長寺船去元朝貿易，以獲取營建資金。足利尊氏為祈求後醍醐天皇的冥福而修建天龍寺，為籌集龐大的營造經費，室町幕府也從 1342 年起數次派遣天龍寺船去元朝貿易。此時也是倭寇猖獗的時期，這些以日本人為中心、被稱為倭寇的海盜集團，其主要根據地為對馬、壹岐、松浦等九州北部附近島嶼，海盜集團的規模不一，存在從數艘船到數百艘船的大小集團，他們主要劫掠朝鮮半島到山東沿海附近的區域，尤其是朝鮮半島，至少經歷四百次以上的劫掠，成為高麗王朝滅亡的原因之一。中國沿岸也遭遇倭寇劫掠，元朝甚至曾因倭寇猖獗而暫時實施過海禁。十四世紀前後猖獗的倭寇被稱為「前期倭寇」。

　　明朝建國之初，朱元璋（1368–1398 年在位）面臨北元和沿海倭寇的兩大國防威脅，據《明史·日本傳》記載，為了要求日本約束倭寇，朱元璋數次派遣使節到九州的太宰府，但遇到的是後醍醐天皇的皇子懷良親王（1329–1383 年），幾次交涉後，朱元璋無法讓懷良親王臣服明朝，並約束倭寇。直到洪武七年（1374

年），明朝赴日使節攜帶義滿使節僧侶宣聞溪等人回國後，明朝才知道在京都還有北朝、幕府政權的存在。但當時明朝把義滿當日本大臣，且宣聞溪等人並未攜帶表文，朱元璋未與之締結宗屬關係。後來又因胡惟庸案牽扯通日事件，朱元璋決心與日本斷絕往來，並將之寫入祖訓，要求子孫遵守。朱元璋無法通過日本約束倭寇後，隨即採取海禁政策，中國人片板不許下海，僅給予臣服於明朝的國家「勘合」（貿易憑證），讓他們帶著勘合以貢舶來到中國貿易。

朱元璋死後，繼位的長孫朱允炆（1398–1402 年在位）違反祖訓，派使節赴日與義滿交涉，義滿同意與明朝建交，於 1401 年派遣僧侶祖阿、博多商人肥富等人使明，祖阿等人抵達明朝時已是靖難之變後。當時取代朱允炆而稱帝的明成祖朱棣（1402–1424 年在位）正打算遣使招徠日本來朝，結果義滿的使節已經來到。隨後朱棣冊封義滿為「日本國王」，足利幕府得以日本國王身分帶著勘合前來明朝貿易。

終明一代，日本約組過十八次的貢舶到明朝做勘合貿易，前六次的船隊是以幕府為主體（其中前四次均在義滿在世時），中間七次則是幕府加上有力守護大名及寺社等合組的船隊，最後五次，勘合落到掌握堺港的細川氏與掌握下關海峽的大內氏手裡，兩氏各別組成船隊去寧波進行勘合貿易。由於勘合代表日本國王身分，理論上國王在一個貿易季節只會派一組貢舶船隊，而細川氏與大內氏競相壟斷勘合貿易，於大永三年（1523 年，明嘉靖二年）爆發了爭貢事件（寧波之亂）。

　　寧波之亂起因於大內氏與細川氏的船隊先後到了寧波，細川氏使用過期的勘合，卻在副使宋素卿（1445–1525 年）賄賂市舶司太監後，不僅得以入港，在市舶司宴會上，細川氏使節的座次還優於大內氏使節，導致大內氏使團憤而爆起，在宴會上砍殺細川氏使節，並「焚其舟，追素卿至紹興城下，素卿竄匿他所免。凶黨還寧波，所過焚掠，執指揮袁璡，奪船出海。都指揮劉錦追至海上，戰沒」（《明史・日本傳》）。大內氏使團劫掠寧波居民、綁架明官袁璡，造成都指揮劉錦戰死，最後揚長而去。事件發生後，明朝通過琉球向日方追究犯事的大內使團正使謙道宗設（1329–1383 年）等人，並要求放回袁璡以及被劫走的寧波居民，但因日本已步入大名割據的戰國時代，最終不了了之。此後日方僅剩大內氏還能組貢舶船隊，寧波爭貢事件風頭稍過後，大內氏以日本國王名義，於 1538、1547 年分別再組貢舶到寧波進行兩次勘合貿易。1551 年大內氏在下剋上的風潮中，被自己家臣所滅，日本對明朝的勘合貿易就此成為絕響。

　　與明朝的勘合貿易造就了九州博多、坊津與堺等港口的繁盛，帶進明朝錢幣，促進日本商業興盛，同時也將原來以物易物的農村捲入了貨幣經濟之中。

　　明朝的海禁政策致使過去宋元時代繁榮的亞洲海上貿易大幅萎縮，為了維持一定程度的亞洲貿易，朱元璋將遠洋大船和具備遠航、貿易、文書往來等所有跨國貿易必要技能的「閩人三十六姓」等福建人才賜給琉球，使得琉球能在明朝架構的封貢圈中，以為大明皇帝採辦貢物的名義進行中轉貿易，開創了琉球空前絕

後的大航海時代。琉球將中國商品以及胡椒、藥材、香木等來自南洋商品運到日本九州的博多、坊津與日本商人交易。

飽受倭寇侵襲的高麗王朝，國王經常派使節至日本要求其約束倭寇。1392 年高麗權臣李成桂（1335–1408 年）廢黜高麗恭讓王，建立朝鮮王朝。朝鮮王朝與明朝建立封貢關係後，除了繼續派使節前往日本交涉外，也和朱元璋一樣採取了海禁政策，並延續高麗王朝給予倭寇大本營的對馬島貿易特許權的方式，試圖減少倭寇發生的頻率。此後的朝鮮王朝直到 1880 年代開國為止，均保持對中國事大、與日本交鄰的外交關係。

為了交涉禁止倭寇、帶回被倭寇掠奪的朝鮮人等事件，從高麗王朝末期的十四世紀下半葉直到十五世紀中葉為止，高麗、朝鮮與日本之間有過多次通信使的報聘往來。

即便朝鮮王朝採取了種種努力，倭寇行為依舊無法根絕，應永二十六年（1419 年），朝鮮為解決倭寇問題而襲擊倭寇大本營的對馬島，導致日朝兩國貿易中斷，日本稱之為「應永外寇」。貧瘠的對馬島無法產出足夠糧食，僅能依靠與朝鮮貿易或劫掠朝鮮作為生計，若貿易中止，則倭寇勢必更加猖獗，於是嘉吉三年（1443 年），朝鮮與對馬島主宗氏簽訂《癸亥約條》（《嘉吉條約》），其內容主要將雙方過去往來的貿易形式成文化，模仿中國的封貢制度，由朝鮮國王假授宗氏為「太守」，並採用類似明朝的勘合，給予宗氏「圖書」等貿易憑證，使之獲得年派五十艘「歲遣船」至乃而浦（薺浦，今慶尚南道昌原）、富山浦（今釜山市）、鹽浦（今蔚山）貿易的特許權，朝鮮並賞賜對馬部分米豆等糧食。

三浦上設有供日本人居住貿易的「倭館」，長居於三浦倭館的日本人被朝方稱之為「恆居倭人」。1510 年因薺浦上幾名恆居倭人被朝鮮官兵當成倭寇殺害，引發當地恆居倭人的抗爭，當時的對馬島主宗義盛（1476–1521 年）派去數千人援助恆居倭人，一起攻擊了三浦，殺害朝鮮守將，隨後遭朝鮮增派的軍隊弭平，此即「三浦之亂」。亂後，三浦貿易中斷，但對馬島不能失去對朝貿易，經過宗義盛的努力，朝鮮於 1512 年片面給予對馬貿易特許權（《壬申約條》），這次朝鮮僅開放薺浦與對馬貿易、並將對馬歲遣船減為一半的二十五艘。

　　值得注意的是，長久以來漢文一直是東亞外交與貿易的共通語言，故此時日本與明朝、朝鮮、琉球等國的往來文書均使用漢文。擔任遣隋、遣唐使節的都是學習漢文的日本貴族或僧侶（也屬統治領主階層），平安中後期以降，隨著遣唐使停止、對外交流停頓，以及攝關貴族政治的形式化，即便是藤原道長這樣擔任攝關家家督的大貴族，其日記《御堂關白記》已然是使用日本語法的「和化漢語」；此後又經歷約一百五十年的鎌倉武家政權，到了室町時代，居於京都的貴族朝臣因長期不擔任實際政務、漢文不能與時俱進，加上公武之間事責分離等原因，不再執行由幕府掌控的外交事務，幕府大都以唐、宋以降仍持續到中國學習、傳承著佛學和儒學學識的寺院僧侶擔任出使中國和朝鮮使節，並從事表文、國書等的撰寫工作。這些僧侶幾乎都出自知名的京都五山（南禪寺，天龍寺、相國寺、建仁寺、東福寺、萬壽寺）禪僧。

二、文化發展

　　室町時代的文化，前期以北山文化、後期以東山文化為代表。

　　北山文化指義滿退休時的居所「北山第」所代表的文化，除了池泉庭園外，遺存的金閣建築，其第一層建築結構採取公家貴族的寢殿造、第二層採取武家造、第三層採取唐風禪宗造，呈現出義滿時代位於京都室町的幕府文化風格，既揉合了公武文化，還加入了因受幕府保護而活躍的禪宗色彩。

　　義滿積極與明朝貿易，許多「唐物」、「唐繪」等物品流入日本，促進了大陸與和風文化、中央與地方文化、貴族與庶民文化的交流、融合，在不斷地交融、提煉之後，逐漸形成日本的固有

圖 25：北山文化的代表——金閣寺

文化，如今天作為日本傳統文化代表的能樂❸、狂言❹、茶道❺、花道❻等，在室町時代都是中央或地方、公武貴族或庶民皆喜愛的文化。

東山文化，是指八代將軍義政在應仁之亂後，於京都東山營造的山莊所代表的文化。義政模仿義滿的金閣所建的銀閣，及其他建築、庭園等的風格，集室町後期文化之大成。東山文化追求基於禪宗精神的素樸，以及源自連歌❼的簡樸、寂靜美學。相較於北山文化多用唐物的風格，對「和物」的高度執著是東山文化的特色。

---

❸ 代表人物為觀阿彌（1333–1384 年）、世阿彌（1363–1443 年）父子。世阿彌著有《風姿花傳》、《花鏡》等敘述能樂神髓的理論書籍，是能樂的集大成者。

❹ 能樂中一種說著滑稽、諷刺臺詞的「語藝」（話劇）。代表人物是世阿彌。

❺ 十二世紀日本和尚榮西（1141–1215 年）從南宋的禪寺傳進喫茶文化，先普及於貴族、僧侶之間，又傳到武家社會，室町時代已逐漸普及於庶民。以茶湯的顏色和味道來辨別茶產地或品種的「鬥茶」，作為茶會的一種形式，盛行於鎌倉末期至室町中期。室町時代受簡樸、寂靜的連歌美學影響，茶道也出現以簡樸茶室追求心靜的「侘茶」，先由村田珠光（1423–1502 年）的提倡，經武野紹鷗（1502–1555 年），而到千利休（1522–1591 年）集其大成，此後日本茶道各個派別均源自千利休。

❻ 由佛前供花發展起來，後來普及為屋內插花裝飾，此時的代表人物為立阿彌、池坊專慶。

❼ 由許多人交互作出和歌的上句（五、七、五音節）和下句（七、七音節），最後連結成一首長詩。

圖 26：東山文化的代表——銀閣寺

　　銀閣為禪宗風格的佛殿，但其第一層與作為書房的東求堂同仁齋均採書院造結構，這些書院造結構最能顯現東山文化的風格，也是近代日本和風住宅的原型。此外山莊中還有草庵茶室，以及具有禪意的枯山水庭園設計。

　　相較於上層公武貴族的文化，此時的庶民喜歡連歌、狂言，以及帶著鼓音節奏的曲舞。曲舞中最受庶民歡迎的是夾帶敘事話劇的「幸若舞」。此時的「御伽草子」（圖畫上的餘白寫著簡單文字的繪本）是庶民很喜愛的閱讀書物。

　　在學問方面，中央以五山文學為代表，五山禪僧從事宋學研究及漢文詩創作等活動。在地方上，各地大名也延請五山禪僧做儒學講學等文化活動。關東管領上杉憲實重建了足利學校（位於

圖 27：御伽草子《一寸法師》書影

今栃木縣足利市)，對來自全國各地的禪僧與武士施予教育，並蒐集許多書籍。 來日的傳教士沙勿略 （Franciscus Xaverius, 1506–1552年）在書信中稱足利學校為日本「坂東的大學」。

在佛教發展方面，相對於平安時代以前受朝廷及公家貴族保護的天臺、真言宗等「舊佛教」，以淨土宗各派為主流的「新佛教」，從鎌倉時代時代以來便蓬勃發展，得到武士、農民、商工業者的信仰，在整個室町時代依舊興盛，其中淨土真宗的蓮如再興本願寺教團（一向宗），其教徒組成「講」⓲的組織，因此很容易結成一向一揆。而室町時代中期以前受將軍、有力守護等保護的禪宗，其原本旺盛的活動力，在室町幕府中期以後隨著幕府體制的衰微而一損俱損。

⓲ 蓮如要求每寺、每道場、每村都至少要組織一個「講」，用以擴張傳教、團結信徒，並加強教徒的宗教生活與念佛信仰。

第六節　戰國時代與大名領國制

一、戰國時代

在長達十一年的應仁之亂、下剋上鬥爭之後，近畿以外的地方陸續誕生了許多由守護、守護代、國人等各種階層出身的武士，以自己的力量獨立控制領國或分國的地方政權，這些政權的創立者被稱為戰國大名，他們活躍於應仁之亂後的大約百年之間。而明應二年（1493 年）的明應政變後，將軍成為家臣擅自廢立的傀儡，此後日本正式進入了戰國時代⓳。

九代將軍義尚（1474–1489 年在任），在征討近江六角氏的途中病死，十代將軍義材（義視之子，1490–1493 年第一次在任，1508–1522 年第二次在任，1513 年改名義稙）繼任，但義材與當時的管領細川政元（1466–1507 年）彼此對立，1493 年爆發明應政變，政元驅逐義材，迎立堀越公方足利政知之子義澄（1495–1508 年在任）為十一代將軍。明應政變使得將軍權威墜地，任意廢立將軍的管領細川氏成為幕府實際掌權者。

⓳　在應仁之亂後，一些公家貴族已經認為當時社會的亂象如同中國的春秋戰國亂世，例如攝關家的近衛尚通（1472–1544 年）也在永正五年（1508 年）於《後法成寺尚通公記》中留下「如同戰國時代之時」的字句。當時的知識群體對於日本社會處於如同戰國時代的亂世之事已存在共識，故今日史家稱此時為戰國時代。

　　但處於下剋上時代的細川氏，其內部鬥爭也相當激烈，政元遭到暗殺，幕府的實權轉移到細川氏家臣、四國阿波三好氏出身的三好長慶（1522–1564 年）手中。而驅逐主家細川氏、終結幕府管領制度的長慶，因嗣子驟亡，隨之在失意中病死，三好政權又移轉到家宰松永久秀（1510–1577 年）手中。1565 年松永久秀暗殺十三代將軍義輝（1547–1565 年在任），擁立義榮（1568 年3–10 月在任），而三好政權內部也陷入內鬥，於 1568 年織田信長（1534–1582 年）入京之際，三好政權瓦解。

　　在一連串下剋上之中，幕府淪為僅能控制京都及周邊的地方政權，其他地方則全被戰國大名所割據。

　　戰國大名除了原本的守護大名，如甲斐（今山梨縣）武田氏以及控制駿河（今靜岡縣中部）、遠江（今靜岡縣西部）的今川義元，九州的大友氏、島津氏等之外，還有許多是在應仁之亂後的下剋上過程中取代守護大名而實際控制地方的守護代、守護代家臣乃至國人武士，如越後❷的上杉氏為守護代出身，尾張的織田氏為守護代家臣出身，東北的伊達氏、三河（今愛知縣南部）的松平氏（後來的德川氏）、安藝（今廣島縣中南部）的毛利氏、九州龍造寺氏、四國的長宗（曾）我部氏等均為國人出身。

　　關東的北條氏則是室町幕府御家人出身。此北條氏的初代家督為北條早雲（1456–1519 年），出身室町幕府政所執事的伊勢一

---

❷　日本古代越國，三分為越前（約當今福井縣東北及石川縣）、越中（約當今富山縣）、越後（約當今新潟縣），此三國合稱三越。

族，原名伊勢新九郎長氏，出家後法號「早雲庵宗瑞」。在鎌倉公方成氏殺害關東管領上杉憲忠後，成氏為避免幕府征討，逃至古河（今茨城古河），將軍義政派庶兄政知（1435-1491年）前去討伐，但政知走到伊豆堀越，就地構建官廳，於是鎌倉公方分裂成古河、堀越兩系，而關東管領的上杉氏也分裂成山內、扇谷兩上杉家系，雙雙爭鬥。十五世紀末，早雲下關東，又因妹夫為今川義忠（1436-1476年）的關係，長年在駿河、遠江、伊豆、甲斐等地與兩上杉氏、古河公方、武田氏等征戰，1498年早雲殺害繼任堀越公方的足利茶茶丸，奪下伊豆，接著又以小田原城作為自己的根據地。早雲死後，其子氏綱（1487-1541年）繼任，又征服武藏，至孫子氏康（1515-1571年）時，已控制關東大半地區。從氏綱作為家督起，改姓北條，史家為了區分鎌倉執權的北條家，也將小田原城的北條氏稱為後北條氏。

　　被北條氏驅逐而逃到越後的關東管領上杉憲政（?-1579年），將上杉氏家督以及關東管領的地位讓給越後守護上杉氏的守護代長尾景虎（1530-1578年），此後景虎改名為上杉謙信。謙信統一了越後，並與越中的一向一揆交戰，還經常威脅到北條氏在關東的領地。甲斐的武田信玄（晴信，1521-1573年）也不斷試圖擴大領國，相繼與今川氏在駿河、與謙信在北信濃（今長野縣）等地交戰。

　　另外，美濃的齋藤道三（?-1556年），其父原為京都日蓮宗僧侶，還俗之後出仕於守護土岐氏家臣的長井氏，而後日漸強大。道三原名長井規秀，放逐守護土岐氏後，使用守護代齋藤的姓氏，

圖 28：上杉謙信

道三為其出家的法名。道三領地美濃周邊，盤踞著駿河的今川氏、近江的六角氏、越前的朝倉氏、尾張的織田氏以及實力尚還弱小的三河松平氏。

除了上述提及的本州關東、信濃、三越、中部地方之外，各地均有戰國大名盤據，他們彼此與相鄰的大名不斷爭戰，試圖擴張或是防衛自己的領地範圍。直到織田信長在 1567 年吞併原屬其岳家的領地美濃後，打出「天下布武」的口號，企圖結束各戰國大名的割據、統一日本，局勢才有了變化。

二、戰國大名領國制（分國統治）

隨著幕府權威下降、幕府所任命的守護權力隨之式微，此時無論是守護出身還是守護代、國人等出身，所有的戰國大名為了在征戰中勝出，必須有一套統率家臣作戰、實際治理領國的制度，這樣的制度被稱為戰國大名領國制，甚至有些大名制定了「分國法」，作為規範大名與家臣、百姓之間的協定，戰國大名對臣民及領地的統治制度也被稱為分國統治。

戰國大名的家臣團分有上下兩級。上級家臣，除了大名一族

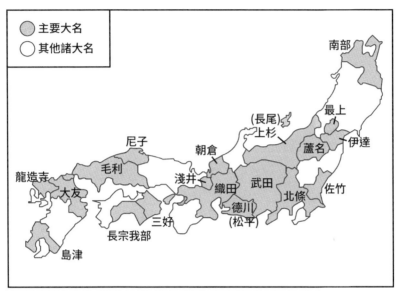

圖 29：1570 年左右的戰國大名版圖

武士外，還包括侍奉一族的譜代眾（家臣），這些人被稱為「直臣團」；另外大名還吸納了國人以及陸續投奔而來的武士作為家臣，前者的土著國人武士，被稱為「國眾」，後者從外方前來投靠的武士被稱為「外樣眾」。

　　下級家臣，即地侍層，原為武士家僕，在戰爭時擔任「足輕」（步兵、雜兵）。戰國時代由於戰爭太多，許多農村裡的小地主也成為地侍，甚至還吸納了許多小農與流民成為地侍。有田地的足輕，平時務農，戰時為步兵或擔任軍中雜役。

　　為了加強武士的團結與向心力，大名的上下級家臣經常採取「寄親寄子制」（擬態父子關係），上級武士作為「寄親」（形式上

的父親、義父），下級地侍（足輕）作為「寄子」（形式上的子弟、義子）。

　　在主從身分的封建權利、義務關係上，對於武士戰團提供的軍役等奉侍，戰國大名給予上級武士知行地（有權控制、統治的領地），上級武士能收取知行地上的年貢；對於地侍則給予加地子（年貢外的加徵部分）。年貢與加地子換算成銅錢，被稱為「貫高制❷」，戰國大名以貫高作為基準來掌握與家臣的權利、義務關係。

　　戰國大名通過「檢地」掌握土地與年貢，檢地一般由家臣向大名或農民向領主自行申告土地面積與年貢數量，大名或領主也藉此控制農民。根據地在小田原城的北條氏對於檢地特別講究，仔細記錄水田與旱田的面積，並依照田土肥沃程度區分上中下田，而徵收不同年貢。後來豐臣秀吉（1536–1598 年）的太閤檢地制度基本與北條氏雷同。

　　戰國大名將知行地給予家臣後，其財源也僅剩直轄領的年貢，直轄領的土地大小與家臣知行地差不多，只是大名還能另外從領國內徵收段錢、棟別錢以及夫役。

　　部分戰國大名制定了「分國法」（家法）的法律，以領國內所有居民為規範對象，也是大名與家臣之間的權利、義務協定。例如周防（今山口縣東部）的大內氏於 1495 年左右頒布了《大內氏掟書》、駿河的今川氏於 1526 年頒布《今川仮名目錄》、陸奧的伊

---

❷　「貫」指綁成串的銅錢，「高」在日文中指數量多寡之意。

達氏於 1536 年制定《塵芥集》、甲斐的武田氏於 1547 年制定《甲州法度之次第》。這些分國法除了承繼《御成敗式目》以來的武家法傳統之外，也放進約束大名一族武士的家訓，甚至吸收了在地一揆等相互制約的契約之習慣法，而集中世武家法之大成，並影響了江戶時代的幕府以及諸藩的法律。

　　分國法中最具有特色的是「喧嘩兩成敗法」以及「連坐（緣坐）法」。前者是對於打架雙方，不拘任何理由均處死，這樣的法律是將迄今為止作為禁止決鬥、私鬥的習慣法成文化，並要求將所有紛爭交由大名裁決，以此來實現領國內的和平。「喧嘩兩成敗法」作為禁止領國內武士私鬥、委由大名解決紛爭的法律性質，被後來秀吉的「惣無事令」所繼承，但惣無事令是秀吉作為一統全日本武士的棟樑，而得以禁止各大名領國之間的私鬥。「連坐（緣坐）法」是一人犯罪，一族甚至同村所有人均要連帶受罰，與「喧嘩兩成敗法」一樣，都是在強化大名對於領國內的掌控，並藉以促進領內的團結。

　　上述提及的對於上下級家臣隸屬關係的強化、藉由檢地管控財政分配與農民，以制定成文化的分國法來規範戰國大名與家臣的權利、義務關係等事項，都是戰國大名為了在長期征戰中存活下來，而強化了對領國內人事物的動員與掌控，突顯出戰國大名作為新權力者，相對於過去幕府體制下的守護大名，更能夠全面掌控領國，此即戰國大名的領國「一圓支配」（完全領國統制）。

Japan

第 III 篇

近 世

第八章 | *Chapter 8*

織豐政權

第一節 「天下人」❶所處的時代背景

　　正當日本處於戰國征戰的混亂時代，歐洲卻是經過了文藝復興、宗教改革後逐步邁入近代社會的時期，當時歐洲與亞洲之間，存在著廣大的穆斯林勢力，基督教與穆斯林世界彼此在宗教、政治和經濟貿易上對立，1453 年鄂圖曼土耳其帝國攻占君士坦丁堡，控制了東地中海，穆斯林商人壟斷了來自亞洲的貿易，於是歐洲開始尋求直通亞洲的「大航海時代」。以葡萄牙、西班牙為首

---

❶ 意指統一天下之人。「天下」之詞源自中國，是中國獨有的世界觀，意指天子教化所及範圍。而日本戰國時代，武家從政權的公共性視角，標榜「天下」思想，來正當化武家政權的更迭，因此當時流行的「天下」之詞，指稱日本全國、或是指稱作為稱霸全國的中心之京都，甚至指稱（試圖）統一全國的人，即「天下人」，此處主要指統一戰國日本的三傑：織田信長、豐臣秀吉、德川家康。

的西歐國家，於十六世紀相繼來到亞洲。

　　葡萄牙於 1511 年占領麻六甲，約三十年後來到中國沿海。當時處於海禁狀態的明朝治下，過去向來依賴海洋維生的沿海居民，在地方官紳的掩護下❷，冒險出海做走私貿易，由於海禁政策，這些做走私貿易的人無法時常返國，他們往往在中國沿岸島嶼，乃至日本九州附近島嶼落腳，他們的船隊在中國沿岸、日本、南洋間往返，船上也有日本、葡萄牙等外國人員；當明朝官府不討伐他們時，他們是海商，當官府討伐他們時，他們是「倭寇」，此即十六世紀造成「嘉靖倭亂」❸的所謂「後期倭寇」，其主體是明朝海禁政策下做走私貿易的中國人海商。當時這些中國海商（盜）集團中最有名的是出身安徽歙縣的王直（《明史》記載為汪直，?–1599 年），原先跟著福建人李光頭及同鄉許棟在廣東、浙江及南洋、日本之間做走私貿易，後來成為集團領袖，自稱徽王。王直集團與日本九州沿海土豪貿易，深獲信任。1540 年往來於長崎外海的五島列島，受領主宇久（五島）盛定庇護，1542 年在肥前平戶大名松浦隆信（1529–1599 年）邀請下，也落腳於平戶勝尾

---

❷　嘉靖中葉實際從事剿倭工作的浙江巡撫朱紈（1494–1549 年）曾經慨歎：「去外國盜易，去中國盜難。去中國瀕海之盜猶易，去中國衣冠之盜尤難」（《明史・朱紈傳》）。

❸　嘉靖二十七年（1548 年）朱紈剿滅舟山外的走私市場雙嶼港，殺浙閩中國海商近百人。其後浙江巡撫胡宗憲（1512–1565 年）誘降王直，王直回國後被捕下獄，嘉靖三十八年（1559 年）遭處死。王直死後，中國海商（盜）無人約束，寇亂尤甚。

山。1543 年（或說 1542 年），王直從南洋回到日本根據地途中，船隻停靠日本種子島，其船上載有帶著鳥槍的葡萄牙人，據說這是歐洲式「火繩槍」（日本又稱「鐵砲」，即鳥槍）傳到日本的濫觴❹。1550 年王直引進葡萄牙船來到平戶，其後松浦隆信向取代大內氏成為控制博多灣等北九州區域的主君大友義鎮 （1530–1587 年）❺報告，獲得義鎮同意與葡萄牙「互市」的許可，開啟了常態的「南蠻貿易」。「南蠻」意指從南洋來的蠻夷，在當時指葡萄牙、西班牙等歐洲人。

　　在浙江強力剿倭後，葡萄牙商船把貿易據點轉到廣州灣，並協助廣州官兵剿倭，因此獲得在澳門居留的權利，至此葡萄牙在

---

❹ 往來於南洋、中國、日本海域的王直等中國海商的船隊或許更早開始使用歐洲式火繩槍，因此歐式火繩槍傳到日本的時間可能更早。另外，《平戶藩史考》也記載了 1543 年使用「鐵砲」（火繩槍）的記錄，顯見傳入日本的途徑不僅止種子島一途。

❺ 1551 年大內義隆（1507–1551 年）被家臣陶隆房（1521–1555 年）下剋上後，在陶氏請求下，義鎮送自己弟弟晴英 （曾為義隆養子，1532–1557 年）成為大內氏新家督，後來晴英改名為大內義長，從此大友氏繼承所有大內氏領地。1557 年義鎮與義長共同派出遣明船，以禪僧善妙為正使，在寫給明朝的表文上，蓋上大內氏先前派貢船時使用的日本國王印，試圖申請新的勘合，但該船隊抵達浙江岑島，在等待明朝官員的入港許可時，正值王直遭到誘捕，明朝官兵與拯救王直的船隊交戰，善妙使團被視為「倭寇」一員，未能勘合貿易。善妙使團隨後在舟山換船，改道福建沿海做走私貿易後返航。這是日本大名最後、未竟的遣明船。

中國沿海有了根據地，得以從事中日之間的中轉貿易。不久後，明朝也於 1567 年緩解海禁，中國商船得以從福建漳州海澄（月港）口岸出海貿易，外國商船得以來航廣東、而由廣東官方課稅後進行貿易，但明朝仍禁止中國商船前往日本，不過仍有一些中國海商違禁到九州貿易。西班牙人於 1571 年統治呂宋島，作為在東亞的根據地，後於 1584 年來航平戶，開始了日本貿易。

　　由於葡萄牙、西班牙支持耶穌會士等傳教士（「伴天連」❻）的傳教事業，南蠻貿易基本上與基督教傳教士的傳教活動是一體的。1549 年耶穌會創始人之一的傳教士沙勿略來到日本鹿兒島傳教，並受到九州大名大友義鎮等人的庇護，此後許多傳教士陸續搭著商船來到日本傳教。一早與葡萄牙貿易的松浦隆信除了向葡萄牙人買進火繩槍外，也允許傳教士在平戶傳教，但其領地內改信基督教的人破壞寺社及佛教徒的墳地，雙方教徒彼此攻擊；平戶上的日商與葡商又於 1561 年爆發武力衝突，於是葡萄牙商船尋找其他港口貿易。1562 年在肥前大名大村純忠（1533–1587 年）邀請下，葡萄牙商船前往其領地的港口橫瀨浦（今長崎縣西海市橫瀨鄉）貿易，此後葡萄牙商船持續在大村領地的各港貿易，純忠於 1562 年與家臣多人一起受洗為基督徒，成為日本首位基督徒大名，而大村領地家臣、百姓陸續受洗，人數達到六萬人，約占當時日本受洗基督徒的一半。九州沿岸的大名為了貿易順暢，也相繼受洗成為基督徒，如小西行長（?–1600 年）、大友義鎮、有

---

❻　當時日本人稱傳教士為「伴天連」，是來自葡萄牙語 Padre（司祭、神父）的日文音譯「バテレン」。

圖 30：南蠻貿易

馬晴信（1567–1612 年）等都成為基督徒大名。

　　日本的南蠻貿易時期，除了中國海商仍持續前來外，葡萄牙、西班牙以及隨後相繼來到日本的荷蘭、英國等歐洲船隻轉運中國的生絲、歐洲的火繩槍和火藥等商品到日本，日本則以金銀或刀、劍、硫磺、扇等原物料或工藝品換取舶來商品。當時日本人從朝鮮引進「灰吹法」技術，使金銀產量大為提升，於是用金銀換取舶來品。與葡萄牙人貿易的主要是肥前的松浦、大村、有馬等大名，還有豐後的大友以及薩摩的島津等，分別在其各自的領地內貿易，如松浦領的平戶，大村領的橫瀨、福田、長崎，有馬領的口之津，大友領的府內，島津的鹿兒島、山川、坊津等。其中尤以平戶、長崎、府內的南蠻貿易特別興盛，來自京都、堺、博多等地的商人也參與貿易。

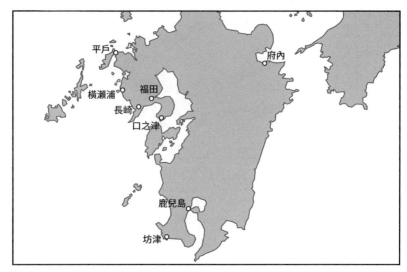

圖 31：南蠻貿易主要地點位置圖

　　歐洲式火繩槍傳進日本後，作為新銳武器迅速普及，在和泉的堺，紀伊的根來、雜賀，以及近江的國友等地也開始製作日本改良後的火繩槍。以火繩槍裝備的足輕鐵砲隊，改變了過去以騎兵為中心的戰法，而為了防禦火繩槍戰術，城堡的構造也必須做出相應改變。在戰國大名中，大量購置火繩槍，迅速組建高效鐵砲步兵隊的是織田信長。

　　戰國大名中，最早懷抱統一日本大志的織田信長，雖然最終因遭下屬叛變而未能遂志，但後來由繼承他事業的臣下豐臣秀吉完成了統一，秀吉統一日本後，在位時間不長，隨後由信長盟友德川家康（1542–1616 年）接棒，他們三人被稱為戰國三傑，都是懷抱統一全日本志向的「天下人」。在他們統一日本的進程中，

莊園瓦解了，雖然武士與主家之間還各自存在隸屬關係，但至少逐步走向全國武士直接或間接受「天下人」節制的狀態。因此日本史以織豐、江戶時代作為邁向近代之前的近世時期。

第二節　織田信長的統一事業

　　織田家祖上為斯波氏家臣，以越前織田莊為根據地，以織田劍神社為氏神，後因斯波氏成為尾張守護，織田家也成為守護代，上下尾張的織田氏又陸續分家，織田信長的家系為下尾張四郡守護代家的家老。信長之父信秀（1511–1552? 年）不斷擴張自家領地，掌控了尾張南部。1547 年，六歲的松平竹千代（日後的德川家康）被送到信長家當人質，與十四歲的信長結識，奠下日後兩人結盟的因緣；同年信秀安排信長與宿敵美濃齋藤道三之女成婚。信秀死後，信長繼承家督。信長先採用藤原氏作為本姓，後因考量足利將軍本姓源氏，基於源平更迭思想，改採平氏作為本姓。

　　信長的生涯與戰鬥相始終。首先於 1555 年滅尾張下四郡的守護代織田信友，以清洲城作為居城，又陸續平服織田氏內亂，於 1559 年滅尾張上四郡的守護代織田信賢，統一尾張。1560 年的桶狹間之戰，信長以數千兵力迎擊率領數萬兵力來犯的今川義元，信長在桶狹間奇襲今川本陣，義元陣亡。今川軍敗退，隨後迅速衰亡。此戰也使信長聲名鵲起。1562 年松平家康與今川氏絕交，和信長締結同盟（清洲同盟）。

圖 32：織田信長

圖 33：信長簽名及「天下布武」朱印

　　1554 年齋藤道三將家督讓給長子義龍（1527–1561 年）後，引退出家。但義龍疑心自己並非父親道三所出，遂殺死父親偏愛的兩個弟弟，並向父親宣戰；道三與義龍對峙年餘，於 1556 年寫下遺書，要將美濃交給女婿信長，但道三在信長援兵到來前被殺。義龍擔任家督時期經常與信長交戰，家臣逐漸流失，義龍死後由年僅十四歲的兒子龍興（1548–1567 年）出任家督，數年後龍興終究不敵信長而兵敗身死。1567 年，信長拿下美濃後將稻葉山城改名為岐阜，並以此作為居城。據說「岐」字取周文王時鳳鳴岐山、伐商建周之寓意；「阜」字指孔子家鄉曲阜，故岐阜或許蘊含了建新政權、定天下後修文偃武之意。信長同時揭示「天下布武」口號，意圖作為「天下人」建立自己的武家政權以統一全國。

　　想當「天下人」則必須控制天下中心的京都，於是 1568 年信

長奉足利義昭入京，得到朝廷認可義昭為十五代室町將軍（1568–1573 年在任）。作為擁立首功者，信長辭退義昭所給予的幕府管領乃至副將軍等職位，只向義昭要求將堺、草津、大津等作為自己的直轄領。不就室町幕府職位，代表信長只將義昭當作自己入京的手段，並非想中興室町幕府；要求堺等直轄領，則是打算控制京都周邊的戰略要地。尤其是堺，在當時不僅是流通內外商品的港都，還是日本工匠自製火繩槍（鐵砲）的中心，信長將此作為直轄領，遂得入手大量鐵砲。信長在少年時代即對南蠻貿易引進的事物感興趣，1553 年齋藤道三與信長初次見面時，信長已經擁有使用火繩槍的部隊，顯見信長是能把握時代變化並加以有效運用之人。

信長還修復應仁之亂以來因內戰毀損而荒廢的內裏（皇居），顯現其尊王的一面，同時以正親町天皇（1557–1586 年在位）東宮誠仁親王（1552–1586 年）為自己猶子（名義上的義子，非繼承家督的養子），以此援引傳統權威的助力。

剛崛起數年就掌控天下中心京都的信長，很快迎來其他戰國大名的圍剿。1570 年姊川之戰，信長在家康援助下擊退近江的淺井氏與越前朝倉氏聯軍，此戰奠下信長在畿內稱霸的地位；又在攝津迎擊三好三人眾（支撐畿內三好政權的三好氏三位家臣）；同時還與本願寺（根據地為大坂石山）開戰，開啟了持續十年的石山戰爭。

1571 年，由於淺井氏與朝倉氏殘軍以延曆寺為據點繼續反抗信長，信長要求該寺交出殘軍，但該寺不予回應，信長遂攻打延

曆寺並幾乎燒毀該寺建築。延曆寺在日本佛寺中占有至高地位，信長此舉在當時受到嚴厲批判，但佛寺作為中世紀大莊園領主的地位，也是信長「天下布武」所欲打破的舊秩序之一。

　　1573 年，權限不斷被剝奪的足利義昭聯合淺井、朝倉與武田氏反抗信長，但因武田信玄突然於陣中病死，聯軍中止行動。信長放逐義昭，室町幕府滅亡。1574 年信長平定伊勢長島的一向一揆（本願寺系統）。

　　1575 年長篠、設樂原之戰，信長與家康聯軍擊敗來侵的武田氏。信長從堺大量入手鐵砲，裝備鐵砲步兵隊伍，以三人為一組使用鐵砲，使鐵砲發揮最大效用，並修築防馬柵，輾壓以優越傳統騎兵戰術自豪、號稱東國最強的武田軍，致使武田迅速走向衰亡。同年平定越前一向一揆。該年底，信長將家督和岐阜城、尾張、美濃等織田家根據地交給嫡子信忠（1557–1582 年），專心於天下人的事業。

　　1576 年信長建築安土城（今滋賀縣安土町），作為能防禦鐵砲戰術的城堡，其特色如建於高地、本丸與外丸環繞、數層構造的天守等等，成為日本近世城堡的範式。信長還於城內修築天皇來訪時駐蹕的御所，而安土城中作為信長居所的七重天守居高俯視御所。1577 年信長頒布「樂市、樂座令」，免去城下町商人開店時必須向「座」（同業公會）繳交的費用，於是商賈絡繹前來，城下繁榮，而信長也通過向商人收取的稅金積累財富。信長還持續撤廢關所，促進商業自由流通。

　　在依次擊潰伊勢長島、越前等地的一向一揆後，1580 年以本

圖 34：安土城圖

願寺退出石山、向信長屈服的方式，結束了十年的石山戰爭，至
此畿內全告平定。本願寺屈服後，從 1488 年起長達百年自治的加
賀一向一揆也隨之瓦解。

　　1581 年，以鐵砲隊揚名全國的信長，招集麾下軍團於 2 月在
京都內裏表演了盛大的「馬揃」（部隊列兵式），正親町天皇看了
覺得很喜歡，要求信長於次月再列隊表演一次。

　　與此同時，織田臣下也相繼平定各地，如明智光秀（1528?-
1582 年）❼平定丹後、柴田勝家（1522–1583 年）平定加賀，而
秀吉也正在進攻毛利氏。1582 年天目山之戰，信長徹底滅亡武田

❼　明智光秀出身美濃，祖上是源氏後裔的土岐氏，被稱為美濃名門，曾
　　經侍從齋藤道三、武田、朝倉以及足利義昭，後來跟隨義昭歸附信長。
　　作為名門的光秀，嫻熟禮儀與傳統慣例，被信長任命管理京都行政及
　　與朝廷公家打交道。

氏，此時信長除了掌控天下中心的京都外，近畿、東海、北陸等地也都收入麾下。天目山戰後三個月，為了軍援秀吉攻打毛利氏，信長來到京都，駐紮於本能寺，6月2日凌晨突遭家臣明智光秀襲擊，信長死，史稱本能寺之變❽。

　　信長創建具有組織力及機動力的部隊，是優秀的軍事指揮者，同時勇於打破中世紀的封建政治、經濟權威與秩序，細究其作為，可以發現作為開創新秩序的天下人，信長無論在檢地制度、由農民直接繳交年貢、促進商業自由流通、打破封建領主秩序等措施上，都超過後來秀吉、家康的措施，更加近代化；甚至連天皇、幕府都莫可奈何的宗教領主，信長也敢鎮壓。不過，相對於日本佛教勢力，信長卻禮遇西方傳教士，這或許是想要引進西方器物

---

❽　關於明智光秀叛變的說法眾說紛紜，有出自於怨恨信長的責難、升遷無望等說法，也有想阻止信長「非道」行為的說法，以及光秀想自己成為天下人，或迎接義昭、復活足利幕府的說法，甚至基於信長死後最大受益人的視角而認為光秀反叛的黑幕策畫者是秀吉或家康的說法等等，目前學界仍無定論。其中所謂信長「非道」行為，包含逼迫正親町天皇讓位給誠仁親王（但實際上可能是天皇自己想讓位）、讓制定京曆與尾張曆的陰陽家辯論屬於天皇權力的曆法問題、想要求平氏將軍的職位等等，在立場親近公家的光秀看來，這些都是打破傳統秩序、「大逆不道」的行為。但信長究竟對於朝廷抱持什麼態度，日本學界仍無定論。據說本能寺之變前兩個月，朝廷與信長商量，讓辭退朝廷官位後一直沒有官職的信長從征夷大將軍、太政大臣、關白職位中選一個官位，後來信長似乎也回覆了，但隨即發生本能寺之變，無法得知信長對於朝廷官位以及朝廷的態度。

的緣故，因為此時的南蠻貿易與傳教是一體的，而信長尚未統一
全國，還不能整頓南蠻貿易與傳教一體的現象。

第三節　豐臣秀吉的全國統一

　　秀吉原名木下藤吉郎，其父為服侍信長父親的尾張地侍（足
輕），其母為百姓。秀吉成為信長足輕，此後屢屢被信長提拔。
1573 年秀吉改名為羽柴秀吉，「羽柴」苗字由來，是取其所敬仰
的信長兩員大將丹羽長秀（1535–1585 年）、柴田勝家苗字中的各
一字組合而成的。

　　秀吉在攻打毛利氏的戰陣中，聽聞本能寺之變，3 日迅即與
對手毛利氏講和，隨即率軍奔赴京都，強行軍數日之後於姬路城
整軍，13 日於京都南側的山崎，以弔亡君之名義，與明智光秀對
戰。當日光秀敗死，被稱僅擁有「三日天下」。藉此勝戰，秀吉在

圖 35：豐臣秀吉

信長部將中聲勢大為躍升。本能寺之變時，柴田勝家與上杉氏交戰，因擔心折返京都會遭致上杉氏的追擊，而未能及時上洛。

由於織田家督信忠也在本能寺之變中死於二條城，圍繞繼承家督的問題，7 月信長家臣在清洲城開會，決定由信忠兒子三歲的三法師（秀信，1580–1605 年）繼承家督，但此次會議中，秀吉擁有極大發言權，埋下與織田首席家老柴田勝家之間對立的契機。10 月，秀吉以養子秀勝（1569–1586 年，信長四男，過繼給秀吉）作為喪主、自己捧著信長牌位替信長營辦法會，擺出信長繼任者的姿態。柴田勝家與信長三男信孝（1558–1583 年）合作，信孝帶走三法師，以三法師監護人身分守在岐阜城，打算排除秀吉，控制家督；秀吉則以勝家、信孝謀反為理由，廢棄清洲會議的決議，與信長次男信雄（1558–1630 年）合作。雙方爆發爭戰，1583 年秀吉於賤之岳擊敗柴田勝家，先後迫使勝家、信孝自殺，奠立作為信長繼承人的地位。同年，秀吉開始建築大坂（明治時代以後多寫成「大阪」）城，後來大坂城成為僅次於京都聚樂第的秀吉政權之政廳所在。秀吉又羅致信雄三位家老到自己麾下，而與信雄交惡。

1584 年爆發小牧、長久手之戰，信雄與德川家康、根來眾❾、雜賀眾❿、四國的長宗我部元親（1539–1599 年）、關東的

---

❾ 紀伊根來寺的僧兵集團，擁有鐵砲，作為傭兵活躍於戰國時代。

❿ 紀伊雜賀莊附近的傭兵、地侍集團，擁有鐵砲，作為傭兵活躍於戰國時代。也兼營海運與貿易。

北條氏直（1562–1591 年）等大名勢力合作，圍攻秀吉。雙方交戰半年後，作為講和籌碼，秀吉割讓伊賀及伊勢的各一半給信雄，信雄於是退出交戰。失去交戰大義名分的家康退回三河，雙方停戰。秀吉與家康講和，將自己妹妹嫁給家康，讓家康成為妹婿，家康也把次男秀康（1574–1607 年）送到大坂城給秀吉當養子。

　　秀吉與信雄、家康講和後，仍伺機瓦解圍攻的對手，1585 年相繼平定根來眾、雜賀眾以及四國的長宗我部氏，隨後元親上洛，臣服於秀吉。同年，秀吉介入二條家與近衛家的關白職位之爭，成為近衛家猶子而擔任關白。擔任關白後，秀吉自稱從天皇獲得治理全國之權，因而呼籲「惣無事」（全國和平），命令戰國各大名停戰，諸國領國的確認交由秀吉決定，此即所謂「惣無事令」。「惣無事令」可說是將戰國大名對臣下「喧嘩兩成敗」的家法推及於全國的命令，從大名以迄百姓，所有階級均禁止私鬥，使得戰國走向終結，因此被後世學者視為「豐臣和平令」的措施之一。

　　1586 年秀吉成為太政大臣，受天皇賜姓豐臣❶。家康上洛謁見秀吉，表示臣服。此後，秀吉接連征討不服從停戰命令的幾個大名，1587 年征討控制大半九州的島津氏，使之臣服，因而平定了九州。1590 年征討入侵他人領地的北條氏，攻陷小田原，北條氏滅亡；而長年無視停戰命令、以伊達政宗（1567–1636 年）為首的東北諸大名也相繼臣服，奧羽平定。小田原平定後，秀吉將

---

❶　由於秀吉為藤氏長者猶子、身任關白，因此豐臣家具有與五攝家同等的家格，直到豐臣家滅亡為止，攝家有六攝家。

家康領地從原來的東海地方移封至北條舊領的關東;奧羽平定後,也將伊達政宗移封至他處,通過領地變動削弱大名勢力,與 1588 年頒布「刀狩令」❶ 、1591 及 1592 年「人掃令」❸ 促使兵農分離,試圖將武士與土地分離,均屬異曲同工之策。而刀狩令使百姓減少私鬥,也屬「豐臣和平令」範疇。

　　秀吉派出家臣對全國進行檢地,稱為太閣❹檢地。採用統一的丈量田地尺寸,把土地生產力以米的產量定為「石高」,一改戰國流行的貫高制;穀物計量標準也統一為「京枡」(京都標準的米斗);規定「一地一作人」的原則,把每個土地的名義登記在一個百姓上,讓他們承擔土地石高的年貢,但繳交年貢則以村為單位上繳,此即「村請制」(村承包制)。太閣檢地能進入每塊土地,並規定了丈量和生產力的統一度量衡,以及登記負責年貢的人,

---

❶　以建造京都方廣寺大佛用釘為理由,沒收百姓武器。百姓不許帶刀,促使兵農分離。

❸　身分統制令,除公家、寺社外,將所有人以職業區分為武家奉公人、百姓(以農民為主的村人)、町人(在城鎮市町為公武統治階級服務的工商階級),兵農分離、農商分離,職業世襲,回歸到戰國以前的封建階級社會,杜絕了戰國時代百姓藉由武家奉公晉升為武士乃至大名的管道。而秀吉自己正是從百姓到武士再晉升到天下人的。1592 年人掃令主要是為了確保朝鮮出兵的武士和軍伕員額而進行全國戶口調查,確認了武家奉公人、百姓、町人的戶數與人數。

❹　1593 年秀吉親生兒子秀賴(1593–1615 年)出生以前,秀吉以養子秀次(秀吉姊姊的兒子,1568–1595 年)為繼承人,1592 年 8 月秀吉把關白位子讓給秀次,自己成為太上關白(太閣)。

使得莊園制度完全瓦解。而這套制度，後來也沿襲到江戶時代。
秀吉在全國各地領有直轄領，收取該地年貢或商業利益，其直轄
領後來由江戶幕府繼承。秀吉還獨占佐渡、石見、但馬等盛產金
銀的礦山，製作大判等貨幣，以供國內流通及海外貿易資本。

　　秀吉許多施政雖然承襲自信長，如對檢地標準的劃一化，對
貿易商港的控制、營造安土城式的大坂城等等，但因性格不同，
兩者之間仍存在差異。相較而言，秀吉更願意利用傳統權威去迅
速掌控全國，所以他毫無遲疑地成為攝關家猶子，而當了關白；
利用朝廷權威發布「惣無事令」，坐擁禁止私鬥、裁決領地的大
權，而省去一一征伐的武力鎮壓；1588 年當上律令制文官最高職
位的太政大臣；1588 年藉著京都聚樂第落成，邀請後陽成天皇
（1586–1611 年在位）蒞臨，讓以家康為首的諸大名一起效忠天
皇和秀吉等等，這些作為呈現出秀吉安於傳統權位的一面，也顯
示秀吉作為百姓而能爬到天下人巔峰的順時應勢之柔軟度。信長
在羽翼未豐時也利用過足利幕府及朝廷權威，但依其生前性格及
作為來看，信長打破許多傳統秩序，擁有創建自己政權新秩序的
強大信念，宣示「天下布武」、試圖將全國統一於自己的武家政權
之下的信長，似乎仍和朝廷公家保持一定的距離，這或許也是明
智光秀叛變信長的原因之一。

第四節　秀吉的對外政策與織豐文化

一、秀吉的對外政策

　　秀吉和信長一樣，注重貿易利潤、認可基督教傳教士的傳教活動，但在征討九州的島津時，發現大村氏將長崎獻給教會，侵蝕秀吉作為天下人的領地分配權，遂開始要求大名信教必須獲得秀吉許可。當時秀吉逼迫曾影響多位大名信教的臣下明石城主高山右近（1552–1615 年）棄教，遭其拒絕，秀吉遂沒收其領地。右近為了信教而拒絕主君命令，有違封建社會義理，使得秀吉更加警戒基督教大名人數的增長，隨後於 1587 年頒布「伴天連追放令」，驅逐傳教士。但秀吉仍注重海外貿易，只是以驅逐傳教士方式，將傳教與南蠻貿易分離，並未禁止基督教信仰。

　　秀吉統一全國後，將京都、大坂、堺、長崎、博多等地納為直轄領，控制了這些地方的豪商❺，庇護這些豪商拿著秀吉的「朱印狀」（蓋朱泥印文的特許文書）到南洋與中國商人從事南方貿易，1588 年頒布「海賊取締令」，禁止倭寇搶劫日本豪商及明商、南蠻商人。「海賊取締令」一方面作為豐臣和平令的措施之一，帶

---

❺　如堺的千利休、小西立佐（1533?–1592? 年，行長之父）以及博多的島井宗室（1539?–1615 年）、神屋宗湛（1553–1635 年）等人。其中，千利休甚至作為秀吉側近而深入參與政治，在秀吉病死後，捲入政爭的利休被迫自盡。

有不可私鬥的意涵，同時也有未經秀吉許可不得海外貿易的意涵，是秀吉壟斷海外貿易的措施。因為所謂海賊，有資財得以交易時，他們也是海商，而無論是交易還是搶奪，他們同樣能帶進舶來品。

二、侵略朝鮮

秀吉借道朝鮮入明一事的動機，有種種說法，如為了恢復與明朝、朝鮮貿易；或是《續善鄰國寶記》「日本國關白秀吉奉書朝鮮國王」國書中所說的「予願無他，只顯佳名於三國而已」，為了彰顯自己威名；或是因出於封建領主的領土擴張欲望，當日本一統後，只能將領土擴張到中國大陸上；還有秀吉依循信長擘劃過的藍圖而有此舉動等等。

秀吉於 1587 年通過對馬島宗氏向朝鮮要求入貢以及作為進攻明朝的前導，身為明朝屬國的朝鮮拒絕，秀吉遂準備出兵朝鮮，1591 年命令諸國提出「御前帳」，把握了諸國的石高，文祿元年（1592 年，壬辰年）再進行一次人掃令，掌握各種戶籍與人口，並向諸大名下達出兵朝鮮的軍令，編成近十六萬人、以西國大名為主力的征明軍，秀吉自己也前赴肥前名護屋，擔任本陣總指揮，日軍由小西行長、加藤清正（1562–1611 年）為先鋒，1592 年 4 月從釜山登陸朝鮮，日軍以鐵砲攻打使用冷兵器的朝鮮軍隊，僅用二十天就打下朝鮮首都，秀吉一看勢如破竹的氣勢，認為日後可以瓜分中朝兩國作為日本各諸侯的領地，甚至還想進一步攻打到天竺（今印度）。隨後在朝鮮國王請求下，明朝於 6 月起陸續派軍援朝，朝鮮本土各地義兵蜂起，特別是李舜臣的龜甲船讓日本

水軍吃盡苦頭，在中朝軍民聯合下，把日軍擊退到半島南半部。日軍在糧食不足、不習慣的嚴寒下於朝鮮半島上過冬。戰事膠著後，在前線的小西行長等人與明軍休戰，並勸秀吉和談，雙方於1593年中葉開始和談。秀吉開出要求明朝把皇女嫁給日本天皇、恢復勘合貿易、割讓朝鮮南邊四道等條件；但除了勘合貿易外，明朝不可能答應其他條件。在前線和談的秀吉親信石田三成（1560–1600年）、小西行長等人急於求和，也未如實傳達秀吉要求。依明朝制度，秀吉必須先被冊封為日本國王才能行勘合貿易，當明朝依照自己理解的和談條件，於1596年遣使前來冊封秀吉時，秀吉認為這不是他要的和談條件，因而大怒，和談破裂。戰事又於慶長二年（1597年，丁酉年）2月再啟，秀吉派出十四萬兵力到朝鮮，朝鮮又向明朝請援，明軍介入戰爭後不久，日軍陷於苦戰之中。1598年8月秀吉病死，得知消息的日軍隨即撤回日本。

當時日方將此戰爭稱為「唐入り」（入唐，即入中國）或「唐御陣」、「朝鮮陣」。朝鮮方面則稱為倭亂，或依兩次戰事發生的時間，分別稱為壬辰倭亂、丁酉倭亂。此戰爭源於封建大領主秀吉對東亞及國際情勢的誤判與妄想，當日本能分封的領地不足，就認為可以掠奪大陸來分封，長達數年的戰爭徒然耗費龐大經費與兵力，造成豐臣政權的衰弱。戰爭更使作為戰場的朝鮮生靈塗炭，民不聊生。明朝也因為兩次援朝而花費龐大軍費，埋下衰敗的遠因。

三、織豐文化

對封建社會的大名而言，雖然戰爭失敗而未能獲得新領土，但掠奪朝鮮人口也是他們的主要戰利品，以九州為首的西國大名均帶回許多朝鮮知識分子或工匠，這些朝鮮人在九州各地製作朝鮮式陶器，也傳進了朝鮮活字印刷術，以此技術刊印書籍。

在海外貿易興盛的背景下，織豐時代貨幣經濟暢旺，許多從事海外貿易的大名、豪商有足夠財富享受自己喜好的文化，相對於室町時代以禪宗為主流，追求樸素、靜寂的文化，這個時代的文化更顯出豪壯風格。最能代表織豐時代文化的是織豐系城郭，如安土城、大坂城、伏見城，以多層結構的天守為中心（本丸），周圍環繞城牆和壕溝，既作為軍事堡壘，也是城主居所及統治領國的政廳，因此城內有書院造等起居結構，作為隔間的屏風上以金箔為底色繪著青綠等濃厚色彩的濃繪。此時最著名的畫家是狩野派，狩野永德（1543–1590 年）集室町時代水墨畫與日本傳統大和繪之大成，留下了構圖雄偉的「唐獅子圖屏風」等裝飾畫作，及以庶民生活、風俗為題材的「洛中洛外圖屏風」；永德門下的狩野山樂（1559–1635 年）承襲了永德的畫風，留下「松鷹圖」、「牡丹圖」等畫作。

豪商出身的千利休制定了茶湯禮儀，確立日本茶道，他依舊追求樸素、靜寂的「侘び茶」，其設計的茶室如妙喜庵（待庵），也是簡樸至極的草庵風小空間。但秀吉等大名喜愛的茶室風格則與利休迥然不同，秀吉造了組合式的黃金茶室，還在其停留的各

圖36：「唐獅子圖屏風」

地舉辦過多場茶會。

　　持續的海外貿易也帶進了南蠻文化，傳教士送給大名機械錶、眼鏡、葡萄酒、音樂盒等物品，也引進西洋樂器、西洋活字印刷、菸草，以及醫學、天文學、地理學等知識，但此後活字印刷術被木板刻印取代，西洋學術也很快消亡，只在一些衣物、食物的外來語上，如カッパ（合羽，即蓑衣、風衣，源自葡萄牙語cápa）、カステラ（長崎蛋糕，源自葡萄牙語 castella）、パン（麵包，源自葡萄牙語 pão）等等，還能窺見當時南蠻文化的遺跡。

　　在宗教方面，除了中世紀以來一直廣受百姓信奉的佛教日蓮宗、淨土真宗外，南蠻貿易與傳教一體的結構，也帶來了基督教信仰，以九州為主，南蠻貿易興盛的地方出現改信基督教的大名和百姓。

第九章 | *Chapter 9*

江戶時代

慶長八年（1603 年）德川家康被任命為征夷大將軍，正式建立了幕府，由位於江戶的德川幕府統治日本的時代，即為江戶（德川）時代，直到 1868 年明治政府成立為止，歷時二百六十餘年。

第一節　德川家康與幕府創立

1598 年 5 月起秀吉生病，直到 8 月去世為止，一直在忙著鋪墊年僅六歲的幼子秀賴的未來，他委託五大老❶，以及秀吉家臣、作為行政官僚的五奉行輔佐秀賴直至其成人。五大老分別為德川家康（關東二百五十六萬石）、毛利輝元（1553–1625 年，中國〔指夾在近畿、九州諸國中間的區域，亦即山陰、山陽區域〕地方一百二十萬石）、前田利家（1539–1599 年，北陸地方、加賀等

---

❶ 秀吉於 1595 年逼死秀次、並追殺秀次全家後，為了度過人心不穩的政治危機，找了有力大名作為重大命令的連署人，以穩定政權。

八十三萬石，1599 年後利長〔1562–1614 年〕繼任）、宇喜多秀家 （1572–1655 年，中國地方、備前五十七萬石）、上杉景勝 （1556–1623 年，東北地方、會津一百二十萬石）❷。五奉行分別為淺野長政 （1547–1611 年，筆頭奉行，甲斐甲府二十二萬石）、石田三成 （近江佐和山十九萬石）、增田長盛 （1545–1615 年，大和郡山二十二萬石）、長束正家 （1562–1600 年，近江水口五萬石）、前田玄以 （1539–1602 年，丹波龜岡五萬石）。把政權委託給十人，也有防範其中勢力獨大的家康之意。

　　家康被秀吉移封至關東後，專心致力於江戶城的擴大與修繕，封給下級家臣在江戶城附近的知行地，分封萬石以上的中上級家臣於自己領國周邊，以此確保江戶城及領國的安定。秀吉侵略朝鮮時，家康的兵力也受到動員，但他們只在肥前名護屋附近待命，並未前赴戰場，家康因而保全了完整兵力。秀吉生前就擔憂家康勢力遠超其他大名，因此重用前田利家，將秀賴託孤給家康和利家，但利家在秀吉死後翌年也去世，此後失去能夠制衡家

圖 37：德川家康

❷　原是小早川隆景（1533–1597 年，北九州、筑前三十三萬石），因隆景於 1597 年去世，改由上杉景勝繼任。

康的大名。豐臣家臣中石田三成素來與家康不和，一直在籌畫打
倒家康的計畫。1600 年家康以在會津的上杉景勝不應其要求上洛
作為藉口，出兵征討會津。石田三成以為機不可失，聯合毛利輝
元、宇喜多秀家等大老，以及小西行長、增田長盛、長束正家等
奉行，以及小早川秀秋（1582–1602 年，秀吉正室兄子，在秀賴
誕生前，為秀吉養子，秀賴誕生後又過繼小早川家）等為首的西
國大名，出兵攻打由家康家臣駐守的伏見城。家康本就料到三成
會起事，迅速開會，獲得原受秀吉庇蔭但與三成一向意見不合的
福島正則 （1561–1624 年）、加藤清正、池田輝政 （1565–1613
年）、黑田長政 （1568–1623 年）、淺野幸長 （1576–1613 年，五
奉行筆頭長政之子） 等大名的支援，家康命令次子秀康和伊達政
宗應對會津的上杉景勝，自己回到江戶城率領三男秀忠以及家臣，
與福島正則等大名兵分兩路迎戰三成等人的西軍。家康的東軍與
西軍在關之原決戰，決戰初時雙方兵力軍各約八萬，但西軍中有
很多東軍的內應，實際上西軍戰力不到四萬，東軍在西軍內應小
早川秀秋的幫助下，大獲全勝。

　　戰後，石田三成、小西行長被處死，宇喜多秀家遭放逐到八
丈島，留守大坂城的毛利輝元、會津的上杉景勝遭到減封，毛利
氏從一百二十萬石減成三十七萬石、上杉氏從一百二十萬石減成
三十萬石，其他參與西軍的九十個大名共四百四十萬石被改易（沒
收領地）。從西軍沒收的領地，成了東軍大名將士加封的來源，家
康新增加了二十八個譜代大名。

　　關之原之戰，使得秀賴變成僅擁有攝津、河內、和泉三國六

十五萬石的大名，奠立了家康作為天下霸主的地位，此戰也被稱為決定天下勝負之戰。

　　1601 年家康通過「普請」（全國工事）動員諸大名修繕江戶城以及膳所城、伏見城、二條城、彥根城、篠山城、龜山城、名古屋城、駿府城、姬路城、上野城等，藉此確立其與諸大名之間的主從關係。1603 年家康就任征夷大將軍，正式獲得對全國大名的指揮權，開設了江戶幕府。1604 年家康要求每國上交「國繪圖」與「鄉帳」，「國繪圖」是通過統一的比例尺與顏色描繪各國領地的山川、道路與村落之地圖，「鄉帳」則記載檢地後每村的石高，以國為單位上交幕府，家康以此宣示自己為全國的統治者。

　　與秀吉相同，家康把京都、伏見、大坂、堺、長崎等城市及港都作為天領（直轄領），將佐渡、石見、但馬、伊豆等盛產金銀的礦山也作為天領，一步步穩固對全國的統治。

　　1605 年家康為了向諸大名宣示征夷大將軍由德川家世襲，而讓位給秀忠，自己引退於駿府城，成為大御所（太上將軍），但直到其去世為止均掌握著幕府實權。1611 年家康排除後陽成天皇打算讓位給弟弟的企圖，擁立後陽成天皇的皇子後水尾天皇（1611–1629 年在位）即位，此舉代表天皇的讓位、即位均依從於幕府意思。幕府又於 1613 年頒布五條《公家眾法度》，要求公家貴族承襲好「家家之學問」，要輪流職守「禁裏小番」等公事，違者流放。這是日本史上首次由武家政權向公家頒布法令，顯示江戶幕府對於公家貴族的統治權。

　　1614 年爆發方廣寺鐘銘事件。秀吉為祈求國家平安而建造的

方廣寺大佛殿在 1596 年的地震中毀壞，震後重建，於 1614 年鑄成一口大鐘，鐘上銘文刻有「國家安康」、「君臣豐樂、子孫殷昌」的字樣，被德川家解釋為將家康二分則國安、以豐臣為主君則享子孫殷昌之樂。家康追究豐臣家的責任，要求秀賴到江戶參勤（值勤），或是豐臣氏轉封至別處，或是將淀君（1567–1615 年，秀吉側室，秀賴之母）送至江戶當人質，豐臣家無法接受，遂於 10 月開戰。秀賴方面奮戰守住大坂城，德川方面因秀賴事先把軍糧買完，冬天作戰太艱辛，兩軍於 12 月議和，此為大坂冬之陣。翌年元和元年（1615 年）3 月大坂發生浪人騷亂，和議規定要填埋壕溝以及毀壞城牆，又被秀賴復元，於是兩軍於 4 月再戰，5 月大

圖 38：最初的大坂城在大坂夏之陣中毀壞，現存的大坂城是在江戶時期所修復的

坂城陷落，淀君、秀賴母子自盡，豐臣家滅亡。此為大坂夏之陣。

家康本為秀吉妹婿，兩家又依秀吉遺願，秀賴迎娶了秀忠女兒，成為家康孫婿，在這樣的關係下，家康還必須除去豐臣家，或許是因家康曾是秀吉臣下，且豐臣家同時具有武家羽柴氏與公家攝家家格，而此時幕府權勢尚無法過度干預公家的家格與職位等慣例，將軍秀忠在朝廷的官位也低於秀賴，加上淀君不願屈居的態度等理由，使得豐臣家的存在，對德川家而言如同芒刺在背。

大坂夏之陣後，戰國以來的爭鬥終告完結，迎來和平時代，史稱「元和偃武」。豐臣家滅亡後，已經完全不存在能挑戰德川家權威的公武勢力，家康隨即完備未竟的全國統治制度。6月幕府頒布「一國一城令」，要求每國只能保有一個主城，其他分城都必須拆毀，此命令有除去過多可能對抗幕府的軍事設施之用意，但對大名來說，也削弱了可能利用國內分城來對抗主君的有力武士之威脅。幕府制定《武家諸法度》，嚴格管控大名，此法令在大坂城陷落後，由家康令金地院崇傳（1569–1633年）❸起草，經幕府商議後，由秀忠在7月7日召集諸大名到伏見城，向大名公布，法令共十三條，包含大名學習弓馬之道以及對國政、品行、禮儀的規定，以及對謀反及殺人者的流放、城郭修理必須報告、禁止結黨、婚姻必須由幕府許可等規定，還規定了參勤做法等等，

---

❸ 室町十三代將軍足利義輝近臣一色藤長之孫，南禪寺住持，1608年起成為家康外交及公文書的書記，參與方廣寺鐘銘事件解釋、《寺院法度》、《武家諸法度》、《禁中並公家諸法度》以及打壓基督教等工作，協助家康制定幕府初期統治全國的重要制度。

是武家法的集大成。而藉由將軍秀忠召集諸大名公布法令的形式，也將過去由大名各自臣屬於將軍的私人從屬關係，轉變為公事的君臣政治關係。7 月 17 日家康、秀忠與代表朝廷的前關白二條昭實（1556–1619 年）在《禁中並公家諸法度》上連署❹，在 7 月 30 日由武家傳奏❺廣橋兼勝（1558–1623 年）向公家貴族公布，此法令共十七條，第一條為「天子諸藝能之事，第一御學問也」，其次學習和歌；第二條規定現任三公（太政大臣、左大臣、右大臣）與親王的座次，三公大臣由攝家或清華家貴族出任，此時座次安排為攝家大臣、親王、清華大臣、攝家前大臣、諸親王等等❻。此外還規定攝家出任三公及攝關的辦法、養子需為同姓、武家官位由幕府選定、關白及武家傳奏違反規定即遭流放，以及

---

❹　昭實前後娶織田信長養女、女兒為妻，與信長、秀吉、家康三位天下人關係密切。曾於 1585 年與近衛家爭關白之位，後把關白位置讓給秀吉。昭實連署《禁中並公家諸法度》時身分還是卸任關白，7 月 28 日再任關白，30 日發布《禁中並公家諸法度》時，昭實也接受該法令，代表身為朝廷高官的他同意了幕府的法令。昭實時隔三十年，重新當上藤氏長者、再任關白，實為特例，也顯見此時家康權勢之盛，能創造諸多歷史紀錄。

❺　建武新政時創設的官職，由公卿擔任將武家奏請傳達給朝廷的工作；足利義滿以後負責將幕府對朝廷的政治要求傳達給朝廷。

❻　如此安排使得現任三公的五攝家地位高於親王。清華家指家格僅次於五攝家的大臣家格，可能出任大將、大臣乃至太政大臣，主要有三條、西園寺、德大寺、久我、花山院、大炊御門、菊亭等七家。傳位至三世（天皇玄孫輩）以下的親王為「諸親王」。

對於佛寺住持穿紫衣的敕許規定等等。

　　先前幕府雖然也頒布了五條《公家眾法度》，但《禁中並公家諸法度》的十七條法令包含了對天皇、皇室、禁中，以及對所有公家貴族、門跡（貴族或寺院住持的傳承，亦指擁有該傳承權利者）的規定，規範了江戶時代的公武基本關係。此法令由家康的意志主導，他讓崇傳及侍講儒官林羅山❼（1583–1657 年）等人蒐集史料，而於 1614 年 4 月起陸續編寫，也聽取了攝家、門跡、公家等的意見，這是日本史上首次出現武家政權向天皇、皇室發布行為規範，要求天皇專注於承襲藝能、學問的職務，此法令成為天皇「大政委任」於德川幕府的法律根據。

　　幕府通過發布上述對於公、武、僧侶的各個法令，確立了公家、武家、僧侶奉職於天皇及征夷大將軍制度，將幕府對於全國各個階層的規範、統治權成文化。其中，作為幕府控制朝廷法令的 《禁中並公家諸法度》，自 1615 年 7 月頒布後，以後不再改訂；而幕府為了控制諸大名所制定的法令，1615 年二代將軍秀忠向諸大名頒布的《武家諸法度》，依據年號被稱為《元和令》，此後直到八代將軍吉宗為止，每任新將軍繼位也往往將前任將軍頒

---

❼ 曾在京都建仁寺等寺院學習佛法及儒學，後拜藤原惺窩（1561–1619年）為師，專學儒學，特別傾心於朱子學。1605 年惺窩將其推薦給家康，此後歷任四代將軍侍講，並作為家康智囊，參與調查典禮、法令，起草外交及其他重要文書，以及校訂、整理古書等工作。羅山也參與了方廣寺鐘銘事件解釋、起草《禁中並公家諸法度》等工作。江戶幕府以朱子學為官學，羅山子孫也世襲「大學頭」職位。

布的《武家諸法度》稍做增刪而重新頒布給大名，依次為三代《寬
永令》（1635 年）、四代《寬文令》（1663 年）、五代《天和令》
（1683 年）、六代《正德令》（1710 年）❽、八代《享保令》
（1717 年），吉宗的《享保令》後，《武家諸法度》不再改訂，一
方面顯示德川將軍家與諸大名的從屬關係相當穩固了，無須在每
代將軍繼任時重新確認與諸大名的政治關係，一方面也暗示幕府
體制的僵化，不再依據時勢推移而增補法令。

第二節　幕藩體制

　　家康處理完棘手、緊急的大事後，回到退隱的駿府城，翌年
1616 年 1 月生病，3 月朝廷任命家康為太政大臣，為繼平清盛、
義滿、秀吉以來武家第四人成為太政大臣者。4 月 17 日家康病逝
於駿府城。此後，進入二代將軍秀忠的時代。1617 年秀忠向大
名、公家、寺社頒布「領知宛行狀」（朱印狀），承認大名的「領
地一圓支配」，此舉明示將軍為全國土地領有者，賦予各大名、公
家、寺社管理領地的合法性。

　　1619 年，因福島正則擅自修繕廣島城，秀忠將其改易，此後
以大名違反《武家諸法度》等理由，一連讓四十餘名包含德川（松
平）一門、譜代在內的大名改易。1620 年，秀忠不滿後水尾天皇

---

❽　第七代將軍家繼（1709–1716 年，1713–1716 年在任）五歲繼任，八歲
　　早夭，並未頒布新的《武家諸法度》，而是沿用其父的《正德令》。

寵愛女官，還生下兒女，遂讓女兒和子嫁給天皇。1623 年，秀忠讓位給三代將軍家光（1623–1651 年在任），自己隱退為大御所。1627 年爆發紫衣事件，因朝廷在未事先通知幕府的情況下讓十幾位高僧穿紫衣（賜僧侶穿紫衣是朝廷財源之一），幕府認為朝廷此舉違反《禁中並公家諸法度》，下令 1615 年法度頒布後到 1624 年期間，若無幕府許可的朝廷紫衣敕許無效，幕府的態度使後水尾天皇決心退位，其他批評幕府的高僧也遭幕府懲處。秀忠和家光堅持幕府法令高於敕令，確保對皇室、公家、寺社的掌控。

另外，秀忠任內還制定奉書船制度，強化對外貿易管控，並加強打壓基督教。總之，秀忠繼承家康，嚴格地將幕府權力滲透至全國社會的各階層，進一步穩固了幕藩體制。

所謂幕藩體制，即中央幕府與地方藩政的二級政治體制。依照與將軍的親疏關係將大名（石高一萬石以上）分為「親藩」、「譜代」、「外樣」三等，親藩大名指德川御三家（尾張、紀伊、水戶）等為首的德川氏、松平氏一門大名；譜代大名指三河以來的德川家臣成為大名者，關之原之戰前後約三十七家，到幕末增加至一百四十五家；外樣大名指關之原之戰前後臣服德川氏的有力大名，如加賀前田氏（一百零二萬石）、薩摩島津氏（七十三萬石）、陸奧伊達氏（五十六萬石）等。和家康移封關東時一樣，幕府將親藩、譜代領地置放於江戶周邊，外樣大名在遠離江戶的外緣。如果外樣大名與德川家關係不夠穩固或是占有重要地方，幕府會找藉口將之改易或移封。

譜代大名除了受有領地外，還有機會出任大老、老中、若年

寄等幕府重要職務。譜代大名，石高一般不多，除井伊家三十五萬石外，其餘約五萬石。石高不超過一萬石的譜代家臣，則出任幕府的中下階職位以換取俸祿維生。

與將軍締結主從關係的大名，對於將軍給予的「領地一圓支配」權利，相應負有「參勤交代」（依領地距離江戶的遠近，每隔一年或半年到江戶執勤）、軍役、普請、警衛等義務。幕府利用參勤交代、軍役、普請等規定，消耗大名財力、人力，致使大名無能挑戰、反抗幕府。

幕府職制如下略圖所示，是在將軍之下建立以老中為中心的合議制幕閣。大老並不常置，如設置，則多以井伊家、酒井家等高階譜代大名出任，大老為老中之長。老中一般設有四人，輪流當值，負責管理全國的庶務，其下轄有側眾（擔當將軍就寢身邊警衛，三代將軍以後設立，由於與將軍關係親近，能就近影響將軍決斷，被稱為「影之老中」）、側用人（將軍近侍，傳達將軍旨意給老中等人）、高家（名門出身的旗本❾，負責禮儀及公武之間的訊息傳達等）、大番頭（十二組巡守江戶警備隊的隊長）、大目付（擔任監視大名工作）、町奉行（設有二人，處理江戶城庶務）、

---

❾　旗本原意為戰陣上守護帷幕或軍旗的武士，為直屬主君的近衛兵，叫陣、衝鋒或和談時帶著軍旗前往敵陣，因軍旗帶有代表主君的象徵，故旗本通常由深諳武家禮儀的名門武士擔任。江戶初期，旗本泛指石高不到一萬石的譜代家臣、御家人，但江戶中期以後，兩者漸被區分開來，石高不到一萬石、能面見將軍的譜代家臣稱為旗本，石高不到一萬石、不能面見將軍的譜代家臣則為御家人。

勘定奉行（設有四人，掌理幕府財政、天領年貢，下轄郡代等負責地方天領財政的官員）、遠國町奉行以及遠國奉行（掌理遠國天領事務）等各有職掌的譜代武士。

在幕閣中位次低於老中的行政職位有若年寄、寺社奉行（設有四人，掌理寺社宗教事務）、京都所司代（掌理京都武士警備庶務、監視朝廷公家以及西國大名、天領年貢等）、大坂城代（掌理大坂武士警備庶務、監視西國大名、天領年貢）、奏者番（掌管大名、旗本的謁見工作，或出使大名家）等。

若年寄即較老中資淺或年輕的行政官，與老中一樣設有四人，主要負責管理旗本、御家人並參與幕政工作，其下轄有書院番頭（書院警備隊隊長）、小姓組番頭（庭院、書院警備隊隊長）、目付（監視旗本、御家人）等行政人員。若年寄的職位僅次於老中，往往由有奏者番、寺社奉行經歷者補任若年寄，若年寄有機會晉升老中。

幕閣運作採月番制，即老中、若年寄以及各奉行等職員中，每月輪番由一人職掌職務，其他不輪值的人員待命、輔助職務執行。

而關於武家政權歷來最重視的訴訟、裁判工作，則由當值的老中與當值的寺社奉行、勘定奉行、町奉行（合稱「三奉行」）以及大目付，合組評定所，擔當國境訴訟等重要裁判工作。

表 13：江戶幕府職制

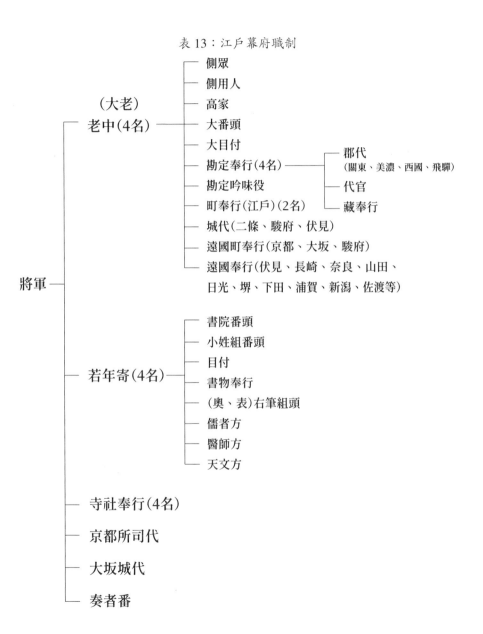

第三節　禁教、海禁與對外窗口

一、嚴禁基督教

在對外政策上，家康延續秀吉警戒基督教以及控制、壟斷海外貿易的態度。

幕府初期和秀吉一樣並未禁教，但因荷蘭中傷西葡兩國以傳播基督教意圖顛覆日本世俗統治權，以及擔心信徒集結成類似一向一揆的群體而反抗領主等緣故，加上 1612 年春天發生岡本大八（?-1612 年）事件，致使家康禁教。所謂岡本大八事件，即基督徒大名有馬晴信為了得到幕府同意恢復舊領封地而行賄於家康近臣本多正純（1565-1637 年）家臣、同是基督徒的岡本大八，收賄事情敗漏後，晴信試圖暗殺長崎奉行的行為也遭曝光，最終大八遭處火刑、晴信遭賜死。同年 8 月對直轄領頒布禁教令；翌年慶長十八年（1614 年）年底，家康讓崇傳起草〈伴天連追放文〉，經將軍秀忠押印後頒布，以神道、佛教、儒教三教一致的「神國思想」為基礎，將基督教視為日本宗教之敵，要求全國禁教、基督徒改宗。

此後幕府及諸藩加大對傳教士及信徒的處死或逐出國外等迫害。1614 年將高山右近等三百多人的基督徒放逐到馬尼拉。秀忠在家康死去的 1616 年，限制明人商船以外的船隻只能駛入長崎、平戶兩港；1619 年又再次頒布禁教令，下令基督徒改信佛教，不

從的基督徒則處以火刑，同年在京都有五十二名基督徒遭處死，此即所謂京都大殉教；元和八年（1622 年）在長崎處死五十五名宣教師、信徒，此為元和大殉教。此後，除了選擇殉教之外，許多基督徒改信仰其他宗教，還有一些基督徒私底下仍持續暗中信仰基督教。

圖 39：天草四郎

　　寬永十四年(1637 年) 長崎附近的島原、天草因領主課徵過重的年貢而引發飽受饑饉之苦的民眾一揆叛亂。島原半島和天草島過去是基督徒大名有馬晴信及小西行長的領地，一揆之中包含了有馬、小西氏的牢人❿以及基督徒等三萬餘人，他們以小西遺臣益田好次（?–1638 年）之子天草四郎（1623?–1638 年）為領袖，盤據於原城的廢城之中。幕府以三河國深溝譜代大名板倉重昌（1588–1638 年）為大將率兵鎮壓一揆，但戰事膠著，板倉於 1638 年年初戰死；幕府又派老

❿　又稱「浪人」。在日本古代原指離開原籍在他地流浪的人；中世以後多指離開主家或失去主君的武士，意指淪落牢籠之中、身分遭廢黜的意思；江戶後期，牢人與浪人在字義上混用，到了幕末則多用浪人。因有馬晴信及小西行長均遭處死、失去領主身分，其家臣也淪落為牢人。

中松平信綱（1596–1662 年）動員九州各大名約十二萬軍力圍攻，並請求荷蘭商船從海上砲擊原城，才終於鎮壓亂事。大坂夏之戰結束後，日本進入和平時代，島原、天草之亂發生於大坂夏之戰後二十餘年，當時的武士已然不勝殺伐，所以鎮壓有牢人領導的一揆顯得頗為吃力。這是直至幕末為止江戶幕府唯一一次大規模內戰。

　　由於有基督徒參與島原、天草之亂，幕府對基督徒及禁教更加嚴厲，持續採取繪踏❶、宗門改役等方式，強制基督徒棄教、改宗。1640 年先在幕領設置宗門改役的職位，1664 年又命令各藩均設宗門改役的職位，實施基督徒改宗佛教或神道，以此建立「寺請制度」（委由寺院管理人民信仰及移動、居住），要求每個人都必須從某寺院請求開立自己是該寺院檀家（施主）的證明，來保證自己不是基督徒，該寺院則每年依據每個檀家的戶籍調查或申請作成宗門人別帳，而檀家旅行或移居時必須攜帶寺請證文。寺院為檀家提供各種法事及喪葬服務，檀家也為寺院提供了信徒及

---

❶　又稱踏繪，在 1628 年即由長崎奉行採行，讓有基督徒嫌疑者踩踏以銅板或木板等材質雕刻的耶穌或聖母像，如有拒絕者，即當成基督徒逮捕，以此一方面逼迫日本人信徒棄教，一方面阻絕基督徒外國人入境。在基督徒人數多的九州各地，均採行繪踏。九州的部分地方，從追緝基督徒嚴厲的 1660 年代起，不僅基督徒嫌疑者，還擴大到領國內全體領民均需繪踏，以此作為控制領民的一種手段。長崎直至開國後的 1858 年才廢止繪踏，某些地方甚至直至明治五年政府撤廢禁止基督教的高札後才停止實施繪踏。

收入保障。

為了完善對於佛教寺院及神社的管制，寬文五年（1655 年）幕府頒布《諸宗寺院法度》、《諸社禰宜神主法度》。《諸宗寺院法度》規範佛教各宗派的本寺、末寺秩序關係、禁止寺領買賣，尊重檀家自選寺請、僧侶不得爭奪檀家等事。《諸社禰宜神主法度》規定神職對於神祇道的精進、禁止社領買賣，並以吉田神道為正統，吉田家❷擁有發行神職位階、裝束特許狀的權力。

二、朱印船貿易與海禁措施

幕府初期在壟斷對外貿易上，發給御用豪商朱印狀的特許，只允許持有朱印狀的商船前往南洋與中國或其他外國商人交易；允許持有朱印狀的外國商船在日本港口貿易。1604 年由絲割符仲間商人❸，即京都、堺、長崎「三所商人」約定以一定價格一起

❷　吉田家出自世襲神祇大副的卜部氏，至兼熙時因任京都吉田神社社務，而開啟吉田氏家名，五代兼俱（1435–1511 年）創立唯一神道，與伊勢神宮對抗，得到後土御門天皇（1464–1500 年在位）支持，逐漸凌駕世襲神祇官的白川氏而掌握全國神社控制權。九代兼見（1535–1610 年）又受織田信長的推舉而獲得上級貴族家格。至江戶幕府頒布《諸社禰宜神主法度》則以成文法確立了吉田家在神道、神社、神職系統的絕對正統地位。

❸　割符，即割成兩半的符，與明朝中國的勘合一樣，作為憑證使用。仲間，日文意指同類、同黨、同盟、同業、朋友等，故絲割符仲間，即擁有幕府特許壟斷生絲貿易憑證的商人同業夥伴，類似於西方工商同業壟斷組織「基爾特」(Guild)。對於從幕府獲得的特許權利，絲割符仲間也必須回饋給幕府相應的貢獻義務。1631 年江戶、大坂兩地御用

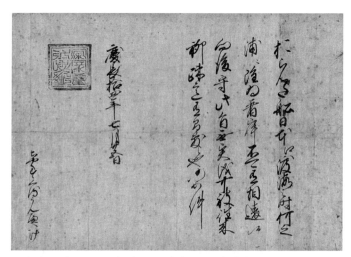

圖 40：家康在慶長十四年（1609 年）給予荷蘭商船在日本港口貿易的
朱印狀，現藏於荷蘭國立公文書館

購入外商進口的生絲，試圖壟斷定價、營造對日商有利購買模式，
此為絲割符制度。繼中、葡、西等商人之後，荷蘭、英國東印度
公司相繼於 1609 年、1613 年獲得家康特許在平戶設立商館，但
新來的英商不敵他國商人，於 1623 年撤出日本。

　　此時日本朱印船出海貿易旺盛，因為金銀產出超過前代，能
提供獲得海外商品（尤其是中國生絲）所需的貴金屬，據說當時
輸出銀的數量占世界流通數量的三分之一，此外日本還出口銅、
鐵、樟腦等原物料。由於從秀吉以來朱印船持續到南洋貿易，為
了方便貿易起見，南洋港口上有一些日本人居留，形成日本町（日
本人居留區），不過因江戶幕府日後的海禁政策，日本商船不再前

商人加入絲割符仲間，成為「五所商人」。

往海外，日本町也隨之消逝。

　　為了嚴禁基督教，江戶幕府採取海禁政策。明治時期為了形塑推翻幕府的正統性，將江戶幕府的海禁政策稱為「鎖國」❹。

　　江戶幕府的海禁政策並非一次到位，而是歷經十餘年才逐步收緊、完成。先是二代將軍秀忠於 1616 年限定「明船」以外的船隻只能駛入長崎、平戶，此舉限制西、葡、荷蘭、英國（1623 年自行撤出日本貿易）等商船僅能於長崎、平戶交易。秀忠大御所時代的 1624 年又與西班牙絕交、禁止西班牙來航；1631 年幕府開始實施奉書船制度，要求出海的日本御用豪商的朱印船除了將軍的朱印狀之外還必須有老中的奉書，等於加大朱印船出海的難度。秀忠死後，三代將軍家光完全執政的寬永十年（1633 年），幕府禁止奉書船以外船隻出海、禁止在海外停留五年以上的日本人回國，此為「寬永十年禁令」；1634 年再次頒布前一年的禁令。1635 年要求中國、荷蘭等外國商船只能駛入長崎、禁止日本人出海與歸國，此為「寬永十二年禁令」。1636 年，幕府下令將葡萄牙人及其妻子（含日本人混血兒）驅逐到澳門，少數則移至長崎

---

❹ 江戶幕府並未將禁止日本人出海、限制外交與貿易的政策或禁令稱為「鎖國」。「鎖國」一詞出現於 1801 年，當時蘭學者志筑忠雄（1760–1806 年）翻譯 Engelbert Kaempfer（1651–1716 年）於 1712 年所著《日本誌》的荷蘭譯本，將《日本誌》其中一章形容江戶幕府禁止日本人出海、限制外交與貿易狀態的標題簡譯成「鎖國論」。明治時期整理江戶幕府史料的學者發現志筑忠雄的「鎖國論」後，遂將「鎖國」用於描述江戶幕府的對外體制。

岸邊海上的人工島「出島」。1637、1638 年爆發島原、天草之亂，幕府為了更嚴格禁教、取締基督徒，於 1639 年禁止葡萄牙船來航，此為「寬永十六年禁令」。此後只有中國人駕駛的唐船，以及不傳教的荷蘭東印度公司的蘭船可以到幕府直轄的長崎，在長崎奉行監視下進行貿易。

　　1640 年葡萄牙船從澳門來航、要求通商，長崎奉行以該船干犯國禁，處死數十人，燒毀該船及貨物，驅逐該船醫生及水手，讓他們帶著不准來航的命令搭乘唐船離境。寬永十八年（1641年）將荷蘭商館移到長崎出島。幕府在寬永年間頒布的一連串禁令，完成了禁止日本人出海，僅限制少數外國人能前來日本交易、交流的海禁體制。

三、對外窗口

　　在幕府嚴格管控的前提下，還能確保舶來品輸入，是江戶幕府能長期施行海禁體制的條件。當時明朝或旅居南洋各地的中國商人及幕府特許的荷蘭東印度公司均可前往長崎貿易，帶來日本需要的以中國生絲為主的舶來品。另外，作為封建諸侯的歷史特許權，還有三個藩國擁有對外交易、交流的窗口：對馬宗氏擁有與朝鮮在釜山倭館交易的特許；薩摩島津氏通過其屬邦琉球與中國的貢舶貿易，取得中國或中國進口的商品；松前藩的松前氏擁有與蝦夷地（今北海道）的蝦夷人（愛奴）交易的特許。

　　在封建體制下，幕府能直接控制的是長崎直轄領的貿易，在長崎奉行的監管下，中國人駕駛的唐船停泊於長崎後，船上人員

圖 41：位於出島上的荷蘭商館

上岸，初期是與日本人雜居，1688 年日本限制唐船來船數量為七十艘後，開始興建唐人屋敷，1689 年起唐船人員入住唐人屋敷；除了檢查貨物、與御用商人交易等例行事項外，船上的船長等識字高層人員還要接受奉行問詢關於中國大陸以及航行於日本、南洋途中的見聞等事，奉行記錄下這些見聞，稱為「唐風説書」。來到長崎的蘭船，船上人員入住岸邊的出島，除交易等例行事項外，荷蘭東印度公司的船長、醫生、書記官等高層人員也接受奉行問詢，其記錄稱為「荷蘭風説書」。此外，作為接受將軍恩賜而獲得在長崎貿易特許的荷蘭東印度公司商館人員，必須派出使團到江戶謁見將軍、謝恩（參府），荷蘭商館使節從 1633 到 1789 年被要

求每年到江戶，1790 年以後改為隔四年參府，直至 1850 年為止，兩百餘年共參府 166 次。荷蘭使節由商館長、書記、醫生、通譯官等人組成，由長崎奉行派人護送至江戶。

對馬島因地理緣故，自古以來即與朝鮮存在交易、交流的歷史傳統，宗氏於十三世紀掌控對馬，此後日本歷屆政權均承認宗氏對朝鮮交易、交流的特權。在秀吉攻打朝鮮後，對馬島與朝鮮之間的貿易中斷，後在家康的特許下，對馬宗氏努力與朝鮮交涉，於慶長十四年（1609 年）簽訂《己酉約條》，朝鮮與對馬宗氏貿易再開，地點限定於釜山倭館。對馬藩可以從釜山倭館換取朝鮮土產以及朝鮮御用商人從北京等地入手的中國商品。此外，對馬藩還擔任日朝之間國書傳遞與接待朝鮮使節團的任務。江戶日本與朝鮮維持交鄰關係，整個江戶時代朝鮮使團來訪從 1607 起至 1811 年期間出訪日本十二回，前三回是「回答兼刷還使」，負有回覆日本國書及帶回被日本攻打朝鮮時俘虜的朝鮮人之責任，但日本各大名抗拒交還朝鮮俘虜，因此朝鮮使節只帶回少數俘虜；後九回則作為通信使與日本交聘。通信使經對馬、九州，一路前往江戶，但 1811 年的最後一回僅止於對馬，並未前往江戶。

家康成為天下人後曾要求琉球入貢，但琉球不予回應。一直有志於掌控琉球的薩摩島津氏，以琉球未對薩摩送還漂流民表達謝意為由，在家康的特許下，1609 年薩摩藩入侵琉球王國，在琉實施檢地、刀狩及石高制，並派遣在番奉行監管琉球，自此琉球成為中國屬國與薩摩屬邦。明清更迭後，琉球於順治十一年（1654 年）上繳前明敕印，始獲清朝同意冊封，持續得以派遣貢

使前往中國。而作為薩摩屬邦，每當江戶將軍或自己國王更替時，琉球需分別派出「慶賀使」或「謝恩使」跟隨薩摩到江戶，1634–1850 年期間，琉球共派遣了十八回使節團到江戶。薩摩藩通過琉球與中國的貢舶交易，要求琉球按兩年一次的貢期，攜帶薩摩準備的物資前往中國的福州、北京等地採買薩摩所需的中國或中國進口的商品。琉球從明初開始的大航海時代起有過一段從事中轉貿易的繁榮期，雖說十六世紀後因中國海商陸續重返海上，使得其中轉貿易日漸衰微，但至少還能自力經營，自從成為薩摩屬邦後就幾乎淪為薩摩搬運工。

自鎌倉時代起，北條得宗家臣安藤（安東）氏即作為蝦夷管領統治「津輕十三湊」，日本人因與愛奴交易而在蝦夷地最南端靠近津輕的地方營建根據地，如箱館、大館、茂別館、花澤館等，今通稱為「道南十二館」。雙方往來頻繁後也多生糾紛、衝突，1457 年愛奴人攻陷道南各館，由花澤館的蠣崎氏及其客將武田信廣（1431–1494 年）平亂，信廣入贅蠣崎氏，蠣崎氏逐漸發展成當地豪族。1593 年道南蠣崎氏獲得豐臣秀吉朱印狀，擁有松前船役徵收權；1599 年蠣崎氏移居松前，改稱松前氏，1604 年松前氏獲得德川家康黑印狀，擁有松前船役徵收權、與愛奴的貿易獨占權。愛奴人除了以土產的昆布、鮭魚等海產品與松前氏交易日常必需品外，也會駕著小船前往中國東北與中國的少數民族交易，此即山丹貿易，通過山丹貿易取得日本人所謂的「蝦夷錦」等中國商品，再用與松前氏交易。

由於江戶時代尚屬封建社會，因此對馬、薩摩、松前分別與

朝鮮釜山、琉球、愛奴交易、交流的窗口，為其各自壟斷的特許權利，一般情況下，其他諸藩乃至幕府均不能參與、干涉。他們各自通過特許窗口取得的舶來貨物，除了留作己用外，可將富餘商品運至長崎轉賣給五所及他藩御用商人，以流通於日本他地。

第四節　從武斷到文治、元祿時代、正德政治

一、四代將軍家綱的文治政治

　　江戶幕府初期的前三代將軍，通過各種對內對外法度的頒布，以及對犯法人員的懲處，如大名或武士的領地改易、轉封、斷絕繼承、處死等等，加上島原天草之亂後進一步禁教、嚴禁日本人對外交流等措施，完全掌握日本內外政的控制權，確立了將軍統治的幕藩體制。但如此嚴屬的措施，加上幕府經常否認大名或武士的養子繼承權，導致許多大名、武士「御家斷絕」（領主家督無人繼承），很多武士隨之成為牢人。封建社會士農工商**⓯**均為世

⓯　雖然日本的士農工商職業分類源自中國，但中國在東周以後封建秩序崩壞，中國人可以自由選擇職業，甚至一人身兼幾種職業。而處於封建社會的日本，士農工商的職業是世襲的世業，一般情況下，子孫世世代代從事同樣職業。江戶時期的「士」，指武士及公家等統治階層，工商為在城鎮為統治階層服務的町人，農民又被稱百姓，占當時日本人口約85%。除士農工商外，還有從事日本人忌諱職業的「非人」（賤民階級），如在西日本被稱為「皮多」、在東日本被稱為「長吏」的人，

襲，各就其位，失去武士身分和俸祿的牢人，很難另謀生計，造成嚴重社會問題。

三代將軍家光過世，十一歲的四代將軍家綱繼位（1651－1680年在任）的慶安四年（1651年），就爆發了慶安之變，在江戶開設楠木（正成）流軍學塾、教授旗本、藩士、牢人軍學的由井（由比）正雪（1605?－1651年），同情牢人處境，藉著年幼將軍繼位的機會與牢人密謀顛覆幕府，後被同夥密告，遭幕府派兵包圍而自盡，此事變又稱由井（由比）正雪之亂。雖然叛亂未遂，但時任大老的酒井忠勝（1587－1662年）、老中松平信綱等人認為必須緩和御家斷絕現象，避免滋生更多牢人，才能預防叛亂再生，於是緩和末期（瀕死）養子禁止的狀況，讓年齡在十七～五十歲間，因急病、危篤的大名或武士得認列養子以繼承領地或家格、家祿。

寬文三年（1663年）家綱成年後頒布新的《武家諸法度》，增加了禁止殉死的法令，當時一旦主君過世其家臣往往以殉死作為美談，家綱禁止殉死，希望家臣在主君死後也效忠新君，試圖將戰國時期以來效忠主君個人的情況，轉變成效忠主君之家，如此代代家臣都效忠主家，藉以消除戰國時期下剋上的風氣。

1664年家綱統一頒給大名「領知宛行狀」，此舉與前三代將軍各自分別與各個大名締結主從關係、各自陸續頒給大名「領知

他們處理死去的牛馬牲畜，剝皮以供製成武器，或在城鎮從事清掃、迎送犯人、隔離傳染病人等被日本人視為「不潔」的行政末端工作。一般情況下，士農工商及非人都只在各自的階級中通婚。

宛行狀」的情況不同，統一頒給代表此時將軍權力的體制化與幕藩體制的穩固。

此外，家綱時代對朝廷的態度也較先前緩和，願意給朝廷更多經費以恢復朝廷一些儀式，如伊勢例幣使（朝廷例行向伊勢神宮派遣供奉幣、帛等物的使節）等等。因此家綱時代被視為江戶幕府從武斷政治走向文治政治的開端。

在將軍對大名的優勢地位穩固化的同時，大名對其家臣的優勢地位也穩固下來，諸藩致力於藩政及領內經濟發展，一些有遠略的藩主延請儒學者為顧問或藩學教授，試圖革新藩政，如岡山藩主池田光政（1609–1682年）開設學問所「私塾花畠教場」，請來陽明學者熊澤蕃山（1619–1691年）主持，以教育藩士，此為最早的藩校；又另設鄉學閑谷學校，主要教授朱子學，除武士外，也讓庶民學習。水戶藩主德川光圀（1628–1700年）延請明朝遺老朱舜水（1600–1682年），於江戶藩邸設立彰考館，開始編纂《大日本史》。加賀藩主前田綱紀（1643–1724年）也採納朱子學者木下順庵（1621–1698年）等人意見，致力於藩政改革。

從上述文治事項可以看出幕府與諸藩都安定下來，幕藩體制相當穩固。

二、元祿時代

家綱自幼病弱，於四十歲死去時並無子嗣，幕閣迎來家光四男、館林藩主綱吉為五代將軍（1680–1709年在任）。當時的幕政因家綱病弱而掌握於譜代家臣的門閥手裏，綱吉罷免掌握幕政、

表 14：德川將軍略系

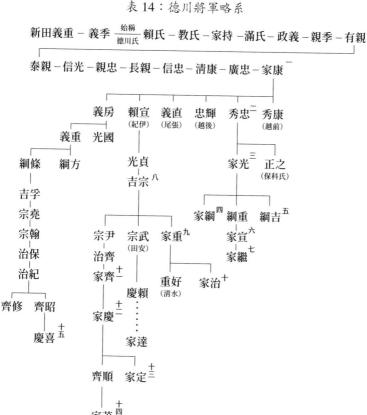

原打算擁立宮將軍的大老酒井忠清（1624-1681 年），提拔有擁立之功的老中堀田正俊（1634-1684 年）成為大老，並創設地位與老中相當的「側用人」職位，由自己從館林藩帶來的寵臣如柳澤吉保（1658-1714 年）等人出任；另外又新設勘定吟味役，其地位僅次於勘定奉行，受老中直接管轄，用以審計、監督幕府財政會計工作。大老堀田正俊因過於剛直，令許多幕臣不滿，於 1684

年遭刺殺而死，此後由綱吉親信掌控幕政。綱吉在任期間的年號大致為元祿（1688–1707 年），因此被稱元祿時代。

自幼愛好儒學的綱吉於天和三年（1683 年）頒布新的《武家諸法度》，將第一條從「弓馬之道」改成重視忠孝、禮儀的內容。1690 年又將林羅山設於上野忍岡的孔子廟、私塾移建於湯島，稱為聖堂，內設有學問所，1691 年任命林信篤（鳳岡，1644–1732 年）為大學頭，主宰朱子學等經典的講授，教育幕臣子弟，將朱子學官學化。大學頭一職由林家世襲。

綱吉厭惡違反和平、安定秩序的人，將之視為「傷風敗俗」的かぶき者（傾奇者、歌舞伎者）而加以取締。綱吉為求得男嗣，基於佛教禁殺生的思想頒布「生類憐令」，禁止殺狗、打狗，禁止被視為冬天進補的吃狗肉等行為，而被稱為「犬將軍」。迎合綱吉心理的幕臣又將生類憐令扭曲到禁殺諸多生物，而被百姓視為苛政。綱吉又頒布一連串的「服忌令」，嚴格要求喪事忌中以及穿喪服的日數。生類憐令、服忌令將殺生、死亡視為禁忌、不潔的心態，使得原來處理死掉牛馬工作的皮多、長吏被鄙視為「穢多」（不潔者），更遭人忌避。

另外，綱吉延續家綱對朝廷的和緩態度，又提供經費恢復一些朝廷儀式，如大嘗會、賀茂葵祭等。

除儒學之外，綱吉還熱心於佛教、神道、陰陽道，在任期間新建、修繕許多寺社，這些花費，疊加幕府直轄的金銀礦山產量不斷低下等原因，使幕府財政嚴重困乏。為了挽救財政，經由側用人柳澤吉保的疏通，綱吉採用勘定奉行荻原重秀（1658–1713

年）的建議，鑄造含金銀成色低下的元祿金銀小判，小判成色由原來慶長小判的 85.7% 降到 56.4%，丁銀成色由 80% 降到 64%，雖然讓幕府財政一時增加了五百萬兩，但造成小判價值低落、物價高漲。鑄造惡幣與生類憐令均被視為綱吉的惡政。

圖 42：元祿小判

　　寶永四年（1707 年）富士山爆發，火山灰遍及上下總到駿河等地，幕府為了災區復興，要求各藩國以石高一百石出金二兩的比例徵收復興金，此為「諸國高役金」，實收四十多萬兩，但用於救災的只有六萬多兩。得以向全國徵收救災金，一方面顯示綱吉強大的將軍權威，但財政不透明、遭到流用，也突顯綱吉時期幕政的腐敗。

三、正德政治

　　厲行生類憐令、大興寺社建築的綱吉，最終沒獲得麟兒而去世，以家光三男綱重（1644–1678 年）之子、甲府藩主家宣（原名綱豐）為將軍世子，繼任為六代將軍（1709–1712 年在任），家宣排斥綱吉寵信的柳澤吉保，重用從甲府帶來的間部詮房（1666–1720 年）為側用人，以儒學者新井白石（1657–1725 年）❶為顧

---

❶　白石原為浪人，後成為朱子學者木下順庵弟子，在順庵推薦下，擔任甲府藩主綱豐侍講。

問，廢除綱吉的生類憐令、禁止幕臣為謀得幕閣職位的賄賂，企圖革新政治。但家宣承繼綱吉重視忠孝、禮儀的政治，保留服忌令；持續和緩與朝廷關係，幕府獻上經費，讓朝廷在伏見、桂、有栖川三家之外，得以新設一個世襲親王的閑院宮家，使世襲親王家增至四個。

對於造成物價高漲的元祿小判，家宣政權由勘定奉行荻原重秀改鑄乾字金（寶永小判），成色恢復與慶長小判相同，但重量減半，約為慶長小判的二分之一，被揶揄為「二分小判」，民眾並不樂意使用，荻原重秀的新貨幣鑄造仍歸於失敗。荻原重秀主持鑄幣期間，甚至連提供給對馬藩購買朝鮮人蔘的丁銀成色都降低了，導致對馬藩與朝鮮的人蔘貿易出現糾紛，被新井白石視為「國恥」，最終在白石的不斷彈劾下，荻原重秀被罷免。

正德元年（1711 年）朝鮮通信使為慶賀家宣就任將軍而到訪江戶，白石認為過去朝鮮國書自稱朝鮮國王而對日本將軍稱「大君」，但在朝鮮，大君的地位低於國王，因此要求日後必須將大君改為日本國王，以符合對等鄰交關係；同時認為對待通信使的待遇過於優厚，要求改為簡單樸素一些。

家宣於 1712 年去世，繼任的是虛歲五歲的七代將軍家繼，幕政運作更加依賴間部詮房與白石。白石為了提升將軍的權威，促成將軍與皇女締婚，1715 年發布將軍與二歲皇女的婚約。另外，白石重視典禮、儀式，完善了上下身分次序的服制。

白石改鑄正德小判，將成色、重量都恢復到慶長小判。又為了減少金銀銅外流，於正德五年（1715 年）頒布海舶互市新例

（長崎新令、正德新令），發給唐船「信牌」，規定持有信牌的唐船始能至長崎貿易，每年來船數不得超過三十艘，貿易額度不得超過六千貫，買銅不得超過三千斤；蘭船每年來船數不得超過二艘，貿易額度不得超過三千貫，買銅不得超過一千五百斤。要求唐船、蘭船減少運出銅，而改以俵物❼及扇子、漆器等日本土產、工藝品填補貿易品項。由於唐船大多需要買銅以供應當時清朝的銅錢流通，並不太需要其他日本產品，因此在海舶互市新例出臺後不久，唐船到長崎貿易船數驟減，每年大約維持在十艘左右。而蘭船在長崎買銅也是為了與中國貿易之用。

　　由白石輔佐的幕政被稱為正德之治，但家繼於享保元年（1716 年）早逝，合計六、七代兩任短命將軍任期，為時不滿八年。

第五節　四次改革與雄藩興起

　　家繼去世後，德川宗家絕嗣，此時家康對於宗家絕嗣時的安排派上用場，即可從與宗家同姓德川的尾張、紀伊、水戶三親藩的「御三家」中擇選繼任者。時為紀伊藩主、三十三歲的吉宗在藩國厲行節約、挽救藩國財政，聲望頗高，於家繼病重時成為將軍後見人（監護人），家繼死後，吉宗出繼宗家成為八代將軍（1716–1745 年在任）。此後一旦將軍絕嗣，則以吉宗子孫的御三

---

❼　指裝在「俵」（以米、麥等乾燥莖稈編成的容器）中的海產等乾貨，所謂的「俵物三品」即指海蔘、鮑魚、魚翅等高級海產乾貨。

卿（田安、一橋、清水）作為德川一門中繼任宗家、將軍的有力家系。

　　隨著封建體制安穩，武士人口增多，十七世紀後半起，全國商品經濟發達，破壞了以農業年貢作為財政主體的幕藩體制，加上綱吉鋪張、散漫的財政支出，以及貴金屬礦產減少等問題，幕府財政從綱吉起一直處於困窘狀態，甚至發不出足額旗本俸祿的地步。正德之治雖然也做了一些財政節流與穩定貨幣的改革，但由於白石身分太低，僅能通過側用人間部詮房參與幕政，而由將軍親信掌政的狀態，也使譜代家臣不滿，白石等人受到其他幕臣的孤立，為期不滿八年的改革也未能起到太多成效。吉宗即位之初即面臨迫切的改革需要，此後直到幕府開國為止，期間經歷了四次改革，但針對商品經濟及貨幣流通滲透至全國的局面，以農民年貢作為財政主體的幕藩體制所能採取的改革始終無法對症下藥，改革也隨著幕藩體制衰敗與將軍權威逐漸低落而每況愈下。

一、享保改革

　　吉宗在位三十年，揭示復古家康時代的幕政改革方向，由於吉宗任期的大半均在享保年間(1716–1735 年)，故史稱享保改革。

　　綱吉以來重用側近親信，導致許多譜代家臣不滿，吉宗一方面標榜回歸家康時期以譜代大名出任老中、若年寄職位的幕閣傳統，排除間部詮房與新井白石等前代將軍親信，獲得老中、名門旗本的支持；一方面新設「御側御用取次」職位，安排紀伊的親信擔任；又以白石同門儒者室鳩巢（1658–1734 年）為顧問，改

圖 43：德川吉宗

革幕政。

　　吉宗為重建幕府財政，採取儉約令、導入「足高之制」 ⑱等
節流措施，又試圖通過開發新田、上米之制（1722–1731 年）⑲、
定免法（1722 年）⑳、「五公五民制」（1728 年，將農民上交的年
貢由原來的四公六民比例提高了一成）等措施來開源。

　　為了防止貴金屬因長崎貿易而大量流出海外，吉宗支持白石

---

⑱　依幕臣職位發給俸祿。提拔家祿低的下級武士出任高級幕閣職位時，
　　則於其在任期間補足差額、給予高級職位的俸祿，等其不在任時則恢
　　復其原本家祿。原意是節省開支之餘，也得以提拔低階有能的人才。
　　但此措施未能貫徹，往往是提拔下級武士擔任高級幕閣職位、補足相
　　應俸祿，但此後該武士即便不在其位了，也未能下調其俸祿。
⑲　諸藩貢高每一萬石，多上繳一百石的臨時年貢，則可將江戶參勤年限從
　　一年縮短為半年。幕臣認為此舉破壞幕藩體制，因此施行數年即被撤廢。
⑳　不論豐年或凶年，均徵收一定年貢，以試圖穩定幕府財政。

的海舶互市新例，認為是「永世良法」；同時為了減少對舶來商品的需求，加大以國產替代的措施，如生絲、絹織品等在十七世紀即逐步開始國產化，吉宗更獎勵栽種商品作物，如令蘭學者青木昆陽（1698–1769 年）推廣作為救荒作物的甘藷栽培，以及試種甘蔗、人蔘等作物，試圖以國產取代進口；並獎勵實學，於 1720 年緩和漢譯洋書輸入限制，與基督教無關的漢譯實學洋書得以輸入日本。吉宗本人對於西洋事務的關心，也提振了蘭學的發展。

在文教措施上，吉宗繼承綱吉、白石等將儒學作為幕政基礎的做法，許可庶民得以在湯島聖堂聽林家大學頭的教學，並刊行《六諭衍義大意》以教化庶民。

在司法法令上，寬保二年（1742 年）制定《公事方御定書》，這是由「三奉行」編纂過去的判例、習慣，以作為司法審判依據的成文化之判例集；蒐集幕府初期以來諸法令，於 1744 年編纂成《御觸書寬保集成》。

在城鎮、都市政策上，因江戶火災頻繁，除了多留防火巷、地之外，鼓勵町人多建「土藏造」（在木結構外塗上厚層白土），並在原有的「定火消」（若年寄管轄下的消防組織）外，於 1720 年增設了町火消四十七組（其後增為四十八組）。1721 年在評定所門前設置「目安箱」，蒐集庶民、浪人等意見，從這些意見中，於 1722 年採納了將小石川藥園作為收留、救治貧民的設施，此即小石川養生所。

幕府讓工商業者組成「仲間」團體，藉由仲間穩定物價的同時，工商業者亦獲得壟斷特權，問屋（大盤商）商人的商業、金

融網逐漸普及全國，出身近江、伊勢、京都從事吳服、木棉等生意的商人，也往往兼營兩替商（兌換金銀等通貨的金融業者），其中也出現了如三井家那樣在江戶、大坂、京都三都及各地城下町開店的巨商。隨著商品經濟的發達，城鎮的問屋商人除了事先將資金、原料交給農民種植商品作物或手工製作，再收取成品外，有些問屋商人也參與了生產活動，出現了問屋制家內工業。大

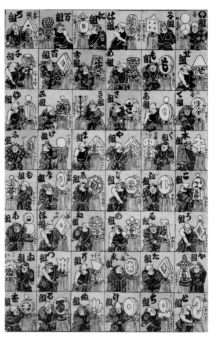

圖 44：四十八組町火消

商人也在城鎮中大量購屋，使得許多町人過著租房、在商店裡工作的生活。將農地典當後，在農村無法立足的農民也竄流城鎮，從事小販生意，或是成為在城鎮中替工商業者工作、賺取當日工資的「日用稼」，他們住在所謂「九尺二間」的狹小「長屋」中，依靠微薄工資，維持困苦生計。

　　農村政策方面，隨著商品經濟和貨幣流通滲透到農村，農村的階級也逐步分化，因種種原因經營不善而交不起年貢的貧困農民，將土地典押給村裡的豪農地主，一旦期限內無法贖回，土地流當，成為地主的土地，於是農村分化成豪農地主、本百姓（自

圖45：江戶時代的長屋

有土地的自耕農）、小作人（佃農）等階級。在封建社會中，農民只能是農民，失去土地，不是當佃農就是流竄到城鎮過著沒有戶籍的「日用稼」。1721年幕府頒布「流地禁止令」，意欲防止農民典押土地後無法於期限內贖回、導致流當而失去土地的情況，農民將此法令視為「德政令」（得以無償取回典當地），而引發部分農民要求地主歸還自己土地的「質地騷動」，幕府又於1723年廢除了流地禁止令。享保改革提高農民上繳的年貢成數後，交不起年貢的農民增多，圍繞流地、小作料（佃租）、年貢、勞役分配等糾紛，豪農、本百姓、小作人之間的對立、衝突頻發，史稱「村方騷動」。某些村莊在村方騷動後，世襲村役人❷的家系被其他受小農支持的家系取代，甚至有些村莊出現了以選舉方式產生村役

人的情形。

　　百姓承擔年貢及各種勞役，負擔本重，若幕府或藩主加增年貢或其他勞役而損害他們的生計或生產活動時，他們往往以村為單位，發起抗爭，此即「百姓一揆」，在江戶時代至少爆發三千次以上。百姓一揆的型態有村裡派出代表向領主申訴的，也有串聯多村的「惣百姓一揆」，還有遍及全藩村莊的「全藩一揆」，更有因貧困而搶劫米問屋或要求地主歸還土地、大商赦免債務或典當品等的「世直一揆」（祈求改朝換代，從困苦中解放、迎來新世代願望的一揆），表現的形式往往是打毀、搶劫大商、豪農財產的暴動。1733 年的大荒年導致遍及全國的享保饑饉，米價高漲，當時囤積居奇的高間傳兵衛米問屋就遭到百姓一揆的打毀、搶劫。

　　幕府或藩主對於百姓一揆，有時會答應一揆的部分要求，更多時候是採取武力鎮壓。但因經常發生荒年、饑饉，百姓一揆的次數還是不斷增加。

　　享保饑饉，以及除荒年之外米價長期低迷的現象侵蝕了享保改革的效果。

二、田沼時代

　　田沼意次（1720–1788 年）受到九代將軍家重（1745–1760 年在任）與十代將軍家治（1760–1786 年在任）的重用，一路從家

㉑　負責上繳全村年貢、分配勞役、維持農村秩序的村幹事，一般是豪農地主擔任。

圖 46：田沼意次

重小姓晉升為御用取次、參與評定所審議的大名，在家治時代又身兼側用人與幕閣老中的職位，其掌握幕政實權的時代，被稱為田沼時代。

享保改革帶給幕府短暫的安定過後，由於米價下跌，幕府財政依舊艱難，商品經濟破壞幕藩體制、幕閣賄賂橫行等問題也持續存在。意次為了增加幕府財源，首先把開源的目標放在各地逐漸發達的特產商品上，為了掌握特產品的生產與流通，擴大承認城鎮、農村商人和手工業者的株仲間組織，承認其特權的同時，對其徵收「運上」、「冥加」等通過稅及加徵稅；設立銅座、人蔘座等店鋪，實施專賣制度。其次是活用大坂等地大商人資金，促進印旛沼、手賀沼等地的新田開發，以增加年貢；甚至兩次派遣最上內德（1755–1836 年）等人的蝦夷調查隊，去考察與愛奴或俄羅斯交易，以及新田或礦山開發等的可能性❷❷。另外，幕府在大坂設立貸金會所，低利放貸給大名，

❷❷ 意次派遣蝦夷調查隊，是受到仙台藩醫工藤平助（1734–1800 年）於1783 年向幕府獻上其所著書《赤蝦夷風說考》的影響，書中提及俄羅斯人沿千島群島南下至蝦夷地（今北海道），試圖與松前藩交涉通商，並建議幕府警戒北方，開放與俄羅斯通商，以及開發蝦夷地。

雖是為了救濟貧困大名，但也是幕府開源的一個方式，不過隨後遭到町人、百姓的反對而不得不撤廢；鑄造無須秤重的「南鐐貳株銀」，方便貨幣流通；又緩和白石的長崎新令，鼓勵俵物輸出，以擴大長崎貿易。由上可知，主要開源的手段都在商品流通、擴大貿易與新田開拓上，而其前後的幕府改革幾乎都試圖回歸家康創設的以農業年貢為財政主軸的體制，故相對而言，田沼時代的改革策略被後世史家稱為「重商主義」。

意次掌權的時代，幕府役人之間賄賂、任用私人等腐敗情形橫行；在貨幣經濟影響農村秩序的情況下，幕府增加財政收入的政策，又將負擔轉嫁給商人和百姓，於是遭致許多批評。天明三年（1783 年）淺間山噴火，火山灰殃及周邊許多藩國、關東與江戶又遭逢大洪災，造成民不聊生的天明大饑饉，全國各地百姓一揆頻發。

在天災人禍與各種批評之中，意次擔任若年寄的兒子意知（1749–1784 年）遭暗殺死亡，於 1786 年家治死亡前後，意次黯然辭去老中職位，其推動的改革也幾乎都半途而廢。

三、寬政改革

田沼意次下臺後，田沼派與試圖讓白河藩主松平定信（1758–1829 年）成為老中（1787–1793 年在任）的以一橋治濟（1751–1827 年）❷❸為首的御三卿、御三家之間反覆鬥爭，甚至連將軍家

---

❷❸　一橋治濟為十一代將軍家齊生父。家治兒子均夭折，1781 年以家齊為嗣養子。

治的發喪都延期。天明七年（1787 年）5 月，以江戶、大坂為首的許多城鎮遭遇「天明の打ちこわし」（天明打毀一揆），江戶一連五天米問屋等店鋪遭到打毀、搶劫，帶給幕府強大衝擊，促成幕閣政變，田沼派倒臺。6 月定信就任首席老中後，開始推動改革，翌年定信又擔任十五歲即位的十一代將軍家齊（1773–1841 年，1787–1837 年在任）的輔佐。

　　百姓打毀一揆催生了定信政權，定信出身田安家，為吉宗之孫，後過繼給白河藩主松平定邦（1728–1790 年），定信在白河藩主任內即遭逢火山噴發後的天明大饑饉，他率先節儉自律，輸入糧食，又採取備荒儲糧、殖產興業等方式，度過天災。定信掌政的幕府隨即展開對意次及田沼派的清算，田沼家兩番遭到減封、移封等懲處，而意次任內的政策被視為惡政遭到推翻。定信於老中任內推動的改革大多落於寬政年間（1789–1801 年），故被稱為寬政改革，標榜以八代將軍吉宗的享保改革為理想，相對田沼時代重視從工商領域增加財政收入的政策，寬政改革被後世史家視為是「農本（重農）主義」。寬政改革首先面對的是連年荒年造成年貢不足、以及因救荒導致財政破產的問題，定信要求大名、武士、百姓都要厲行儉約，還減少朝廷經費，將大奧用度減成三分之二。在饑饉對策上，採取「圍米」策略，要求各大名在五年內以一萬石留出五十石的比例儲米於領地內，各地由政府設置常平倉，居民則各自按比例儲米於社倉，豪農富戶捐米儲於義倉。在江戶，創設「七分積金」，以「町入用」的平均年度結餘款的七成作為救荒基金，設置江戶町會所，儲米及金錢，以備災荒、疾疫

之時救濟貧民之用，並藉此防範百姓的打毀一揆。

　　為了救濟貧困、居無定所甚至無法帶刀的旗本、御家人，幕府頒布「棄捐令」，要求債權人札差❷免去旗本、御家人 1784 年以前的債務本金與利息，1785 年以後的債務也僅能收取年利 6% 的低利利息。但此舉未能挽救下級武士的貧困，又造成金融紊亂，許多札差破產，無法再提供貧困武士借貸。

圖 47：天明大饑饉

　　定信政權抑制商業發展，禁止百姓從事商品作物生產，獎勵糧食生產；並貸款提供荒地開發與灌溉建設；加強身分統治，頒布「舊里歸農令」，由幕府出旅費讓因饑荒流入江戶的農民返回農村，以增加農家勞動力；江戶的流浪人口若無法查明身分交給領

❷　代理領取武士俸祿米並將之換成現金的町人，他們以代領的米作為擔保，經營高利貸。武士俸祿不敷使用，往往向札差預支現金，欠下債務。

主、又無犯罪前科者，則收容於「人足寄場」（浮浪人收容所），訓練一技之長，使之得以謀生。

在思想方面，採取思想統制，以朱子學為正統，頒布「寬政異學之禁」，禁止湯島聖堂講授、研究朱子學以外（如古學、陽明學等）的學問，將聖堂的學問所改為「昌平坂學問所」，並設「學問吟味」的選拔人才制度，拔擢朱子學人才。又頒布「出版統制令」，取締認為有礙風俗的草双紙❷⑤、打壓草双紙作者及出版商，取締批判幕府政治的諷刺著作，如認為林子平（1738–1793 年）的《三國通覽圖說》、《海國兵談》提到外國可能侵略日本、幕府應該充實軍備與加強海防的言論是奇怪異說、蠱惑人心，而沒收其印書字版與著作，並對林子平以處士身分擅議幕政的行為，處以禁錮之刑。

在對外政策上，定信雖然認為日後遲早要許可俄國通商的請求，但當下仍堅持家康以來禁教、海禁政策的祖法，拒絕俄國通商要求。

1789 年朝廷向幕府通報，光格天皇（1780–1817 年在位）希望贈給生父閑院宮典仁親王太上天皇尊號，定信認為向未擔任過天皇者贈給太上天皇尊號不合道理，因而反對。1791 年朝廷向參議以上朝官徵求可否給典仁親王太上天皇尊號的意見，得到壓倒性

---

❷⑤　江戶時代的小說形式之一，帶有插畫、用假名書寫的通俗小說，表紙有赤、黑、青、黃等色，依其內容分成洒落本（在遊所等妓館的小說）、滑稽本、人情本（戀愛小說）等各種類型。

贊同，翌年又向幕府要求同意給予典仁親王尊號。定信拒絕朝廷要求，並於 1793 年宣武家傳奏等人至江戶，追究其責任，處罰相關公家。此事件史稱「尊號一件」，造成幕府與朝廷關係惡劣。定信闡明「大政委任論」，認為幕府初期制定了《禁中並公家諸法度》，朝廷已將大政委任給幕府，幕府有權拒絕朝廷要求並處罰相關公家。

「尊號一件」的同時，定信也因反對將軍家齊要迎立生父一橋治濟為大御所之事（「大御所一件」）而與家齊對立，最終不得不於 1793 年辭去老中職位，回歸白河藩政，結束了六年多的寬政改革。「尊號一件」與「大御所一件」雖是定信離職的導火線，但基本原因在於朝廷、將軍、大名及百姓都受不了過度的儉約與管制生活，當時有諷刺詩曰：「白河の、清きに魚もすみかねて、元のにごりの、田沼こいしき（白河之清則魚難棲，思原本濁泥之田沼）」，即可見士庶對其之不滿。

與寬政改革同時，一些有為藩主也致力於藩政改革，除力行儉約財政外，開發荒地、振興農村特產物生產，並採專賣制以增加財政收入，如松江藩主松平治鄉（1751-1818 年）獎勵人蔘、陶器、紙、蠟等特產品生產。而為改革藩政也必須培養相應的人才，許多有為藩主紛紛設置藩校，如熊本藩主細川重賢（1720-1785 年）的時習館、米澤藩主上杉治憲（1751-1822 年）的興讓館、秋田藩主佐竹義和（1775-1815 年）的明德館等等。

定信離任後，一橋治濟雖未成為大御所，但居於江戶城的西之丸，收取諸多賄賂，在幕閣中安插私人，生活豪奢，敗壞風氣。

治濟 1827 年去世，家齊親政，但與其父一樣豪奢、收取賄賂、任用私人，幕政腐敗。家齊擁有側室四十人、子女五十五人，大奧的豪奢達到極點，幕府財政困窘。天保年間（1830-1844 年）發生大饑饉❷⓺，幕府無力救濟，百姓打毀一揆頻發，為江戶幕府百姓一揆的高峰期。1837 年爆發大鹽之亂，當時大鹽平八郎（1793-1837 年）❷⓻不忍大坂百姓餓死，屢次要求町奉行救濟災民，町奉行卻因幕府命令而將大量藏米回送江戶，進一步導致豪商囤積居奇，大鹽遂決議起兵，他先賣掉藏書，買米賑濟窮人，又召集弟子與附近農民起義，使用大砲，於大坂四處放火、搶劫豪商的米穀與金錢。後來由町奉行率兵平亂，此亂事造成大坂上萬間房屋燒毀。曾為幕臣的大鹽公然反叛，強烈打擊了幕府威信。

家齊於 1837 年讓位給兒子十二代將軍家慶（1837-1853 年在任），自己成為大御所，仍然大權在握，而介於寬政改革與天保改革之間的家齊掌政時代又被稱為大御所時代。大御所時代的豪奢、華美嗜好，雖然形成一些文化風格，但對處於封建農業社會的日本帶來的後果是財政惡化、幕政腐敗、民不聊生。大御所時代可說是對儉約、保守、克制的寬政改革之反動。

---

❷⓺ 以 1833、1835-1836 年的大凶年為頂點，前後長達七年的寒害導致荒年，百姓處於餓死、疾疫、流亡的慘況之中。

❷⓻ 陽明學者，設有家塾，曾任大坂町奉行所「與力」（奉行下屬）。

四、天保改革

天保十二年（1841年）家齊去世，老中水野忠邦（1841–1843年在任）得到將軍家慶的信任，忠邦作為首席老中推動幕政改革，將回復「享保寬政御政治」作為改革方針，頒布嚴格的儉約令、風俗統制令以及「人返令」（與舊里歸農令相仿）。

1840年，川越藩藩主松平齊典（1797–1850年，以家齊第二十四男為養子）希望換領地到更富足的庄內藩，在家齊同意下，當年11月幕府要求川越藩、庄內藩、長岡藩「三方領知替」（三藩互換領地），這原本是江戶時代常有的領地移封現象，但該三藩領民均不同意更換領主，庄內藩領民反對運動尤為激烈，翌年1月家齊去世，7月將軍家慶以「天意人望」為由撤回轉封命令，這是幕府轉封命令首次無法執行，象徵幕府權威的衰弱。

揭示「享保寬政御政治」目標的忠邦，認為物價騰貴的原因在於江戶十組問屋商人的壟斷，於是下令解散株仲間。但忠邦下臺後株仲間又恢復，顯示在商業資本之前，幕府無法貫徹政策。

1843年，忠邦頒布「上知令」，要求江戶、大坂周邊的親藩、譜代大名移封至較貧瘠的地方，而將江戶、大坂周邊肥沃的領地全改為天領，以改善幕府財政，但受到大名們強烈反對而未能實施，忠邦也因之下臺。此事突顯幕府衰微到甚至無力命令親藩、譜代大名。一些學者認為未竟的上知令的出臺，或許也存在幕府為了應對鴉片戰爭以來東亞局勢變化而試圖強化控制江戶、大坂的理由。

定信的寬政改革已因過於嚴厲而不得人心，在幕府財政更加困窘、權威更加衰微的時刻，還要厲行定信式的改革，自然更快失敗，忠邦掌政不到三年就遭遇諸多挫敗而不得不下臺。

五、雄藩興起與幕末社會文化

家慶隨後起用年僅二十六歲的阿部正弘為首席老中　（1843–1855 年在任），正弘鑑於忠邦的失敗，對有力諸藩採取柔軟姿態，在內外交迫的局勢下，打開言路，向大名、旗本諮詢幕政，埋下雄藩議政以及日後聯合對抗幕府的契機。

此時農村荒廢、商品生產與貨幣經濟滲透各地，以年貢作為財政基礎的幕藩體制已走到窮途末路，問屋制家內工業、工場制手工業蓬勃發展，某些學者將之視為資本主義的雛形。有為藩主為了挽救財政困窘，紛紛實施藩營專賣制、獎勵藩營工業，並破格拔擢有才能的下級武士進行改革。 如薩摩藩起用調所廣鄉（1776–1848 年）為家老（家宰），於 1827 年將向三都商人借來五百萬兩，以分二百五十年無利償還（實質上等同擱置還錢）的方式，整理負債；強化對奄美三島特產黑砂糖的專賣制度；並在松前藩將俵物運往長崎的途中，向其私買由幕府壟斷的俵物，再通過琉球轉賣到中國，以此重建財政。至藩主島津齊彬（1809–1858 年）時，積極採取殖產興業，並為應對開國的局勢，於 1856 年建反射爐、製造鐵砲，建設集成館用以造船及製造玻璃；藩主島津忠義（1840–1897 年）延請英國人技師，建設了鹿兒島紡績工場，是日本最早的洋式紡績工場，又通過長崎的英商買進西洋

武器，以強化軍力。萩（長州）藩則起用村田清風（1783–1855年）等下級武士，於 1840 年在下關設「越荷方」（經營貨物倉儲、買賣、放貸的機構），以此增加財源來購買洋式武器。像薩長兩藩這樣起用中下級武士主掌藩政、粗暴整理負債、殖產興業、積累財富以強化軍力的藩國被稱為雄藩，有影響幕末政局的實力。

江戶時代後期主要的社會文化特色如下：文化重心從上方（京都）轉移到江戶；在由商人架構的全國商品流通網下，人與物均得以廣泛交流，使得町人文化邁向高峰；三都與地方、城鎮與農村也因文化而聯結起來；出版、教育普及，識字階層增加；寺社參詣盛行。

實證研究影響知識分子直視幕藩體制衰敗的現實，產生批判性的思想。在古典研究上，元祿時期多集中於《萬葉集》等研究，此時則轉向《古事記》、《日本書紀》等歷史書研究，試圖在古典研究中找尋日本固有精神、古道的樣貌，如荷田春滿（1669–1736 年）著有《創學校啟》，主張建設國學學校；春滿弟子賀茂真淵（1697–1769 年）著有《萬葉考》、《國意考》等著作，奠下「國學」發展的基礎；真淵弟子本居宣長（1730–1801 年）為國學集大成者，著有《古事記傳》、《源氏物語玉の小櫛》等書，其中《源氏物語玉の小櫛》是注釋《源氏物語》的文學論著作，認為《源氏物語》的本質是儒教、佛教不能規範的「もののあはれ」（物哀），是表達發自靈魂深處對自然與人事感動的文藝美學。

而受吉宗弛禁漢譯洋書輸入限制以及實用主義的影響，蘭學也在實用學術如醫學、科學等方面有所發展。蘭方醫（荷蘭式醫、

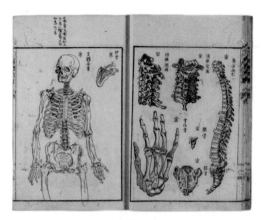

圖 48：解體新書

西醫）前野良澤（1723–1803 年）、杉田玄白（1733–1817 年）等
人翻譯蘭學的醫學解剖書，於 1774 年完成《解體新書》；蘭方醫
大槻玄澤（1757–1827 年）在江戶開設「芝蘭堂」的蘭學塾，著
有《蘭學階梯》的蘭學入門書，作育許多蘭學者；玄澤弟子稻村
三伯（1758–1811 年）、宇田川玄隨（1755–1797 年）等人於 1798
年編成蘭和辭典《ハルマ和解》；志筑忠雄著有《曆象新書》，介
紹了牛頓萬有引力與哥白尼地動說。幕府還讓學天文與測量的伊
能忠敬（1745–1818 年）用地上實測與天體觀測來測量日本沿岸
及經緯度，繪製了精確度頗高的地圖，於 1821 年由其弟子編成
《大日本沿海輿地全圖》。

　　另外，在社會、政治思想方面，青森八戶的醫生安藤昌益
（1707?–1762 年）著有《自然真營道》，以自耕而生的「自然世」
為理想，否定武士收奪百姓年貢的「法世」，是從根本批判封建制

度的著作；海保青陵（1755–1817 年）的《稽古談》主張在商品
經濟下應積極實行藩營專賣等政策，若僅採取消極的儉約政策，
則無法重建藩國財政；本多利明（1743–1820 年）的《西域物
語》、《經世祕策》等書提倡蝦夷地開發、與西洋各國貿易的富國
策略；佐藤信淵（1769–1850 年）的《農政本論》、《經濟要錄》
主張振興產業、國家統制物流、前進海外。

　　十八世紀中葉後出現尊王論的思想。因《大日本史》編纂事
業而興起的水戶學，以朱子學為主軸，綜合國學與神道思想，從
朱子學名分論的立場主張尊崇天皇與維護封建秩序；後期水戶學
代表如藤田幽谷（1774–1826 年）也主張尊王對於維持幕府權威
的重要性。幽谷弟子會澤安（1782–1863 年）於 1825 年著成《新
論》，通過歷史，主張日本國體的優越性，為了應對外來危機、維
持國家獨立，構想了以天皇為中心的政治、宗教體制。此書成為
尊王攘夷理論的先驅，流傳於幕末尊王攘夷志士之間。

　　另外，國學者本居宣長（1730–1801 年）也從復古的角度提
倡尊王，主張將軍因天皇委任而承擔政權，因此依從將軍的政治
即是尊王。賴山陽（1780–1832 年）所著《日本外史》以大義名
分論的觀點主張重視皇室存續與天皇權威的尊王思想，其文風及
論點受到幕末下級武士的喜愛，成為暢銷書，影響了幕末的尊王
運動。宣長及水戶學、《日本外史》的主張均肯定幕府政治，未否
定德川將軍統治日本的意義。

　　平田篤胤（1776–1843 年）私淑宣長思想，提倡復古神道，
其本人為復古神道集大成者，激烈地主張排除外來哲學，連儒教、

佛教都要排斥。其主張成為幕末尊王攘夷思想的支柱之一，獲得
豪農、神職人員認同，影響了幕末的尊王攘夷運動。

在學校方面除了幕府的昌平坂學問所（昌平黌）與各藩國的
藩學（藩校）外，民間也存在許多由武士、學者、町人所開設的
私塾，如前述大鹽平八郎的家塾、大槻玄澤的「芝蘭堂」等等。
而作為庶民基礎教育的寺子屋❷，從十九世紀初起因町人階級在
文化和商業的發展、商品經濟向從農村滲透而迅速普及。寺子屋
由浪人、村役人或神職、僧侶、富裕町人等設立，以浪人、僧侶、
醫生等作為教師，召集六～十三歲小孩學習讀、寫、算盤等日常
生活必須的教育，也教一些簡單的儒家思想、日常道德。

美術方面，由於木板印刷以及「錦繪」（多色彩繪）畫板技術
的普及，庶民喜愛的描繪社會風俗的浮世繪大為流行，天保年間
興起錦繪風景板畫，葛飾北齋（1760–1849 年）的「富嶽三十六
景」以及歌川廣重（1797–1858 年）的「東海道五十三次」，因與當
時民眾對於旅行的興趣相結合而大受好評。西洋畫在南蠻人傳入
之後，因海禁影響而中斷，但在蘭學發達後，西洋畫的技法與材
料也通過長崎再度傳入，除油畫之外，日本人也開始創作銅版畫。

庶民生活的娛樂包含觀賞歌舞伎、講談、落語、曲藝等，另
外，由於江戶時代五街道等幹道的交通網絡完善，到野外泡溫泉

---

❷ 日本從中世起僧侶也從事庶民教育，小孩進寺院讀書稱為「寺子」。到
了近世，庶民孩童雖在世俗巷間的私塾接受教育，但仍被稱為寺子，
因此教育孩童的地方被稱為寺子屋。

圖 49：葛飾北齋「富嶽三十六景・凱風快晴」

圖 50：歌川廣重「伊勢參宮・宮川の渡し」（伊勢參宮、渡宮川）

療養，以及參拜伊勢神宮等寺社的活動也相當盛行。

　　江戶時代約六十年週期就爆發大規模的御蔭參り （庇蔭參拜），因伊勢神宮遷宮而降下神札等契機，百姓競相前往參拜，1830 年甚至多達五百萬人去了伊勢神宮。在世襲、世業的封建社會中，寺社參拜是少數能擺脫日常生活束縛與種種身分限制的機會，甚至有許多妻子、少年不告知丈夫、家長，或是臣下未得領主許可而擅自去寺社參拜的，只要回來時帶著神札，家長、主上也無法怪罪。參拜伊勢神宮的沿途，會有富戶提供徒步參拜者吃食，因此平民百姓也能輕易前往參拜。

Japan

第 IV 篇

近 代

第十章 | *Chapter 10*

幕末與開國

　　所謂幕末，學界一般指從天保改革（1841–1843 年）、或因黑船而開國的 1854 年開始，直到幕府將大政奉還給天皇而釀成薩長兩藩政變，於 1868 年爆發戊辰戰爭的時期。這段期間幕府為了應對內憂外患，而有種種變革，但始終無法擺脫幕藩封建體制的制約，又因開國引進國際因素而助長危機加劇，最終迎向敗亡。幕府滅亡後，明治政府一步步廢棄封建制度，邁向西方近代化的道路。

第一節　黑船來航與開國改革

一、黑船與開國

　　十八世紀後半，在英國開始了以棉絲紡織業為中心的工業革命，利用蒸汽動力的機器，使得工業生產力大幅提高，隨後工業革命的發展擴及歐洲各國與美洲大陸，為了確保市場和原料，以英國為首的歐美列強來到亞洲，一些亞洲國家淪為其殖民地。西

方國家絡繹前來亞洲的這段時間，俄國船數次以送還日本漂流民的名義來航日本，英國及美國船隻也曾來航，並要求通商，幕府均以祖制海禁的理由，加以拒絕。

幕府藉由蘭船、唐船，及時得到鴉片戰爭（1840–1842 年）的消息，對於中國敗給過去的紅毛人英國，感到十分震撼。1842 年蘭船帶來英國可能前來日本要求締結通商條約的情報，幕府擔心原來的「異國船打拂令」（趕走外國靠岸船隻的法令）會引發衝突，於是改弦更張，頒布「薪水給與令」，對於靠岸的外國船隻給予柴薪、飲用水的補給後，讓靠岸船隻離去，不許通商。同時要求親藩的川越藩、忍藩做軍事警備，並發出「上知令」企圖強化對於江戶、大坂的控制。

1844 年荷蘭國王給幕府國書，勸告幕府以鴉片戰爭為鑑，應該開國，幕府仍以祖制海禁為由，加以拒絕。1846 年美國東印度艦隊司令詹姆斯・比德爾（James Biddle, 1783–1848 年）來到神奈川的浦賀，欲以日本作為往來太平洋船隻和捕鯨船的停靠港，要求日本開國，並建立外交關係、進行通商，幕府仍舊拒絕。

1853 年 7 月東印度艦隊司令培理 （Matthew Calbraith Perry, 1794–1858 年） 帶著密西西比號 (USS Mississippi) 等船身塗著瀝青防鏽的四艘軍艦（黑船）、帶了漢文、荷蘭語翻譯員來航浦賀，要求日本接收總統國書，以談判建交、通商等事，幕府原以除了朝鮮、琉球外不接受其他國家國書為由而拒絕接受美國總統國書，但在培理的強硬態度下，只能在海岸搭建臨時的應接所，由「應接掛」（接待官）浦賀奉行接收國書。不過幕府以將軍家慶病重不

圖 51：黑船來航

能決斷大事為由，要求翌年再回覆，培理於是同意翌年再來，遂率艦前往香港停泊。

　　培理離開日本後十天左右，家慶病死，但繼任的第十三代將軍家定（1853–1858 年）身體孱弱，無法決斷大事，首席老中阿部正弘等幕閣要員依舊處在開國與否的煎熬之中。

　　得知培理到過日本後，8 月俄國海軍中將普提雅廷（Putyatin, 1803–1883 年）率四艘軍艦、帶著蘭語和漢文通譯官來到長崎，要求開國與劃定北方國境，讓長崎奉行接收了國書。普提雅廷在等待江戶回覆的期間，聽到英國加入克里米亞戰爭的情報，擔心在歐洲的戰事，於是不等江戶派全權前來，就於 11 月先率領俄國艦隊離開長崎，前往上海打聽消息，約定不久後再回長崎。12 月普提雅廷回到長崎，幕府派了勘定奉行川路聖謨（1801–1868 年）

等人作為「露西亞應接掛」在長崎與之交涉。雙方約定日後日本與他國締約時，俄國也得與日本締結相等待遇的條約。

培理聽聞俄國軍艦去過長崎後，於安政元年（1854年）初，提早了半年來航浦賀，登陸進到幕府臨時搭建的接待場所。見幕府遲遲不肯締約，培理以威脅姿態前進到能「於指顧之間望見江戶市街」的神奈川橫濱村，幕府只得在橫濱臨時搭建以布幕包圍的應接所，由林大學頭煒（1800–1859年）等人作為應接掛❶，帶著全權委任狀與之交涉。3月《日米和親條約》❷（《神奈川條約》）締結，幕府同意開放下田和箱館通商，日本正式開國。7月，培理途經琉球，也順道締結了《琉米修好條約》。

隨後日本依序又簽訂了《日英和親條約》、《日露和親條約》、《日蘭和親條約》。

二、安政改革

黑船來航時，首席老中阿部正弘向朝廷報告黑船及美國總統國書等事，並破例向大名及幕臣徵求回覆國書的意見，試圖以與朝廷、大名合作的方式來應對難關。正弘讓前水戶藩主德川齊昭（1800–1860年）參與幕政，並得到薩摩藩主島津齊彬（1809–1858年）、宇和島藩主伊達宗城（1818–1892年）等開明藩主的

---

❶ 由林家世襲的大學頭，是講授幕府官學朱子學的權威，同時也負責起草政令、外交文書，以及使節接待事宜。江戶時期日本的外交文書以及接待外國使節的正式語言，都是漢文。

❷ 和親意即和平、親睦，和親條約即友好親善條約。

協助，拔擢永井尚志（1816–1891 年，目付，駐長崎時參與《日英和親條約》交涉）、岩瀨忠震（1818–1861 年，目付，參與《日露和親條約》交涉）、川路聖謨等曾與外國交涉的幕臣以應對變局。幕府同時加緊充實國防，在江戶灣建築台場（砲臺）；解除《武家諸法度》中規定的大船建造之禁；並在長崎設立海軍傳習所，以學習洋式軍艦之操作；又在江戶設立蕃書調所、講武所，前者為翻譯以軍事為中心的洋書及洋學教育機構，後者用以從事幕臣及其子弟的軍事教育。上述變革，史稱安政改革。

　　1856 年美國首任駐日領事哈里斯（Townsend Harris, 1804–1878 年）來到下田，要求締結通商條約。先前幕府與美國簽訂和親條約本屬被黑船砲艦外交所迫，若簽署通商條約則意謂美國商人會常態出現於日本條約港，這並非海禁已久的幕府所樂見，於是不斷拖延通商條約交涉。哈里斯認為與下田奉行交涉純屬緣木求魚，遂要求謁見將軍以尋求締約。翌年，幕府允許其進入江戶，居於配置好西式傢俱的蕃書調所，並得謁見將軍，與老中等幕臣交涉締約事宜。當時日本國內圍繞開國通商與否，兩派意見激烈對立，時任首席老中的堀田正睦（1810–1864 年）決定上京說服朝廷，以獲得敕許的方式平息紛爭後，再簽訂通商條約。結果朝廷海禁、攘夷氣氛高漲，以孝明天皇（1846–1866 年在位）為首均反對簽約，幕府沒有得到敕許。1858 年英法聯軍對中國發起第二次鴉片戰爭，哈里斯利用英法軍事行動威脅日本簽約，就任大老的井伊直弼（1815–1860 年）在沒有獲得敕許的情況下，簽了《日米修好通商條約》。反對派認為這是違敕，更加激烈批評幕府。

　　幕府隨後又分別與荷蘭、俄國、英國、法國簽訂同樣的通商條約，史稱「安政五國條約」。這些有約國得以在日本開放的下田（不適合停泊歐美大船，橫濱開港後六個月關閉）、箱館、長崎、橫濱等港口貿易。「安政五國條約」締結的同時，幕府廢除了海防掛官職，改設由老中直接統轄的外國奉行，選拔了阿部正弘先前提拔、曾與外國使節交涉過的永井尚志、岩瀨忠震等人擔任奉行。

　　萬延元年（1860 年）1 月幕府派遣外國奉行新見正興（1822–1869 年）作為首席全權前往美國交換條約批准書，當時勝義邦（海舟，1823–1899 年）等人駕駛幕府由荷蘭訂購的蒸汽軍艦咸臨丸隨行，跟著美國艦隊，成功橫越太平洋。此「萬延元年遣米使節團」是江戶幕府首次遣使出訪。新見正興一行於當年 9 月經由南非回到日本，適逢攘夷風潮正熾，無法發揮出訪的政治效益。

三、開港及其影響

　　1859 年起，在橫濱、長崎、箱館等開港場（條約開港港口）上開始對外貿易，英國人占了外商中的八成左右，具有壓倒性優勢，外商在港口的居留地與日本的売込商（出口商）、取引商（進口商）以銀貨進行貿易。當時日本的輸出品以生絲為大宗，占比 80%，其次是茶、蠶卵紙、海產等半成品或食用品；輸入品則以毛織物、綿織物等纖維工業製品為大宗，占比 70% 以上，其次是鐵砲、船艦等軍需品。紡織工業製品的進口，嚴重壓迫了日本農村的手工棉織物業，且當時日本生產力不足以供應外銷，一旦物資外流則物價飛漲。

　　在開國之前已經出現一些產地上的在鄉商人及迴船運輸業者不通過三都的問屋，直接從產地把貨物送到各地的貿易夥伴手裡的現象，開港後在鄉商人也直接將貨物送往開港場，進一步加速問屋的衰落，幕府向來藉由特權流通機構控制物價的機制崩潰，導致商品過度輸出，物價飛漲。開港翌年的 1860 年，幕府頒布《五品江戶迴送令》，要求雜穀、水油、蠟、吳服、生絲五品禁止直接送往橫濱，必須先送經江戶問屋才能出口。但此命令遭到在鄉商人抵抗，有約的列強也抗議此舉違反條約規定的自由貿易，因此無法發揮效果。另外，此時在金銀比價上，日本是 1:5，外國是 1:15，因此外商用便宜銀貨大量換走金貨，賺取暴利。幕府鑄造萬延小判，降低含金量以因應金貨大量外流，但因貨幣價值不足，反而更加促進物價飛漲。

　　下級武士、庶民原來就生活困苦，此時更是難以維生，他們將物價高漲歸咎於開港，對貿易及開放通商的幕府產生反感，成為攘夷運動的契機。開港後翌年就陸續發生襲擊外國人事件，如 1860 年，曾任哈里斯翻譯的荷蘭人通譯在江戶三田被薩摩藩浪士斬殺；1861 年，作為英國臨時領事館的東禪寺發生英國人館員被水戶脫藩武士襲擊而受傷的事件；1862 年 8 月，在神奈川宿場（驛站）附近的生麥村，發生因英國人騎馬橫穿過島津久光（1817–1887 年，薩摩藩主忠義之父）行列而被薩摩藩藩士斬殺之事，翌年又因此生麥事件爆發了薩英戰爭。1862 年 10 月朝廷敕使三條實美（1837–1891 年）等人來到江戶，傳達朝廷要求幕府攘夷的敕旨。12 月，高山晉作（1839–1867 年）等長州藩士認為薩摩藩已經

在生麥殺夷人，長州藩也必須有攘夷之舉，因此攻擊、燒毀位於品川、正在建設中的英國公使館，導致建築完全焚毀，英國首任駐日公使阿禮國（Sir John Rutherford Alcock, 1809–1897 年，1859–1865 年在任）認為江戶政局不穩而改將公使館移至橫濱營建。

幕府因擔憂物價飛漲及攘夷運動激化，1862 年派遣使節與英國締結《倫敦覺書（備忘錄）》，延期安政五國條約中關於江戶、大坂開市及兵庫、新潟開港的日期。

在攘夷運動如火如荼之際，已經開國的幕府雖然尚未解除嚴禁基督教與日本人出洋的禁令，但為了理解歐洲及世界大勢的發展，通過向來與荷蘭在長崎通商的關係及蘭學的基礎，於 1862 年派遣幕臣榎本武揚（1836–1908 年）、洋書調所（原蕃書調所）教官西周（1829–1897 年）、津田真道（1829–1903 年）至荷蘭留學。隨後幕府很快知道當時歐洲最富強的國家是英國，於是 1866 年派遣中村正直（1832–1891 年）至英國，學習歐洲政治、法制、經濟等學問。此後日本學習蘭語、蘭學的知識分子也都改學英文。

一些雄藩也違背幕府不許出洋的禁令，私自派遣留學生到英國去，如長州藩於 1863 年派遣井上馨（1835–1915 年）、伊藤博文（1841–1909 年）等五名藩士前往英國留學。不過，井上與伊藤兩人滯英幾個月後，聽到英、法、荷、美四國要砲打長州的消息，隨即返回日本。

薩摩藩在 1865 年私自派遣五代友厚（1835–1885 年）、寺島宗則（1832–1893 年）、森有禮（1847–1889 年）等十九名藩士前往英國留學。

1866 年幕府才緩和禁止日本人出洋的禁令，允許學術與商業目的的出國。

此外，由於外國人傳教士和記者等來到橫濱等開港場，也將歐美政治、文化、生活方式介紹給日本人。1862 年，英國駐日公使阿禮國將其蒐集的日本美術工藝品送到倫敦，參加世界產業博覽會；幕府也於 1867 年將葛飾北齋的浮世繪以及陶瓷器等物品送去參加巴黎萬國博覽會。在持續交流之下，此後日本漸漸不再攘夷，而走上模仿西方近代化的道路。

第二節　公武合體與尊攘運動

由於十三代將軍家定身體屢弱、無子嗣，其後繼問題引發雄藩與幕閣之間的對立。雄藩如越前藩主松平慶永（1828–1890年）、薩摩藩主島津齊彬、土佐藩主山內豐信（1827–1872 年）等人均支持德川齊昭之子、過繼到一橋家的慶喜（1837–1913 年）繼任將軍；但譜代大名則推舉血統與家定更接近的紀伊藩主慶福（家茂，1846–1866 年，1858–1866 年在職）。支持慶喜的被稱為一橋派，他們希望增加對幕政的參與，以幕府、雄藩合作方式應對開國的難關；支持慶福的被稱為南紀派，他們希望維持幕府在大政委任下的專制政治。

此時井伊直弼就任大老，主張回歸幕府專制，在未獲敕許下就簽訂通商條約，同時決定迎立慶福為將軍。幕府違敕簽約，遭致國內嚴厲批評。幕府取締一橋派，命令德川齊昭、慶喜、越前

藩主松平慶永蟄居、謹慎；處罰公家、大名及其家臣；越前藩士
橋本左內（1834–1859年）、長州藩士吉田松陰（1830–1859年）等人
遭到處死。受處罰者超過百人，史稱安政大獄。1860年水戶藩脫
藩浪士在江戶櫻田門外暗殺直弼，此即櫻田門外之變。直弼之死，
說明幕府以專制方式應對變局的路線失敗，幕府獨裁體制崩潰。

　　井伊死後，老中安藤信正（1819–1871年）主掌幕政，打算
改善與朝廷關係，並藉此抑制批評幕府的聲浪、彌合因條約問題
造成的分裂，從而恢復幕府權威，遂推動公武合體政策。信正說
服也支持公武合體的孝明天皇同意讓剛出生的皇女與將軍家茂訂
親，以此方式來營造公武合體的象徵。但因皇女隨後夭折，最後
只能讓尚未出嫁的皇妹和宮（1846–1877年）嫁給家茂，但和宮
從小已與有栖川宮熾仁親王（1835–1895年）訂親，幕府此舉無
疑搶了親王的婚約，反而遭到尊王攘夷論者激烈批評。1862年發
生坂下門外之變，水戶藩脫藩浪士在坂下門外襲擊信正，信正負
傷，隨即下臺。幕府推動的公武合體政策遭到挫折。

　　島津藩因與朝廷、幕府雙方存在姻親關係，如十一代將軍家
齊正室篤姬（1773–1844年）即為前薩摩藩主島津重豪（1745–
1833年）之女、過繼為攝家近衛家養女後出嫁給家齊，因此與朝
廷、幕府雙方關係密切，在幕府權威墜地的狀況下，由島津藩起
而推動由雄藩主導的公武合體政策。島津久光在得到朝廷、幕府
同意後，於文久二年（1862年）進行所謂的文久改革，赦免安政
大獄受罰者，由松平慶永擔任政事總裁職、德川慶喜擔任將軍後
見職，新設由會津藩主松平容保（1836–1893年）擔任的京都守

護職，採用西洋軍制，並藉機讓桎梏大名兩百多年的參勤交代改為三年一次。顯見久光推動的公武合體政策是有利於雄藩的，與安藤信正試圖恢復幕府權威的目標並不完全一致。

　　一些武士抱持攘夷立場、反對幕府的開國政策，因此不支持公武合體，而主張尊王攘夷（尊攘論），其中又以長州藩下級武士群體的尊攘主張最為積極。長州藩原本也支持公武合體運動，1862 年以高山晉作（1839–1867 年）等中下級武士主張的尊攘論作為藩論，他們將陣地放在京都，和京都尊攘派公家結合，握有左右朝廷政局的主導權。尊攘派占優勢的朝廷頻繁地要求幕府攘夷、回歸海禁，幕府迫於無奈，向各藩下達於 1863 年 5 月 10 日攘夷的命令，但當日除長州藩砲擊通過下關的外國船隻外，並未有其他重大攘夷事件。尊攘派中的真木和泉（1813–1864 年，久留米水天宮神官）計畫讓孝明天皇行幸大和、親自指揮攘夷戰爭，並藉此討幕。在天皇被強迫行幸之前，8 月 18 日，薩摩藩、會津藩與公武合體派的公卿在京都發起政變，把長州藩的尊攘派和七位激進公卿逐出京都，史稱「八月十八日政變」或「七卿落ち」（七公卿落難）。七位落難公卿與真木和泉於離開京都後，陸續到了長州。

　　1864 年 6 月，因政變而被逐出京都的長州藩等尊攘派潛回京都，在三條池田屋旅館集會，密謀暗殺公武合體派的公卿、大名，他們的集會被在京都守護職下擔任警備、鎮壓尊攘派的新撰組❸

---

❸　1862 年在江戶招募浪士組成的警備隊，1863 年上洛，歸京都守護職松平容保指揮。

查獲，新撰組的近藤勇（1834–1868 年）等人於池田屋殺傷、逮捕了集會的尊攘派。為了奪回對京都的控制權，並報復池田屋事件，在真木和泉等強硬派的主張下，7 月長州藩以放逐京都守護職為由，率藩兵攻擊京都，與薩摩、會津、桑名藩藩兵在京都御所附近交戰，長州藩敗走，藩中多數尊攘派武士戰死，此為禁門（蛤御門）之變。幕府因長州藩攻擊京都，從朝廷取得征討長州藩的敕令，7 月幕府發起長州征討，命令九州、四國、中國地區的二十一藩準備出兵，但此時正值英、法、荷、美四國在阿禮國（John Rutherford Alcock, 1809–1897 年）主導下，為報復長州藩前一年在下關海峽的攘夷，而攻擊下關海峽沿岸砲臺，長州藩在砲臺被占據的情況下，俗論派（主張對幕府恭順的保守派）取代尊攘派

圖 52：西鄉隆盛

掌握實權，以命令三名家老等人切腹、藩主父子謝罪、毀棄山口城等方式，向幕府表示恭順、謝罪的態度，於是幕府方面不戰而停止出兵。「四國艦隊下關砲擊」事件也讓長州藩知道與西方列強的實力差距，明白攘夷不可行。與此相同，1863 年的薩英戰爭也使薩摩藩明白攘夷不可行。薩英戰爭後，薩摩藩與英國接近，由西鄉隆

盛（1827-1877 年）、大久保利通（1830-1878 年）等下級藩士指導藩政，並向英國購買武器。

1865 年英、法、荷、美四國利用尊攘派勢力衰退的機會，以砲艦外交，軍臨兵庫沖，迫使日本開放兵庫港。雖未成功，但得到朝廷對於通商的敕許，此舉亦代表朝廷放棄攘夷方針。

1866 年有約列國以兵庫未開港為由，迫使日本簽訂《改稅約書》，將關稅從平均約 20% 的稅率降到一律 5%。

第三節　倒幕運動與戊辰戰爭

長州藩在被征討後轉為俗論派掌權，但高杉晉作、桂小五郎（木戶孝允，1833-1877 年）等下級武士反對順從幕府的上層藩政掌權者，1864 年 12 月高杉率領主要由豪農子弟等民兵組成的奇兵隊在下關舉兵，取得藩政主導權，獲得領內豪商、豪農、村役人階層的支持，並轉換藩論，自稱正義論，進行軍制改革，購買槍砲、艦船，採取與幕府對抗的姿態。幕府於是再取得長州征討的敕許，1866 年 5 月將軍家茂從江戶上洛，親自指揮征討。

1866 年 1 月，在土佐藩出身的坂本龍馬（1835-1867 年）、中岡慎太郎（1838-1867 年）的斡旋下，薩摩的西鄉隆盛與長州的木戶孝允締結互相援助的密約，約定由薩摩藩協助長州藩在長崎購買武器、在幕府征討中援助長州藩等事項，史稱薩長聯合。原本支持公武合體的薩摩藩，基於薩長密約並未呼應幕府的第二次長州征討，其他諸藩也態度消極。6 月起幕府兵與長州藩的戰鬥開始，

幕府方面失利、敗走。家茂 6 月在駐紮的大坂城病死，幕府藉此撤回征討長州的兵力。12 月，作為頑固攘夷主義、公武合體論者的孝明天皇突然死去，幕府喪失有力的支持者，權威幾乎蕩然無存。

　　1867 年東海及京都附近爆發神社降下神札、民眾亂舞、嘴中唱著「ええじゃないか」（不亦善哉／很好，不是嗎）而搶劫地主、商家吃食與財物的一揆，「ええじゃないか」的民眾運動，隨後遍及江戶以西各地，持續到 1868 年。這樣瘋狂的民眾亂舞、失序現象被視為期盼政權改朝換代的「世直一揆」，也正好映照出幕府的末日。

圖 53：河鍋曉齋浮世繪「慶應四豐年踊之圖」，描繪「ええじゃないか」中騷動的民眾

此時，第二任英國駐日公使巴夏禮（Sir Harry Smith Parkes, 1828–1885 年）認為幕府衰微至極，期待日本出現取代幕府的政權；而駐日法國公使羅生（Leon Roches, 1809–1901 年）則選擇支援幕府，提供六百萬美元借款給予財政及軍事援助。繼任的十五代將軍慶喜（1866–1868 年在任）在羅生協助下，改革幕政，以中央集權的政治體制為目標，改革職制，並招聘法國士官改革陸軍軍制。

圖 54：德川慶喜

　　薩摩藩在幕末流行的「公議政體論」❹政治思想影響下，於 1867 年 5 月主導了由久光、豐信、慶永、宗城等人組成的「四侯會議」，原打算以此會議作為將軍慶喜及攝政二條齊敬（1816–1878 年）的諮詢機構，藉以將政治主導權從幕府轉到雄藩手裡、建立以朝廷為中心的公武合體政體。但慶喜在會議中掌握了主導權，促使薩摩在四侯會議失敗後決意與長州藩合作倒幕。薩長兩

❹　即西方以議會制度達成國家統一的政策共識之政治思想。

藩與激進公家岩倉具視（1825-1883 年）等人合作，謀劃發出討幕密敕，並集結兩藩兵力，準備倒幕。

　　四侯中的山內豐信立場傾向支持幕府，土佐藩藩士後藤象二郎（1838-1897 年）與坂本龍馬，通過豐信勸說慶喜向天皇奉還政權，試圖取得先機，藉由先歸還大政以逃避倒幕派的攻擊。10月 14 日慶喜將大政奉還朝廷，打算在朝廷之下，組成包含德川氏的諸藩聯合政權，構建實質上以將軍作為議長的諸侯會議政體，以維持德川氏在諸藩中的主導權。這樣的諸藩聯合政權形式也與「公議政體論」潮流相符。

　　大政奉還後朝廷要求薩長兩藩延期討幕，但薩長為了掌控政權，於 12 月 9 日發動政變，控制朝廷，發布王政復古大號令，試圖成立排除德川氏的新政府，並以天皇復古親政的名義，廢止幕府和攝政、關白，在天皇之下設置總裁、議定、參與三職，總攬政權。總裁由素與長州藩等尊攘派有往來、曾與和宮有婚約關係的有栖川宮熾仁親王擔任；議定則由皇族、公卿及松平慶永、山內豐信等諸侯共十名擔任；參與則有岩倉具視、西鄉隆盛、大久保利通、後藤象二郎、福岡孝弟（1835-1919 年，土佐藩）、木戶孝允、廣澤真臣（1833-1871 年，長州藩）等出任，即以薩長兩藩為中心的雄藩聯合政權形式。當日晚上新政權召開小御所會議，會後命令慶喜辭退內大臣、歸還部分領地，慶喜無法接受這樣「辭官納地」的處分，於是從二條城退守大坂城，決心與新政權戰鬥。

　　1868 年 1 月慶喜率領幕府兵與會津、桑名藩的藩兵在鳥羽、伏見對戰以薩長兩藩為中心的新政府軍，時為戊辰年，此即戊辰

戰爭的開始。但因慶喜被認定為「朝敵」，導致幕府軍士氣低落，許多親藩、譜代大名為了保有領地、逃避被征討，紛紛向新政府軍歸順。戰事失利後，慶喜於 1 月底逃回江戶。在巴夏禮斡旋下，西鄉隆盛與勝海舟交涉，達成江戶無血開城的協議。4 月慶喜表示恭順，新政府軍接收江戶城。幕府投降後，被視為「朝敵」的會津藩因藩主在京都守護職任內鎮壓長州藩等尊攘派，擔心被新政府軍報復，遂持續抵抗；庄內藩也因攻擊江戶的薩摩藩邸而擔心被報復，遂與會津藩同盟；仙台藩等東北諸藩也組成奧羽越列藩同盟，支援會津藩。但在擁有西方武器的新政府軍圍攻下，

圖 55：戊辰戰爭期間的薩摩藩武士

　　東北諸藩及會津藩陸續於 9 月投降，東北地方平定。其中，會津
藩於此役中的犧牲尤為慘烈。

　　1869 年 5 月率領幕府海軍、盤據於箱館五稜郭的榎本武揚
（1836-1908 年）也投降新政府，內戰結束，國內統一。

第十一章 | *Chapter 11*

明治時代

　　由於在日本向來的政治傳統與封建社會的階級體制中，下級武士均不足以號令全國，因此以薩長兩藩下級武士為主的倒幕派，必須借用天皇在日本古來祭政政體中的政治權威來創建新政府。明治時代（1868–1912 年）初期數年，因尊王論與激進神道主義在下級武士之間流行，國學者與神官也依附下級武士所創建的政府而施行過一些復古措施，就明治政府而言，這些舉措可用來強化天皇權威，進一步鞏固明治政府的正統性，但殆至中央集權逐漸穩固，約於明治六年（1873 年）左右，明治政府確立堅決走上仿效西方近代化、追求西式富國強兵的帝國主義道路。因此，薩長兩藩為首的下級武士所創建的明治政府，不是復古，更不是推翻萬世一系天皇皇統的革命，而是維新。史家把從幕末到明治初年的一連串變革稱為明治維新，明治維新奠下日本的西方近代化基礎。

第一節　明治維新

一、《五箇條誓文》與太政官制

　　1868 年 1 月，在戊辰戰爭剛爆發不久，新政府隨即向有約諸國通告「王政復古」，成立了以天皇為主政者的新政府。由於有約諸國的對日政策以英國馬首是瞻，而巴夏禮原本就期待日本出現能取代幕府的政府，於是新政府立刻得到英國為首的有約諸國承認。新政府同時對國內發出「開國和親」布告，表明繼承與締約諸國的條約以及不攘夷的態度。

　　3 月 14 日，在新政府軍東征江戶的過程中，十七歲的明治天皇（1867–1912 年在位）率領群臣在京都御所的紫宸殿以向天地諸神發誓的方式，頒布了由越前藩士由利公正（1829–1909 年）起草、經福岡孝弟、木戶孝允修改後的《五箇條誓文》，作為新政府的國是，試圖將公家、諸侯、諸藩士集結於以天皇為國家中心的新政府之下，明白揭示尊重公議輿論、開國進取、打破舊習等政治方針。

　　3 月 15 日由太政官頒布「五榜揭示」，將過去幕府時代高札所揭示的如倡導五倫之道、禁止徒黨（聚眾結黨）與強訴（越級上訴）、以基督教為邪教而禁止等內容，再由太政官發布一次，藉此廢棄幕府權威而確立新政府權威，同時表示繼承幕府基於儒教道德的政策。但將基督教視為邪教而禁止的政策，與「開國和親」

的布告矛盾，而基於儒教道德的政策也不符合明治政府數年後仿效西方近代化國家的道路，因此「五榜揭示」於五年之內相繼遭撤廢。

閏4月發布政體書，以誓文為方針，組成新政府組織，在中央官制方面，將「天下權力總歸太政官」，以此建立中央集權的政府形式，並模仿美國憲法的立法、行政、司法三權分立精神，在太政官下設立議政官、行政官、刑法官。行政官分有神祇官、會計官、軍務官、外國官、民部官等機構。在地方官制方面，幕府直轄的三大都江戶、京都、大阪由中央指派知府事統治；其他幕府直轄的地方以及在戊辰戰爭中因支持幕府而被新政府沒收領地的藩國，則由中央指派知縣事統治；其餘大名的藩國，依舊由各大名統治。在地方統治上，形成中央直轄與封建諸藩並存的局面。

7月，江戶改稱東京。9月，改年號為明治，並制定「一世一元制」，確立每位天皇在位僅使用一個年號的制度。10月，明治天皇行幸東京，隨後又

圖56：明治天皇

返回京都執行祭典。翌年的 1869 年年初，新政府與天皇遷到東京，此後日本政府雖未正式宣布東京為首都，但一直以東京作為執行首都功能之地。

二、強化中央集權

在大久保利通與木戶孝允的強力勸說下，1869 年 1 月，薩摩藩、長州藩、土佐藩、肥前藩一起提出「版（領地）籍（領民）奉還」，當創建明治政府的諸藩都將版籍交給中央後，其餘諸藩也相繼奉還版籍，當時諸藩認為這與過去政權更迭時一樣，必須先將版籍交給當權者，當權者會再賦予屬於他們封建權力的領地一圓統治之知行權。但這次的版籍奉還，卻是新政府企圖打破封建制度、對地方建立中央集權的步驟之一。明治政府將藩主改稱藩知事，以其各自石高的十分之一作為家祿，在形式上，藩主成為新政府的地方行政官吏，不再是一圓統治的世襲諸侯，而藩士則成為不能世襲的士族，政府以此解除了藩主與藩士之間的封建主從關係。

7 月中央官制大改革，由創建明治政府的薩、長、土、肥下級武士出身者擔任中央各部門次官或長官，握有政府實權，除三條實美、岩倉具視外，其餘公家幾乎失勢，這樣的政府被稱為「有司專制」（官僚專制）的藩閥政府。

但版籍奉還後，只是形式上達成中央集權，藩主所統治的地方，仍和過去封建的藩國沒有太大改變。因各地發生反新政府的「世直」農民一揆，新政府為了維持治安、強化中央集權，由組

圖 57：頒布廢藩置縣之詔

建新政府主力的薩、長、土三藩在東京集結一萬兵力，作為政府直屬的御親兵，以鞏固中央軍力。隨後於 1871 年頒布廢藩置縣之詔，罷免各藩主，讓他們移居東京，由中央政府改派縣知事接管藩主領地，此舉被視為僅次於王政復古的第二次政變。而當時諸藩未激烈抗拒廢藩，主要因為從江戶中期以來絕大多數的藩國均處於藩債沉重的財政困境之中，而開明藩士，如福井藩藩校藩士等在經歷開國之後，認為日本必須強化中央集權，才能在「萬國對峙」（與萬國並立）的情況下生存。

不過，在岡山、島根諸縣仍舊發生領民反對強制藩主移居東京的一揆。

廢藩置縣後，明治政府又改革了中央官制，即所謂太政官三院制。

表 15：明治四年（1871 年）太政官三院制

```
太政官 ─┬─ 右 院 ─┬─ 神祇省
        │         ├─ 外務省
        │         │              式部寮
        │         └─ 大藏省 ─┬─ 檢查寮
        │                     ├─ 戶籍寮
        │                     ├─ 租稅寮
        │                     └─ 勸農寮
        │
        ├─ 正 院 ─┬─ 兵部省
        │         ├─ 文部省
        │         ├─ 工部省 ─┬─ 製作寮
        │         │           ├─ 造船寮
        │         │           ├─ 礦山寮
        │         │           ├─ 鐵道寮
        │         │           └─ 燈臺寮
        │         ├─ 司法省 ─── 明法寮
        │         └─ 宮內省
        │
        └─ 左 院 ─── 開拓使
```

　　由太政大臣、左右大臣、參議組成的正院統轄各省行政機構，藩閥出身的下級武士擔任參議並出任各省官長。右院與左院是立法機構。右院是各省長官、次官審議各省議案、溝通政策的機構；左院是官選議員的立法諮詢機構，於 1875 年廢止，改為元老院。

三、四民平等與殖產興業

　　版籍奉還解除藩主與藩士之間的封建主從關係後，明治政府趁機改革封建身分制度，將社會階級分為華族（世襲貴族的大名

與公家)、士族(一般武士)、庶民(農工商業者)。原本作為統治階級、身分世襲的一般武士變成與農工商平等的庶民,此即「四民平等」。

1871 又發布年解放令,廢止穢多、非人稱呼,使賤民階級與平民同等。因不滿賤民成為新四民的一分子,各地又爆發反對政府政策的一揆。

基於四民平等的立場,承認平民可加苗字(姓氏),可與華、士族結婚,擁有職業選擇、遷徙居住自由。

廢藩置縣後,藩兵解散,兵權集中於兵部省。1872 年 3 月明治政府將御親兵改為近衛兵,1873 年 1 月頒布徵兵令,規定不拘士族、平民,年滿二十歲的男性須服兵役三年,但官吏、海陸軍校學生、官學校學生、戶主與其嫡嗣子以及能繳納一定金額的人,得以免役。因士族多半可為官吏或成為海陸軍校學生、官學校學生,甚至以分家自成戶主的方式免役,工商階級也可分家或以納金免役,因此被徵兵的幾乎都是農家次男以下的男子。雖說四民平等,但過去封建社會中階級地位較農民高或富有之家出身者,依舊能保有某些權利。

徵兵制剝奪了向來的武士特權,而對從來不用當兵的庶民而言,也剝奪其勞動力、增加了額外負擔,造成武士與平民的不滿,各地爆發反徵兵制的一揆。而「徵兵告諭」中提及西方人認為服兵役是「血稅」,所謂以鮮血報國也,隨後社會上出現徵兵是要吸取人的鮮血之謠傳,而引發人民反抗,故又稱血稅一揆。於是明治政府增設內務省以維持國內治安。

　　廢藩置縣後，華族與失去世襲地位的一般士族的家祿均由中央政府承擔，雖然明治政府不斷削減各家家祿，但總額仍相當龐大，占當時政府財政的三成。明治政府於 1873 年制定「秩祿奉還法」，試圖以公債和現金作為補償，交換封建時代的家祿。1875 年，原以米支出的家祿改成以金祿（貨幣）支付；1876 年 8 月，制訂「金祿公債條例」，在交付各家金祿公債證明後，廢止了家祿制度。

　　1876 年 3 月頒布「廢刀令」，廢止武士特權象徵的隨身帶刀。失去封建特權身分又沒有家祿的士族，只能另謀生計，有些人成為新政府官吏或軍人、員警，有些進入軍校或官校學習，某些武士則把政府給的家祿補償金拿來做生意，但不諳商業管道與經營手段，往往破產。為了救濟困苦的底層士族，同屬下級武士出身的明治藩閥政府陸續給予貧困士族「授產」（就業資金、廉價土地等），或是讓他們到新吞併的北海道當屯田兵。即便如此，到了 1883 年還是有三分之二左右的士族淪為沒落士族，成為社會底層。

　　為了殖產興業、創造近代資本主義經濟發展的基礎，必須確立土地私有制度，1872 年，明治政府解除「田畑永代賣買禁止令」，讓農民土地私有化，消除了封建土地制度。1873–1880 年，又推動地租改革，土地所有者不再繳交以米為主的年貢，而是全國統一以地價 3%（1877 年降為 2.5%）為固定稅率，由土地所有者以貨幣納稅。但過去封建時代是由村役人收集全村年貢，代為上交領主，現在要求土地所有者各自以貨幣交納，則農民必須先將作物換成金錢再交稅，所有過程都加重了農民負擔，因此 1876

年在三重、岐阜、愛知、堺等地爆發了反對地租改正的一揆。

明治政府在近代化政策中最重要的課題是富國強兵政策，企圖在國際社會中成為與歐美先進資本主義列強並肩的強國，因此在經濟層面上，積極引進歐美制度，培育近代產業，此即殖產興業。

為了發展資本主義，必須先確立貨幣、金融制度，但此時在日本流通的貨幣相當紊亂，除了金銀通貨、外國貨幣之外，還有一堆無準備金擔保的信用鈔票，如藩札、太政官札、民部省札等。1871 年在大藏大輔大隈重信（1838–1922 年，肥前藩士出身）的主導下，參照伊藤博文的建議，公布「新貨條例」，以十進位制鑄造了金、銀、銅的統一貨幣。

1872 年，以伊藤博文、澀澤榮一（1840–1931 年）為中心，模仿美國 National Bank 制度發布了「國立銀行條例」（依據國家法律設立、經營的銀行），移植了近代銀行制度。

在通信、交通等建設上，1869 年首設東京、橫濱間電報線，1874 年青森、東京、長崎幹線幾近完成，1880 年代初期電報線大致普及全日本。1871 年開通了長崎與上海間的國際電報線。電話則於 1877 年引進，1890 年開始官營電話事業。1871 年在東京、京都、大阪之間實施郵政制度，1873 年建立全國費用均一的郵政制度，全國郵政網也幾近完成，1877 年加入萬國郵政聯合組織。在鐵道方面，於 1872 年開通東京新橋至橫濱的鐵路，此後陸續開通鐵路，1889 年東海道本線（東京至神戶）全線開通。

1870 年土佐藩士出身的岩崎彌太郎（1834–1885 年）向本藩

圖 58：東京高輪的火車

借船，創立九十九商會，1875 年改稱郵便汽船三菱會社。三菱因與藩閥政府關係密切，獲得臺灣出兵、西南戰爭等戰事的軍事輸送業務，而賺取暴利。1885 年三菱合併政府運輸公司，更名為日本郵船會社。

　　此外，明治政府繼承幕藩的礦山和工場，以此作為官營事業，引進歐美機器設備，招徠外國人技師，努力培育近代產業。從幕藩繼承的事業包括東京砲兵工廠（原幕府關口製作所）、橫須賀海軍工廠（幕府）、長崎造船所（幕府長崎製鐵所）、鹿兒島造船所（薩摩藩）、高島炭礦（佐賀藩）、堺紡績所（薩摩藩）等產業。另外還新設了板橋火藥製造所、大阪砲兵工廠、品川硝子製造所、富岡製絲場等西式工廠。其中富岡製絲場是在法國人技師指導下建立的，招集士族子女等多數女工，利用蒸汽機器大規模生產生

絲，成為指導各地民間製絲場技術的模範。1870 年設立工部省
（1885 年廢止）、1873 年設立內務省，用以總括官營事業。

四、文明開化

　　明治政府成立初期數年推動王政復古，但隨即主張百事一新、
打破舊弊，積極引進歐美制度、知識、文物，影響了教育、文化、
思想以及國民生活，這些變化被稱為文明開化風潮。

　　明治政府一開始主張王政復古，要回歸「神武創業之始」，採
取祭政合一立場，再設神祇官（後為神祇省），晉用許多國學者、
神道家，並設宣教使，以神道為中心，進行國民教化，宣傳天皇
自古以來為日本統治者，推進天皇的神格化。在激進的國學者、
神道家主張下，1868 年頒布「神佛分離令」，全國興起廢佛毀釋
的運動，佛教大受打擊。但佛教已在日本紮根千餘年，擁有許多
信眾，從江戶時代起更普遍提供日本人生老病死的各種服務，難
以因部分人士的政治理念而被撼動，在過激的打擊運動後，很快
又回復了。

　　1869 年明治政府設立招魂社，合祀戊辰戰爭的戰死者。1870
年頒布「大教宣布之詔」，設立神社制度，統一祭式，致力於神社
神道的普及。招魂社於 1879 年改稱靖國神社，在神社制度中屬別
格（準）官幣社，以對國家有功績之人臣作為祭神。

　　在復古風潮下，基督教也遭受打壓，1868 年爆發長崎浦上教
徒彈壓事件，引起列國抗議。直到岩倉使節團出訪歐美後，得知
禁教對於修改條約不利，明治政府因此於 1873 年撤去五榜高札，

解除基督教的禁令。

　　在教育方面，明治政府採行歐美近代式的學校教育制度，於1871年設立負責教育行政的文部省，推動立足於功利主義式教育觀的國民教育建設，讓國民能夠各自立身、開智、治產，不問男女，均必須學習。因江戶晚期寺子屋、藩校普及的基礎，遂能迅速在全國設立兩萬間以上的小學。由於兒童上學導致農村喪失勞動力，而家長又必須支付學費與學校設立費用，雙重加重了負擔，因此出現要求廢止小學的農民一揆。

　　1877年東京大學成立，是日本最早的西洋近代式綜合大學，成為培養政府官員，以及學術研究、高等教育的中心。

　　此外，在東京、橫濱等都市、開港場等直接與西方人往來的

圖 59：西式的銀座街道

地方，以及官廳、學校、軍隊等人員開始逐步西化，年輕的知識分子輕視日本傳統文化和歷史，嚮往西方文化，也接受西洋習慣，吃牛肉等肉食。1871 年頒布「散髮脫刀令」，日本人開始穿洋服。1872 年銀座火災後，重建時採用磚造西式建築物，街上設置瓦斯燈。明治政府採用西式新曆，以明治五年 12 月 3 日為明治六年（1873 年）1 月 1 日，並採用日曜休息制。但相對於這些受西化影響的都市、開港場，地方上廣大的農村仍繼續使用江戶時代的舊曆與傳統的生活習慣，兩者呈現巨大的落差。

在都市、開港場的西化風潮下，日本的啟蒙思想家積極介紹並提倡歐美的自由主義、功利主義等思想、學問以及政治、經濟、法律制度。如福澤諭吉（1834–1901 年）初刊於 1872 年的《学問のすゝめ》（勸學），主張人並非生而有貴賤之別，應以學問打破封建身分意識，個人能基於自主、自由精神的獨立，才能支撐國家的獨立；加藤弘之（1836–1916 年）於 1868 年出版的《立憲政體略》則推廣西方的立憲政治知識；中江兆民（1847–1901 年）於 1882 年出版的《民約釋解》，係翻譯盧梭的社會契約論，推廣人類自由與平等思想，影響了自由民權運動的發展；田口卯吉（1855–1905 年）初刊於 1877 年的《文明開化小史》，則以歐洲文明史觀的視角書寫，提示新的歷史觀。此外，明治六年森有禮等人還模倣西洋的學會，成立明六社、發行《明六雜誌》。

受居留於日本的西方人影響，日本人也開始創辦報紙，1870 年發行日本最早的日刊報紙《橫濱每日新聞》，此後數年陸續創刊了《東京日日新聞》（今《每日新聞》前身）、《讀賣新聞》、《朝日

新聞》等報紙，當時的報紙內容以政論新聞為主。

　　而當知識分子積極引介西方思想與文化、辦報發表言論的同時，明治政府於 1875 年頒布《讒謗律》與《新聞紙條例》，藉以處罰批評政府的言論，並抑制自由民權運動。

　　明治中央及地方政府雇用外國學者或技術人員協助西方近代化，這些人被稱為「御雇外國人」。到 1890 年代末為止，雇用超過兩千人，以占近半數的英國人為主，其次為來自美、法、中、德等國，分別擔任各政府機構的顧問、工程師、教授、翻譯等工作。由於御雇外國人工資高，連從事下級技術者的工資都為一般日本人的十幾倍，最高工資甚至超過太政大臣月薪（八百圓），於是到了 1880 年代陸續以日本人取代他們。到 1892 年時御雇外國人剩下一百三十人，此時因日本的法制、陸軍軍制多採德國制度，故御雇外國人以德國人占比最高。

五、明治初期國際問題

　　明治政府將幕府所締結的包含協定關稅、領事裁判權條款的條約視為「不平等條約」，為了打探修改條約的條件，於 1871 年派遣右大臣岩倉具視率領使節團前往歐美，團員包含以薩長藩閥為首的政府高層在內，共四十六名，又攜帶六十多名隨員與留學生。使節團於 1871 年 11 月從橫濱搭乘美國號出發，經由太平洋抵達舊金山，再由陸路前往華盛頓，在美國停留約八個月後，橫渡大西洋，訪問歐洲各國，之後途經蘇伊士運河、南洋、香港、上海等地，於 1873 年 9 月 13 日返回橫濱。這是日本前所未有地

圖 60：岩倉使節團，左起為木戶孝允、山口尚芳、岩倉具視、伊藤博文、大久保利通

派出近半數政府高層的外訪團，除訪問有約國、提交國書之外，預計提出修改條約的預備交涉，並考察歐美國情。但岩倉使節團一到美國就發現日本實力落後太多，並未提出修約預備交涉。

　　此外，明治政府與俄國在 1875 年簽訂樺太（庫頁島）、千島交換條約，將樺太讓給俄國，而日本則領有千島群島。1876 年又與美國商議，美國承認日本領有小笠原諸島。

　　幕末下級武士受激進的國學者影響，生出鄙視朝鮮的心理，抱持征韓以彌補日本開國恥辱與損失的想法，而他們創建明治新政府後，基於歷史上向來與朝鮮的鄰國關係與實際往來需要，亟

需與朝鮮重新建交。但仍處於海禁狀態的朝鮮，其與日本之間以
朝鮮國王對日本國王的「國書」通信模式也早在十九世紀初以後
中斷，即便明治政府通過對馬宗氏等多方聯繫，朝鮮均拒絕接受
以日本天皇名義發出的「國書」以及建交交涉，當時明治政府將
此視為國恥，留守東京的板垣退助（1837-1919年，土佐藩出身）
等人主張征討朝鮮，此即所謂「征韓論」。但西鄉隆盛主張先由自
己擔任使節前往交涉，如果朝鮮仍堅拒，再以武力強迫其交涉，
閣議於1873年8月通過派遣西鄉的決議。9月岩倉使節團返國，
原本在出訪前有過征韓想法的岩倉與木戶孝允等人均因出訪而痛
感日本落後，使節團成員認為此時與其征韓，重要的是必須立刻
改革內政。因雙方政策對立，岩倉及大久保利通取得天皇敕裁，
無限延期派遣西鄉的閣議，而主張征韓的西鄉、板垣、江藤新平
（1834-1874年，肥前藩出身）、後藤象二郎等人下野，明治政府
高層分裂，史稱「明治六年政變」。此政變成為自由民權運動起
點，並埋下日後西南戰爭的契機。明治六年政變後直至大久保利
通於明治十一年（1878年）被暗殺為止的時期，日本史家稱為大
久保利通政權時代。

　幕府開國後為了不讓締約國專美貿易，也曾試圖到當時繁榮
的國際商港上海通商，但因與清朝中國之間無締約、無邦交，僅
能通過荷蘭領事等代為仲介。明治政府成立後，基於與中國的通
商需求，以及通過與中國建交而促使當時為清朝屬國的朝鮮能與
日本交涉等考量，1870年日本派出外務權大丞柳原前光（1850-
1894年，公家）等人到北京要求締約。1871年日本與中國簽訂由

中國直隸總督兼北洋大臣的李鴻章（1823-1901 年）團隊起草的修好條規與通商章程，兩國建立了對等的與國關係。

　　1871 年琉球人漂流至臺灣南端，為「生番」所殺；1872 年明治政府將琉球王國改為中央直轄的琉球藩，切斷琉球與鹿兒島（原薩摩）的封建關係，並將琉球王尚泰（1843-1901 年）軟禁於東京，與其他藩主一樣作為日本的華族成員；1873 年，日本備中（隸屬今岡山縣）的船隻漂流至臺灣，又遭掠奪。得知消息後，日本藉交換批准修好條規而派遣外務卿副島種臣（1828-1905 年）作為全權公使出訪清朝之際，探聽清朝對於「生番」殺害、掠奪琉球人及日本人的態度，認為清朝將「生番」視為「化外之民」，而得以自行討伐。此時日本國內因征韓論的政變而情勢緊張，1874 年 1 月發生岩倉具視遭暗殺未遂事件，2 月又爆發佐賀之亂（以佐賀不平士族為中心，迎立下野返鄉的江藤新平為首腦的叛亂），為了將國內不滿的情緒引到國外，遂決議征討臺灣。後在駐日英國及美國公使極力阻止下，明治政府決定終止討伐，但被任命為「臺灣蕃地事務都督」的西鄉從道（1843-1902 年，隆盛弟）仍強行於 5 月率三千兵力出發，日軍登岸後飽受瘧疾等侵襲，病死五百多人，進退兩難。在清朝抗議下，由大久保利通赴北京善後。由於日本未事先告知有約國清朝，即擅自征討清朝領地，師出無名，因此交涉困難，最後在英國駐華公使威妥瑪（Thomas Francis Wade, 1818-1895 年）的調停下，雙方簽訂《北京專約》，清朝給予日本難民撫恤金及回購日方修建道路、房屋費用共五十萬兩，以提供滯臺日軍返國的條件。

　　日本又將《北京專約》中的「保民義舉」字眼擅自解釋為清朝承認琉球人為日本之民，遂自行「琉球處分」，在未得琉球宗主國清朝同意的情況下，於 1879 年將琉球藩廢藩置縣，改稱沖繩縣。

　　雖然大久保主政下的明治政府不主張征韓，但並未放棄與朝鮮建交，在朝鮮拒絕交涉的情況下，1875 年日本雲陽艦在朝鮮沿岸進行測量、示威，遭到朝鮮砲擊，雲陽艦反擊並上陸占領朝鮮永宗城，此即江華島事件。事件後，1876 年兩國簽訂《日朝修好條規》（《江華條約》），日本仿效美國黑船來航的模式，逼迫朝鮮開放釜山、仁川、元山，承認給予日本片面領事裁判權、免除關稅等不平等條款。

六、反對新政府的叛亂

　　明治政府的維新措施是由掌握中央的下級武士們激進仿效西方近代化而推動的，幾乎都是片面由上而下強制的舉措，於是造成民眾對新政府各項措施的不滿，農民因廢藩置縣、新四民、地租重稅、徵兵制、小學設置等政策而屢屢爆發一揆，一揆的次數甚至高過幕府末期。

　　此外，維新舉措中受害最大的是從世襲統治階級淪落為平民的士族，新政府廢藩置縣、徵兵制、秩祿處分等措施，均讓士族備嚐相對剝奪感。不平士族在各地以武力叛亂，如 1874 年的佐賀之亂等，其中又以 1877 年 2 月爆發的西南戰爭最為劇烈，以鹿兒島私學校學生為首的不平士族擁立下野的西鄉隆盛叛亂，政府出動六萬徵兵制而來的新軍兵力，費時近八個月才鎮壓叛亂。面對

圖 61：畫家月岡芳年描繪西南戰爭的作品「鹿兒島暴徒出陣圖」

中央政府以新式武器裝備的軍隊，不平士族並無勝算，西南戰爭成為最後的士族武力叛亂。

除了武力反叛外，不平士族也通過自由民權運動反對政府，如板垣退助因征韓論下野後，於翌年 1874 年提出「民撰議院設立建白書」，攻擊藩閥政府的「有司專制」，要求及早設立民選議院。

木戶孝允於西南戰爭期間病逝，西鄉隆盛也因西南戰爭兵敗切腹而亡， 1878 年 5 月內務卿大久保利通遭到不平士族六人暗殺，至此維新三傑均死去，也宣告明治初期政局告一段落。接下來由在大久保政權時代與大久保合作的長州藩伊藤博文等人主掌薩長藩閥政權。

第二節　立憲國家

一、自由民權運動與明治十四年政變

　　幕末引進歐美議會政治「公議政體」的概念,《五箇條誓文》
也揭示以公議輿論為國是。岩倉使節團成員的木戶孝允、大久保
利通等人痛感日本的落後,決心改革政治體制,於回國後的 1873
年 11 月起草《立憲政體意見書》,認為日本不應固執君主專制,
而應該採用「君民共治」(立憲君主制) 政體。

　　因征韓論辭職的板垣退助、後藤象二郎、江藤新平等人,於
1874 年 1 月組成愛國公黨,向左院提出建白書,批判政府的有司
專制,主張納稅者參與國政的權利,應設立民選議院 (國會) 讓
國民參與政治,官民一體才能有強大的國家和政府。開啟了自由
民權運動。

　　西南戰爭結束了士族以武力反抗政府的行徑,反政府運動集
中於言論活動,1878 年板垣等人在大阪發起了愛國社再興大會,
加上府縣會開設,提高地方民眾對政治的關心,於是自由民權運
動從以士族為中心的活動,與農民減輕地租等要求相結合,而擴
展到豪農、商人也參與其中。其背景是 1870 年代末至 1880 年代
初的通膨傾向,以米為主的農產物價上升,農民生計無虞,政治
活動容易取得資金。

　　從明治五年開始的十年期北海道開拓計畫即將終結之際,開

拓使黑田清隆將約一千四百萬圓的官有資產，以三十九萬圓、三十年無利息償還的方式，賤賣給薩摩出身的政商五代友厚（1836–1885 年），此事遭到媒體暴露，引發民權派攻擊政府，即所謂「開拓使官有物拂下事件」。政府內部認為是大隈重信不滿自己金主三菱未獲得開拓使官有資產而洩密給媒體，岩倉具視、伊藤博文等人遂逼迫大隈辭職，此即明治十四年（1881 年）政變。由於大隈下野之前主張兩年後即開設英國式的國會，政府為緩和民權派的攻擊，隨即發布「國會開設敕諭」，約定 1890 年開設國會。

以「國會開設敕諭」為契機，陸續出現自由民權派的政黨，1881 年 10 月成立了以板垣退助為總理的自由黨，1882 年成立了以大隈重信為黨首的立憲改進黨。

1881 年，就任大藏卿的松方正義（1835–1924 年，薩摩藩出身）為緩解通膨而整頓財政、紙幣。首先緊縮財政以減少歲出，並增設印花、米及股票交易仲介、菸酒等稅項，以增加歲入，再以節餘的歲收買入正貨（銀）。又於 1882 年設立中央銀行「日本銀行」，將紙幣發行權集中於日本銀行；1883 年改正「國立銀行條例」，把國立銀行轉變為普通銀行，不得發行貨幣。1885 年開始發行兌換券，強制兌換正貨紙幣，藉此確立了銀本位的貨幣制度。

但松方財政使得通膨轉為通縮，社會陷入不景氣，佃農增加，農民分化嚴重。因農村不景氣，政黨活動資金難以募集，民權運動陷入沉滯。1882 年 4 月板垣退助在岐阜遇刺，政府趁機勸說其出國考察。板垣與後藤象二郎出國資金由井上馨向三井斡旋而來。而失去領袖的自由黨與立憲改進黨激烈對立，自由黨開始出現顛

覆政府及暗殺高官的激進行為,這些暴力行動與原本自由民權運動性質已大不相同。值此自由民權運動衰退之際,政府以新聞紙條例、集會條例、懷柔(拉攏大隈入閣)、分化(板垣出洋)等方式打壓民權運動,並於 1887 年 12 月突然公布七條「保安條例」,禁止一切祕密結社及集會、將有內亂或妨礙治安等嫌疑者放逐到皇宮三里之外。

二、伊藤博文統攬制憲

岩倉使節團成員、大久保政權合作者的伊藤博文,在司法官僚井上毅(1844–1895 年)及岩倉具視等人的影響下,選擇德國憲法為考察對象,於 1882–1883 年前往德、奧兩國考察德國諸邦憲法及歐洲立憲國家的政治、法律制度,歸國後,在宮中設置「制

度取調局」,伊藤以參議身分擔任局長,並兼任宮內卿,開始立憲改革。1884 年公布「華族令」,將華族分為公、侯、伯、子、男五爵,授爵給舊大名、公家,以及明治維新後擔任政府高官的功臣,另外,也授爵給民權派指導者、舊幕臣,試圖緩和國內對立。華族作為將來國會開設時的上院(貴族院)的選拔對象。

圖 62:伊藤博文

1885 年 12 月廢除太政官

表 16：第一次伊藤內閣閣僚

官職	氏名	出身	年齡	爵位
總理	伊藤 博文	長州	45	伯
外務	井上 馨	長州	51	伯
內務	山縣 有朋	長州	48	伯
大藏	松方 正義	薩摩	51	伯
陸軍	大山 巖	薩摩	44	伯
海軍	西鄉 從道	薩摩	43	伯
司法	山田 顯義	長州	42	伯
文部	森 有禮	薩摩	39	
農商務	谷 干城	土佐	49	子
遞信	榎本 武揚	幕臣	50	

制，設立近代內閣制度，中央官職不再稱「卿」，改稱「大臣」。
首屆內閣，即第一次伊藤內閣於 1885 年 12 月 22 日成立，從閣僚
組成來看，是名副其實的藩閥內閣。其後直到 1920 年代因創建明
治政府的元老逐一離世為止，歷屆總理、內閣大臣幾乎均由藩閥
出身者輪流擔任。

　　伊藤改革宮中制度，導入歐洲的立憲君主制。在內閣之外，
設置內大臣（首任為三條實美）作為天皇的常侍輔弼，掌理保管
御璽、國璽等宮中事務；又在內閣之外設立宮內省，明確區分政
府（府中）與皇室（宮中）。政府為使皇室不受議會制約，於

1885–1890 年，陸續將三百六十五公頃的山林、原野以及龐大的
有價證券設為皇室財產。為了審議「皇室典範」，於 1888 年 4 月
設立樞密院（天皇顧問機構），伊藤辭去總理，擔任樞密院議長，
皇室典範規定了由皇統的男系長子繼承皇位等內容。

在地方自治制度上，內務大臣山縣有朋（1838–1922 年）在
德籍顧問 Isaac Albert Mosse（1846–1925 年）協助下，採德國範
本的資產等級制及官治主義。二十五歲以上男性且直接納國稅二
圓以上者得選舉市會、町村會議員。市會議員互選出議長，推薦
三名市長候選人，由內務大臣上奏天皇決定市長。町村會議長為
町村長。府縣知事由中央政府選派，並由府縣知事任命郡長。府
縣議會由市會、郡會議員等選出。郡會議員由各町村議員各一名
組成，議長為郡長。內務大臣監督府縣知事、郡長，藉此國家權
力得以介入地方政治。

此外日本也修訂了西式的刑法、民法、商法，以求與西方法
律接軌後能交涉修改條約。

1887 年在伊藤夏島別墅完稿的憲法「夏島草案」送交樞密院
審議、修正後，政府於 1889 年 2 月 11 日公布《大日本帝國憲
法》（明治憲法）。為表示此憲法為「欽定憲法」，從制定草案到審
定主要由伊藤在宮中職務任內（制度取調局局長、宮內卿、樞密
院議長）負責統攬，公布時則以天皇將憲法授予總理大臣黑田清
隆的方式來呈現。

明治憲法全由伊藤代表的藩閥政府主導，日本人民無從討論、
得知內容，只能無條件接受。該憲法下規定的國家體制，民選的

眾議院與世襲的貴族院是天皇立法的襄贊機構；軍隊、行政、司法、議會各不相涉，均直接受命天皇，襄助天皇執行統帥、行政、司法、立法權，因此國家各個機關少有橫向聯繫，而分別獨立於總攬統治權的天皇之下。但實際上天皇極少以自己的意志行使統治權，慣例是依據國務大臣和議會的輔弼與協助來間接行使大權。因所有大權歸於不直接行使權力的天皇，故明治憲法被學者認為是「無責任體系的天皇制」。不過日本歷史上天皇也極少親政，明治憲法的體制也符合其歷史上向來挾天子以令諸侯的慣例。

　　實際上，明治時代的政權幾乎全由創建明治政府的元老掌控；大正末期元老逐一凋零，內閣、軍部、政黨等分別爭搶權力；到了昭和初期，軍部以天皇統帥權作為盾牌，對政治的話語權與控制不斷增大，日本遂走上軍國主義的道路。

三、超然主義與弱勢議會

　　黑田清隆接受欽定憲法後翌日，於鹿鳴館向地方長官演講，提到政府應恆常採取既定方向，超然立於政黨之外，須居於至公至正之道，此即所謂的「超然主義」。在即將面臨民選議院得以議政之際，黑田表現出藩閥官僚堅持己見、不受政黨左右的態度。超然主義也體現於伊藤統攬制定的明治憲法體制中，即內閣是官僚內閣而非政黨內閣。

　　作為中央民選議院的眾議院，為小選舉區制，議員定數三百人。擁有選舉權者為繳納國稅十五圓以上之滿二十五歲以上男子，當時有權者四十五萬餘人，約占全人口 1.1%。

議會第一年（1890-1891 年）開議時，眾議院以預算審議權為武器，與政府對立，民選議員（民黨）主張「民力休養、政費節儉」；而時任內閣總理的山縣有朋於 1890 年向議會報告的「外交政略論」施政演說中，認為國家獨立自衛之道首在守護主權線，其次是保護利益線，而日本利益線的焦點在朝鮮。山縣為了保護主權線與利益線必須增稅以加強軍力與軍備，與主張減稅的民黨相持不下，最後為免歐美各國看笑話而彼此妥協，政府認可一部分民黨要求，部分議員則幫助政府成立預算案。議會結束後，山縣因沒有信心主導內閣而請辭，改由松方正義出任總理。

議會第二年（1891 年），松方內閣提出擴張海軍等諸多計畫，因預算被大幅刪減而解散議會。隨後進行第二回總選舉，政府妨害民黨候選人的選舉活動，但最終民黨勢力依舊超過吏黨（親政府議員），政府不容易維持超然主義。

第三年（1892 年）議會開議，松方內閣被追究干涉選舉責任，閉會後因閣內意見對立而總辭，由伊藤博文組成第二次伊藤內閣。

第四年（1892-1893 年）議會期間，第二次伊藤內閣造艦預算被刪，政府從天皇取得「和衷協同之詔」後與自由黨妥協，勉強通過預算。此後第五年（1893 年）、第六年（1894 年）議會，眾議院都遭政府解散。

明治初期，政府為了中央集權，經常無視於公議輿論。而立憲後的藩閥內閣與眾議院也總圍繞預算案衝突，政府想富國強兵則必須增稅，民選議員由豪農地主、商人等資產階級選出，自然必須維護納稅人的權益，於是政府為了堅持官僚「超然主義」而

經常解散議會，導致議會運作極其不穩。

四、修改條約

　　日本與列強修改「不平等條約」的歷程長達四十餘年。岩倉使節團出訪目的即包含提出修約的預備交涉，但因日本政治制度與列強落差太大，使節團並未提出交涉。此後日本不斷引進西方政治與法律制度的同時，也持續嘗試與有約國修約。1878 年外務卿寺島宗則與有約國中態度較為和善的美國交涉關稅自主權，但遭到英、德等國反對而失敗，寺島辭職。1879–1887 年的外務卿（內閣制後為外務大臣）井上馨為了在文物制度上體現歐化，以達到與有約國修約交涉等目的，修建了歐式建築的鹿鳴館（1883年落成），作為國際社交場所，井上以同意於二年內讓外國人內地雜居以及判事任用外國人等條件，換取撤銷領事裁判權以及提高進口稅，但遭國內強烈批判而中止交涉、辭去外務大臣。1888 年繼任外相的大隈重信採取個別交涉，提議僅在大審院任用外國人，但遭右翼的玄洋社成員炸彈攻擊，大隈受傷，右腳切除，辭職。1890 年外相青木周藏（1844–1914 年）試圖與英國交涉，在英國勉為同意時，卻因當時爆發日本員警企圖暗殺來訪俄國皇太子的大津事件而引咎辭職。

　　1894 年在外相陸奧宗光任內，由駐英公使青木周藏成功與英國簽訂新的日英通商航海條約，獲得有約國中勢力最大的英國同意改訂新約後，日本陸續與其他有約國改訂新約。新約規定廢除領事裁判權，以及相互最惠國待遇、大致承認日本國定稅率等條

款，皆於 1899 年生效。與英國改訂新約後，兩國的條約待遇均為互惠、對等，奠下日後締結日英同盟的基礎。

日本完全恢復關稅自主權則要等到 1911 年，在外相小村壽太郎（1855–1911 年）任內才完成。

第三節　日清戰爭

一、朝鮮開國與政變

從征韓論及明治六年政變的背景亦可窺見日本明治時代的亞洲外交政策是以朝鮮為中心。與朝鮮締結修好條規後，日本逐步介入朝鮮事務。而朝鮮在 1880 年受中國駐日公使何如璋（1838–1891 年）、參贊黃遵憲（1848–1905 年）「朝鮮策略」建議的影響，決定開國，與西方國家締約通商，並在中國北洋大臣李鴻章的協助下，先與美國締結通商條約，其後陸續與其他西方國家締約。在朝鮮開國後，清朝也與朝鮮新訂《水陸貿易章程》，並派袁世凱（1859–1916 年）駐紮朝鮮，加強與朝鮮之間的宗屬關係。俄國在《璦琿條約》後奪取中國東北及庫頁島土地，勢力迫近朝鮮半島，引發與俄國在中東、克里米亞、中亞等地對抗的英國警戒，擔心俄國在東亞也進一步擴張勢力範圍。

長期處於海禁、封建農業社會的朝鮮，一經開國便在中樞爆發政變，1882 年的壬午軍亂，即因國王高宗之父大院君與世襲兩班官員不滿閔妃派為培訓別技軍（使用西式武器的新軍）等開國

措施，挪用兩班俸祿，而爆發反叛。協助訓練別技軍的日本人顧問及別技軍無力平亂，朝鮮請求清軍幫忙壓制。亂事中有日本人傷亡，於是日本與朝鮮簽訂《濟物浦條約》，日本得駐軍朝鮮，保護使館及在朝商民。

二、日本將清朝視為控制朝鮮的障礙

日本為了加強在朝勢力，扶植了親日官員，1884 年朴泳孝、金玉均等在日本公使竹添進一郎（1842–1917 年）幫助下，發動政變，脅持高宗，企圖排斥親中的閔妃派，成立親日政權，此即甲申事變。朝鮮再度請求清軍平亂，由於在朝日軍參與了政變，中日兩國於 1885 年簽訂《天津條約》，兩國均從朝鮮撤兵，但約定日後若出兵朝鮮，中日兩國須互相知會。

甲申事變後，由於朝鮮政府殘酷殺害朴泳孝、金玉均等人的家族、朋友，與朴、金交好的福澤諭吉所主辦的《時事新報》於 1885 年 3 月 16 日刊登了〈脫亞論〉社論，批評朝鮮與清朝是未開化的亞洲惡友，主張日本寧脫其伍而與西洋文明國共進退，也要謝絕亞細亞東方的惡友。日本一些激進民權運動者，如自由黨的大井憲太郎（1843–1922 年）等人也不滿日本運作的甲申事變失敗，於 1885 年 11 月企圖攜帶槍械到朝鮮去改革朝鮮政治、使其脫離清朝自立，甚至藉此挑撥日本與清朝戰爭。

日本認為妨礙其在朝勢力擴張的阻礙是朝鮮宗主國的清朝，從 1880 年起即不斷購買軍備和提高軍費比重，準備對清朝發起戰爭，藉以控制朝鮮。日本 1878 年占財政 15% 的軍費，到 1892 年

時已提高至 31%，1890 年山縣有朋的「外交政略論」更將朝鮮視為日本的利益線。

三、東學之亂與日清（甲午）戰爭

　　1894 年 1 月朝鮮爆發東學之亂（甲午農民戰爭、東學農民革命），以東學（包含儒、釋、民間信仰等內容，反對西學）為中心的地方知識分子帶領飽受開國痛苦、兩班欺壓的各地農民起義，要求減稅、「斥倭斥洋」，朝鮮又請求清軍幫忙平亂，清朝依據《天津條約》知會日本，日本隨即迅速派兵前往朝鮮。6 月兩國軍隊抵達朝鮮後，東學亂事已結束，清軍遂提議日軍一起撤退，但日本見機不可失，提議與清朝共同改革朝鮮內政，清朝認為朝鮮內政、外交自主，拒絕干涉；日本又向朝鮮提出協助改革內政、要求清朝撤兵以及廢棄與清朝的宗屬關係，朝鮮回覆自主改革內政、東學亂事已平請清軍與日軍撤退。日本在清朝拒絕共同改革朝鮮

圖 63：黃海海戰

內政後，即向清朝送出絕交書，並增派軍隊前往朝鮮。

　　與此同時，青木周藏加緊與英國交涉修約，終於在 7 月 16 日成功與英國簽訂新的通商條約，此舉代表英國支持日本控制朝鮮，以抗衡俄國從北邊南下朝鮮的勢力擴張，因此願意修約提高日本的國際地位與關稅收入。有了英國的默認支持，日本政府與議會採取一致合作的態度，原本對政府預算案屢屢杯葛的議會，此時全數通過二億多圓、約當日本二年半歲出的鉅額軍費，「舉國一致」發起戰爭。日本果斷未宣而戰，於 7 月 25 日在黃海上擊沉清朝運兵的船隻，引爆戰事。8 月 1 日，日本與清朝宣戰。不久，清軍北洋艦隊覆沒，清朝敗戰。

　　日本議約全權伊藤博文、陸奧宗光拒絕先停戰，以此脅迫清朝全權李鴻章於 1895 年 4 月簽訂了對清朝而言前所未有的苛刻條約——《下關（馬關）條約》。日本要求清朝承認朝鮮獨立、割讓臺澎和遼東半島、賠償二億兩，並締結新的航海通商條約，要求清朝開放內地口岸、租界，日本擁有片面領事裁判權。日本先前與清

圖 64：《下關條約》交涉情景

朝簽訂的對等修好條規因交戰、邦交斷絕，已告廢棄，而《下關條約》使日本成為清朝的列強，並獲得殖民地，日本成為名副其實的帝國。

在清朝的外交運作下，俄、德、法出面干涉，清朝以三千萬兩贖回了遼東半島，日本輿論對於「三國干涉」群情激憤，高喊要臥薪嘗膽。

但日本因《下關條約》從清朝獲得了高達開戰當年日本歲出約四倍的賠償金，用來實現金本位制，取得與資本主義列強平等的貨幣基礎；並用來興建八幡製鐵所，以製造軍器，進一步加強軍備；以及用在臺灣殖民地經營、興建京都帝國大學等方面，讓日本加速成為西式殖民帝國。

第四節　日俄戰爭

一、日清戰後國內政局與官僚制的確立

在日清戰爭期間，政府與議會政黨達成舉國一致合作，奠下戰後政府與政黨連立（聯合）內閣出現的基礎。第二次伊藤內閣（1892 年 8 月 8 日–1896 年 8 月 31 日）　因與眾議院第一黨的自由黨在戰後經營方針上立場相同，雙方於 1895 年 11 月合作，通過了包含軍備擴張的預算案，1896 年 4 月板垣退助入閣為內務大臣，第二次伊藤內閣成為與自由黨連立的內閣。隨後的第二次松方內閣則與進步黨（立憲改進黨後身）合作，該黨黨首大隈重信

入閣為外相，組成松隈內閣。政黨透過與藩閥的連立內閣逐步伸展勢力。

　　第三次伊藤內閣（1898 年 1 月 12 日–6 月 30 日）為了確保戰後經營的經常性財源，向議會提出地租增收案，但自由黨與進步黨皆反對，該案否決，政府解散眾議院。6 月自由黨與進步黨合併為憲政黨，試圖在下屆眾議院中獲得絕對多數，眼見兩大黨合併，日後足以在議會中主導所有議案，於是伊藤結束內閣，以伊藤為首的元老推薦由大隈與板垣組閣，此即隈板內閣（第一次大隈內閣，1898 年 6 月 30 日–11 月 8 日），是日本最早的政黨內閣，除了關係到天皇統帥權的陸相與海相外，閣員皆為憲政黨成員。1898 年 8 月總選舉結果憲政黨在眾議院中占絕對多數，但黨內的原自由黨系與進步黨系之間嚴重對立。8 月 21 日，文相尾崎行雄（1858–1954 年）因在帝國教育會茶話會上的共和演說❶遭到批評而辭職下臺，自由黨系的星亨藉機解散憲政黨，原自由黨系續稱憲政黨，原進步黨系則改稱憲政本黨。隈板內閣也隨之瓦解。

　　第二次山縣內閣（1898 年 11 月 8 日–1900 年 10 月 19 日）與憲政黨（舊自由黨系）合作，通過地租增收案，將地租稅提高至 3.3%。其後山縣內閣為了限制政黨的獵官熱潮，於 1899 年修改文官任用令，強化資格任用制度，限制政黨黨員成為官吏。又

---

❶　大意是批判日本當時金錢萬能主義的風潮，認為美國總統多出身清貧，假若日本將來採行共和制，則大概是由三井、三菱財閥那樣的富豪成為候選人吧。在天皇制下設想共和制的尾崎，遭到宮中批判其言詞「不敬」，而失去天皇信任的尾崎只好辭職。

於 1900 年確立軍部大臣現役武官制（軍部大臣限由現役大將、中將出任）、頒布《治安警察法》（限制社會、勞動運動），同時修改眾議院議員選舉法，將選舉權資格降為直接國稅十圓以上、廢除被選舉權納稅額規定、採無記名投票，藉以擴大國民參政權。

憲政黨因修改文官任用令問題與山縣內閣對立，停止與山縣內閣合作，轉與伊藤接近，並解散憲政黨，擁立伊藤為總裁，於 1900 年改組成「立憲政友會」。山縣有朋不喜政黨人士，批判伊藤組立憲政友會，山縣派官僚及貴族院議員均不支持伊藤、立憲政友會內閣。第四次伊藤內閣（1900 年 10 月 19 日–1901 年 5 月 10 日）為以立憲政友會為基礎的內閣，但因義和團事件軍費的增稅案遭到否決而下臺。此後伊藤與山縣不再組閣，以元老身分在內閣背後左右政治、推薦首相、參與策畫重要政務。隨後的第一次桂太郎（1848–1913 年）內閣（1901 年 6 月 2 日–1906 年 1 月 7 日）即以山縣為後盾，由藩閥、官僚組成的內閣。桂太郎是長州藩、陸軍出身，是第二代藩閥的代表。

明治初期政府的高級官僚主要來自創建政府的薩長土肥四藩藩士，中堅、下級官僚則多為舊幕臣。1885 年以後隨著內閣制度和各省官制的制定，重新整頓了官僚機構；1886 年東京大學改為帝國大學，強調作為帝國培育官吏的教育機構功能；1893 年公布文官高等試驗、文官任用令，官僚由政府成立之初的情實任用（自由任用）逐漸轉變為資格任用（依考試任用官吏），1899 年第二次山縣內閣修正文官任用令，限制政黨黨員的獵官熱，更加強化資格任用制度。

此後行政官吏的藩閥色彩逐漸消逝，而帝國大學、特別是其中的法科大學（今東大法學部）出身者占了高級官吏的絕大部分，帝國大學學歷逐步取代了出身地、身分等條件，帝國大學畢業生通過文官任用制度成為國家指導者，他們是具有近代知識和技能的菁英，能決定、執行國策，作為新特權集團而得與政黨勢力對抗。

二、日俄戰爭

日本認為三國干涉致使其國際威信低下，國內瀰漫反俄的輿論，而俄國又在清朝宗主權退出朝鮮後把勢力伸展到朝鮮，1895年7月朝鮮在閔妃派主導下成立親俄政權，日本對俄國更加警戒。10月，日本公使三浦梧樓（1847–1926年）與軍人、志士等發起擁立大院君的政變，殺害閔妃、打倒閔妃政權，藉此樹立親日派政權。但閔妃被殺後，俄國幫助國王高宗逃離日本控制，1896年2月高宗移居俄國使館，組成親俄政權，下令殺死親日派官員，此即「露（俄）館播遷」。於是日俄爭奪控制韓國（1897年2月高宗離開俄羅斯使館回宮，為表示國家的獨立地位，於1897年10月成立大韓帝國），彼此嚴重對立。

日清戰後，更加暴露「睡獅」清朝的衰弱，德國以傳教士被殺為藉口，於1898年租借膠州灣；俄國以三國干涉居功、制衡德國為藉口，租借旅順、大連；英國租借威海衛、九龍半島北部及附近兩百多個島嶼（新界）；法國租借廣州灣，中國陷入被列強瓜分勢力範圍的危機。面對危機，1898年光緒皇帝推動百日維新，

但隨即因慈禧太后的戊戌政變而中止。1900 年義和團事件後，俄國並未從中國東北撤兵，加上與清朝締結了密約，日本擔心俄國勢力在中國東北及朝鮮進一步擴張。當時日本內部有兩種對俄方針，其一是伊藤博文、井上馨等元老主張的「日露協商論」，試圖以交換承認各自的「滿」（中國東北）、韓勢力範圍的方式來調整兩國利害關係；其二是桂太郎首相、小村壽太郎外相等主張的「日英同盟論」，希望與英國合作以壓制俄國。1902 年 1 月日英締結同盟協約，主要內容為：維持中韓兩國的獨立與領土完整；互相維護日本在中韓兩國以及英國在中國的政治與經濟特殊利益；無論日英兩國的任何一國與第三國戰爭時，另一國應嚴守中立；如果與兩國以上交戰時，另一國應該給予援助，共同作戰。具有軍事同盟的內涵。

1903 年 8 月以來，日俄持續交涉「滿洲」與韓國問題，依據「日露協商論」的主張，日本提出將「滿洲」視為利益範圍之外，以交換俄國承認日本在韓國的軍政優越地位，但俄國不同意。

1904 年 2 月 4 日，日本舉行元老、政府、軍部首腦等均出席的御前會議，決定對俄開戰，6 日向俄國發出最後通牒，宣布斷絕外交關係。8 日，日本海軍在未宣戰下攻擊旅順港的俄羅斯艦隊，陸軍從仁川登陸，開啟了主戰場位於遼東、朝鮮半島以及周邊海域的日俄戰爭。

俄國向法國舉債以進行戰爭，但戰事不利，俄國軍艦還必須繞遠路到東亞與日本交戰，到了 1905 年，俄國各地爆發反政府示威，如 1905 年 1 月聖彼得堡爆發民眾反戰運動、遭到軍隊鎮壓的

「血腥日曜日事件」，象徵俄國的強弩之末。與俄國一樣大量動員士兵的日本，在長達年餘的戰爭後，兵員、兵器補充以及軍費籌措亦無以為繼，5月，趁著俄國波羅的海艦隊在日本海遭遇覆滅的機會，日本正式委託美國總統斡旋停戰。

9月，日本首席全權小村壽太郎與

圖 65：日俄戰爭中的日軍

俄國首席全權維特（Sergei Witte, 1849–1915 年）於美國樸茨茅斯締結條約，要求俄國承認日本在韓國的指導、保護、監督權，俄國轉讓旅順、大連的租借權，以及長春旅順間鐵道及其附屬權益，割讓北緯 50 度以南的樺太，承認日本在沿海州及勘察加的漁業權，兩國從「滿洲」（日本租借地除外）撤兵以及兩國對中國機會均等。

日本對國內宣傳戰勝，但條約並未能向俄國求償，日俄戰爭軍費將近十八億圓，其中有七億多圓是向英、美❷兩國舉債而來，

此戰日本動員約一百一十萬兵力，死傷約二十萬人（均為日清戰爭的 10 倍左右），民眾也因戰爭動員及增稅而備受艱辛，卻未如預期得到戰勝的賠償，於是不滿的民眾爆發「日比谷燒打事件」，攻擊官邸、派出所、親政府報社、基督教會等地並放火。第一次桂太郎內閣在處理完戰爭善後事宜後於 12 月解散，由公家西園寺公望（1849–1940 年）組閣，此後持續出現以藩閥、官僚勢力、陸軍為後盾的桂太郎，與眾議院第一大黨立憲政友會總裁西園寺公望❸交互組閣的形式，此即桂園時代（1901 年 6 月–1911 年 12 月）。日本政局進入以山縣有朋（桂後盾）為中心的元老、藩閥政治家，與以原敬為中心的立憲政友會之間既合作又抗衡的時代。

在海外，多數國家也認為日本戰勝俄國，打破了白人不敗的神話，激勵了中國、印度、鄂圖曼帝國、芬蘭等地的民族運動。

三、合併韓國

日俄戰爭期間的 1904 年 8 月 22 日，日本強迫韓國簽訂《第一次日韓協約》，派遣日本人顧問介入韓國財政與外交。戰後的 1905 年 11 月 17 日又簽訂《第二次日韓協約》（《韓國保護協約》、

❷　美籍猶太人資本家 Jacob Henry Schiff（1847–1920 年）為支持日本打敗俄國，而購買日本的公債，並呼籲其他美籍猶太資本家也陸續購買日本為戰爭發行的公債。

❸　1903 年伊藤博文再度就任樞密院議長之後，西園寺擔任立憲政友會總裁，由原敬（1856–1921 年）等人輔佐黨務。原敬於 1914 年接替西園寺成為立憲政友會總裁。

圖 66：韓國統監府

《乙巳保護條約》），設置韓國統監府，以伊藤博文為初代統監，
韓國成為日本保護國。同年修成作為產業與軍事運輸幹道的京釜
鐵路。1907 年 6 月，韓國藉著海牙和會召開而派遣密使到海牙，
試圖在和會上申訴遭到日本侵略、希望廢棄《第二次日韓協約》
等訴求，但和會的列強已承認日本對韓國的保護權，認為韓國的
外交權由日本代理，遂拒絕韓國使節入場。日本不滿高宗派出海
牙密使，1907 年 7 月 24 日強迫韓國簽訂《第三次日韓協約》，迫
使皇帝高宗退位給純宗，並解散韓國軍隊，完全掌控韓國內政。
以被解散的軍隊為中心，韓國各地掀起激烈的武力抗日義兵運動，
日本以大規模軍隊鎮壓，義兵運動兩年後開始衰弱，1914 年左右

基本上完全被鎮壓了。

1908 年日本成立配合殖民國策、半官半民的東洋拓殖會社，推進日本移民、資本家在韓國的農業經營、灌溉、金融等拓殖事業，該會社隨後成為韓國最大地主。

1909 年 10 月伊藤博文在哈爾濱被朝鮮義兵運動者安重根（1879–1910 年）暗殺而死，日本隨即於 1910 年 8 月 22 日逼迫韓國簽訂《日韓合併條約》，韓國淪為日本殖民地，日本將其改稱朝鮮、將漢城改名京城，設置直屬天皇的朝鮮總督統治韓國。日本一開始採武斷統治，任命武官擔任總督，進行地稅整理與土地調查，掠奪朝鮮人土地。失去土地、困苦無依的朝鮮人只好到日本或中國東北謀生，到日本的朝鮮人成為今日在日朝鮮人的源流。

四、黃禍論與日美齟齬

隨著日本成為強國，尤其是對中國東北的勢力擴張，列強提高對日本的警戒心。日清戰後，德皇威廉二世寫信給沙皇尼古拉二世，提到黃種人、尤其是日本可能指導中國，合力將白人逐出亞洲，並大肆宣揚黃禍論 (Yellow Peril)。

日本勢力範圍在日俄戰後擴大，1905 年日英同盟協約也相應改訂，兩國將同盟適用範圍擴大至印度，英國確認日本在韓國的指導權，將作為攻守同盟的期限延長為十年。但兩國在 1911 年又提前改訂，將美國排斥在攻守同盟的對象之外，但此舉不符合與美國存在齟齬關係的日本之利益，因此日英合作關係逐漸冷卻。

日本於 1906 年設置關東都督府及半官半民的南滿洲鐵道株

式會社（滿鐵），並隨即與俄國於 1907 年簽訂協約，約定兩國的
「滿洲」及內蒙勢力範圍，日本擁有「南滿」及內蒙東部、俄國
擁有「北滿」及內蒙西部的勢力範圍。其後兩國還因排斥美國介
入「滿洲」、應對辛亥革命以及第一次世界大戰等變局，而分別於
1910 年、1912 年、1916 年重新簽了維護彼此勢力範圍的協約。

　　1905 年美國鐵路企業家哈里曼 （Edward Henry Harriman,
1848–1909 年）提議日美共同經營南滿鐵路，日本政府拒絕。哈
里曼死後，1909 年美國又提議「滿洲鐵道中立化」，將列國在中
國東北的鐵路權益還給中國，由列國共同管理，日俄均反對。

　　在美國則發生排斥日本移民的運動，1906 年舊金山禁止日本
人在公立學校就讀，1907–1908 年林董（1850–1913 年）外務大
臣與駐日美國大使以交換書信、備忘錄等方式達成《紳士協約》，
由日本自主發行僅限於觀光、公務、留學、依親的赴美護照，以
此管制日本人移民到美國，此後從 1909–1923 年，每年平均只有
五百多人移居美國。1920 年起日本禁止飽受美國人詬病的以寫真
相親方式結婚而赴美依親的管道。

　　雖然日本做出種種與美國妥協的努力，但 1913 年最多日本移
民聚集的加州，制訂了禁止非美國公民的土地所有權法案，歧視
日本移民；即便日本人每年赴美人數降到微不足道了，但 1924 年
美國聯邦議會仍通過《排日移民法》，這給予自認已經躋身西方列
強之列、且當時正與美國在華盛頓會議體系中合作的日本莫大的
侮辱。

第五節　產業革命

一、日清、日俄戰後的發展

　　日本以《下關條約》獲得的巨額賠償金用來軍備擴張與振興產業，1897 年制定貨幣法，實施金本位制，一時之間經濟、產業蓬勃發展，但因短期內過度進口棉花和重工業機械等物資，造成資本主義恐慌，日本銀行通過勸業銀行、興業銀行，以及府縣農工銀行等特殊銀行，提供產業資金，度過危機，1900 年左右確立了以纖維產業為中心的資本主義經濟體制。

　　在纖維紡織輕工業方面，棉業和製絲業都有長足發展。關於棉業發展，日本從中國、印度、美國輸入棉花來製造棉絲，逐漸取代進口棉絲並能滿足國內需求，1894、1896 年分別撤廢棉絲輸出稅和棉花輸入稅，在政府關稅獎勵下，大幅提高了對中國和朝鮮的棉絲輸出量，到 1897 年棉絲出口已超過進口；在製絲業上，日本於 1894 年設立許多大規模製絲工廠，生絲製品在國際市場上打贏中、法、義等國，產品輸出到美國和其他歐洲國家，賺取外匯。1897 年豐田佐吉（1867–1930 年）發明國產力織機，農村的家內手工業生產得以轉換成小工廠的機械制生產。

　　在重工業方面，政府推進官營軍事工業，也獎勵民間設立造船所，如三菱的長崎造船所，但和輕工業相比，重工業仍相當落後，尤其是民間企業，要到日俄戰爭後才有所進展；作為軍事工

業基礎的鋼鐵，雖用清朝的賠償金建了官營八幡製鐵所，採用德國技術，以中國大冶礦山礦石為原料，於 1901 年開業，但技術上無法突破，大部分仍須仰賴進口，直到日俄戰爭後才逐漸上軌道。

　　日清戰後，日本貿易總額巨幅增加，1902 年是 1887 年的五倍以上。日清戰前，進口物品以棉絲、砂糖、毛織物等加工產品為大宗，出口物品以生絲、水產、銅等食品和原物料為大宗。日清戰後，進口物品以棉花等原物料為大宗，出口物品中生絲、棉絲等加工品逐步增加，主要出口到美國和中國，顯見日本向近代工業國家邁進了一步。

　　由於日本在軍備擴張、產業振興、擴充教育設施以及殖民地經營措施上多頭並進，財政不斷膨脹，即便發行國債、增加地租仍不敷所出，遂新設營業稅、砂糖稅、麥酒稅，增收酒、醬油稅等消費稅，使得農業地租在稅收比例中不斷下降，明治初期原以地租為中心的稅制，至此時已轉變成以間接消費稅為中心的稅制。

　　跟工業相比，以稻作的零細耕作為主的農業發展遲緩，1890年代因大豆渣等金肥（用金錢購買的肥料）普及與品種改良，農業技術提升，米價等農產品價格提升，農村發展安穩。但因近代產業發展導致非農人口增加，加上生活水準提升，以米為主的農產供給不足，日清戰後，日本每年須從朝鮮進口稻米。又為因應商業式的農業發展，於 1900 年發布《產業組合法》，組成關於信用、販賣、購買、生產的協同組合。但農村在 1880–1890 年代小作地率增加，農民分化成寄生地主❹、自耕農、小作人。

　　日俄戰後，日本背負國內外債務，又因軍備擴張必須進行各

種增稅，導致財政困苦，產業蕭條，1907 年出現恐慌現象，持續慢性不景氣，特別是農業生產停滯和農家貧困成為社會問題，農村出現小作人組合，要求地主減免小作料，農村動盪不安。在東京、大阪等大都市出現貧民集中的區域，一些基督教的社會救濟團體，如山室軍平（1872–1940 年）的救世軍等從事救濟貧民事業；另外還有推動廢娼運動的基督教婦人矯風會。

歷經 1907 年的恐慌之後，日本各大財閥吞併破產中小企業，展開了遍及金融、貿易、運輸、礦山等多角化經營，三井於 1909 年設立合名會社，此後各財閥均以持股公司來整備企業集團 (Konzern)，形成壟斷產業資本的巨頭。此時最大財閥是三井越後屋起家的三井合名會社，逐步跨足紡織、製紙、電機、金屬、機械等產業；其次是岩崎彌太郎的三菱商會，以壟斷海運業起家，於 1893 年成立三菱合資會社，跨足製鐵、商業、金融、製紙、礦業等產業。另外還有以銅銀商、幕府御用兩替商起家的住友、安田財閥，以及經營足尾銅山起家的古河財閥等等。

二、社會問題

明治中期以後隨著資本主義發展，工薪勞工急速增加，與同時代的歐美諸國相比，日本勞工以低工資、長時間從事嚴苛的勞動，衛生和生活環境也十分惡劣，形成社會問題。

女性多在產業革命中心的纖維工廠工作，其中也存在不少十

---

❹ 以小作料為資本成立企業或成為地方官員、議員，一般不住在農村。

二歲以下童工，女工一般每月隔週休一天，每天十二小時輪替制，中小企業的女工甚至每天工作十六～十七小時，日薪約七～二十五錢；農家次男以下的男性多在重工業或礦山工作，在東京砲兵工場或石川島造船場的男工，每天工作十～十一小時，日薪約三十～三十五錢。當時的米價一升（一．五公斤）約十四～十五錢。

此外，古河財閥曾爆發足尾銅山（位於栃木縣日光市足尾町）礦毒事件，1890 年代礦毒廢水汙染周邊田地。1901 年栃木出身議員田中正造（1841-1913 年）辭去眾議院議員，向明治天皇直接申訴此事，成為重大社會問題。最後，汙染嚴重的谷中村遭廢村，居民遷到北海道。

留美、受基督教社會運動影響的高野房太郎（1868-1904 年）、片山潛（1859-1933 年）於 1897 年成立勞動組合期成會，在其指導下，各地成立鐵工組合。以片山潛為中心，創辦了雜誌《勞働世界》，展開勞工組織運動，提高勞工的自覺與團結。政府則於 1900 年頒布《治安警察法》，限制勞工結社、罷工權，以取締勞工運動。

歐洲針對資本主義、工業革命帶來的副作用而發展起來的社會主義思想，也傳播進剛確立輕工業產業革命的明治日本，1898 年出現社會主義研究會，1901 年社會民主黨組成，但在《治安警察法》禁止結社的規定下，社會主義成員的集會、結黨均屬非法，時時遭受取締。

日俄戰爭後社會矛盾更加深化，在西園寺內閣的通融態度下，1906 年片山潛等人成立日本社會黨。1907 年，該黨因群眾抗爭事

件與警察衝突，黨內激進派的幸德秋水（1871–1911 年）等人主張直接行動，與重視議會政策的穩健派對立。同年，政府又命令該黨解散。

1908 年社會主義強硬派的荒畑寒村（1887–1981 年）、大杉榮（1885–1923 年）等人在歡迎同伴出獄的聚會中，高唱革命歌、揮舞寫著「無政府共產」、「社會革命」字句等紅旗，與警察衝突，遭到逮捕，此為「赤旗事件」。

1908 年第二次桂內閣成立，嚴厲取締社會運動。1910 年爆發大逆事件（幸德秋水事件），政府以秋水等人企圖暗殺天皇為由，將十二名社會主義者處死。1911 年政府又因大逆事件而在警視廳內成立特別高等課（特高），用以鎮壓社會主義運動。此後社會主義進入嚴冬時代，國民大多視之為危險思想，社會主義者的活動衰退。

為了避免層出不窮的勞工運動，1911 年政府頒布《工場法》，試圖以政策改善勞動條件、緩和勞工與資本家的對立。但在資本家的強烈反對下，《工場法》並未得到落實。

三、日本資本主義特色

相較於歐美先進國家費時二、三百年的工業革命發展，由於明治政府主導了近代產業育成政策，從已完成工業革命的歐美先進諸國移植了經濟制度、技術、知識、機械等軟硬體條件，並以盡量在國內籌集資金的方式，僅用了半世紀的時間，於明治後期確立了資本主義工業體制。但這樣的急速發展也帶來了許多副作

用，如工業與農業、大企業與中小企業之間存在嚴重發展與規模
上的落差，還有各種公害與環境破壞等等。

而相較於其他後進的工業革命國家，日本的資本主義和工業
革命能急速確立的關鍵，在於江戶時代以來日本歷史的先決條件，
如繼承寺子屋傳統的學校教育，而得以迅速普及基礎國民教育，
創造眾多受過教育的勞工；再加上日本人的勤勞性格、相對而言
較不受宗教束縛的社會特質，以及日本社會大致為同一民族、使
用同一種語言的同質性，遂能迅速凝聚社會共識等等。

明治時代，日本內部經歷了從封建社會劇烈轉型成近代中央
集權帝國的變身，期間爆發無數次政變與民眾反政府的一揆，但
都在藩閥政府堅定的超然主義下，有驚無險地朝著既定的西化道
路前進。明治維新看似是政府從上而下的片面改革，但以下級武
士為主體創建的藩閥政府，其實在當時日本社會中處於承上啟下
的位階，他們在幕末屬於可能被提拔成藩國家宰或左右藩論而掌
握藩政的統治階層，在開國變局中他們和他藩武士乃至幕臣、公
家串聯以共同應對，還是帶著豪農和民兵發動政變的武士，又是
樂意引進西方政治、法律、軍事等制度的知識群體，加上有天皇
權威的背書，使得藩閥政府比較能在短時間內凝聚國內上下共識，
掌握日本內外局勢，並善於審時度勢選擇發動戰爭的時機，再以
戰勝的果實提升國際地位、補充近代化資金，最終躋身於西方列
強之列。

大正時代

大正時代（1912–1926 年）的起始與結束均與民主運動的政
變相始終，故被稱為「大正民主」。期間經歷第一次世界大戰，以
及戰後國際和平、裁軍思潮昂揚的時期，也是日本與美、英等國
在外交上合作的時代。

第一節　大正民主

因日俄戰爭背負高額債務，以及慢性不景氣致使財政窘迫，
1912 年 12 月第二次西園寺內閣 （1911 年 8 月 30 日–1912 年 12
月 21 日）緊縮財政，不接受陸軍增設二個師團的要求，陸軍大臣
上原勇作（1856–1933 年）利用帷幄上奏權，單獨向天皇辭職，且
陸軍拒絕指派繼任陸相，導致內閣總辭，元老會議指定半年前剛
任內大臣兼侍從長的桂太郎組閣。通常擔任內大臣即代表從政府
引退，加上外界並不知道桂與西園寺之間「情意投合」輪流組閣
的默契，因此政黨與輿論均認為是陸軍、藩閥出身的桂太郎通過

圖 67：桂太郎

運作陸相辭職而倒閣，輿論不滿藩閥政治家再度組閣，12月13、14日交詢社❶等發起憲政擁護運動，主張「閥族打破、憲政擁護」。21日西園寺內閣正式總辭，第三次桂太郎內閣（1912年12月21日-1913年2月20日）成立，護憲運動更加激烈，27日在野黨國會議員與新聞記者、學者等決定將護憲運動擴展至地方，翌年1月各地召開「憲政擁護」大會。

面對護憲運動，桂太郎採取「優詔政策」，從天皇處請得詔敕來試圖停止政爭，但在野黨的立憲政友會以尾崎行雄為首，與立憲國民黨黨首犬養毅（1855-1932年）密切合作，提出內閣不信任案。1913年2月10日數萬民眾包圍議會，隨後又攻擊警察署以及御用新聞的國民新聞社等處。2月20日桂內閣總辭，改由薩摩閥出身的海軍大將山本權兵衛（1852-1933年）組閣。這是由政黨、輿論與民眾首次以直接行動推倒了藩閥內閣，史稱大正政變。

---

❶ 以福澤諭吉為首，由慶應義塾出身的知識分子、商工業者等於1880年組成的社交俱樂部，社員之間彼此交換知識、諮詢世務，故稱為交詢社。

政變期間，桂太郎也於 1 月開始籌組新黨，試圖擺脫山縣閥與政友會的制約，但新黨尚未組建完成，桂太郎於 4 月生病、10 月逝世，其新黨於 12 月正式結黨為「立憲同志會」，由加藤高明（1860–1926 年）❷ 出任總理，黨員多為官僚出身；而政友會總裁西園寺公望與原敬也在黨務立場上彼此對立，因天皇不願意身為貴族的西園寺過多參與政黨事務，西園寺遂以「違勅」為由辭去總裁，後由原敬接任。

第一次山本權兵衛內閣（1913 年 2 月 20 日–1914 年 4 月 16 日）以立憲政友會為與黨，顧及民眾反對藩閥的態度，緩和軍部大臣現役武官制，改革文官任用令，並為拉攏政黨而擴大自由任用、特別任用範圍，開拓政黨人員擔任高官管道。1914 年 1 月德國西門子公司因巡洋戰艦「金剛」招標案向海軍高官行賄之事曝光（西門子事件），隨後第一次山本權兵衛內閣引咎總辭。

---

❷ 尾張藩下級藩士子。1881 年帝國大學法科大學首席畢業後進三菱會社，隨即被老闆岩崎彌太郎賞識，1883 年派往英國學習海運相關事務。加藤在英國對政治產生興趣，經陸奧宗光引薦而認識伊藤博文，1885 年回國後任三菱副社長，1886 年與彌太郎長女結婚，1887 年進入官界，歷任外相祕書、駐英公使、外相等官職。1901 年轉進政界，兩度當選眾議員。1904 年又擔任外相、駐英公使等官職。

第二節　參與大戰與協調外交

一、日本參戰與「二十一條要求」

　　歷經長州藩、陸軍出身的桂太郎與薩摩閥、海軍出身的山本權兵衛內閣均倉皇請辭之後，為了抵抗議會多數黨的政友會之跋扈，元老井上馨推薦已於 1907 年從政壇引退的大隈重信復出組閣，並找來立憲同志會總理加藤高明，要求其輔佐大隈成立第二次大隈內閣（1914 年 4 月 16 日–1916 年 10 月 9 日），大隈過去的政黨早已解散，此次組閣以立憲同志會為與黨，加藤出任外相。

　　此內閣組成不久，就面臨第一次世界大戰（1914 年 7 月 28 日–1918 年 11 月 11 日），英國在 8 月 4 日對德宣戰，並於 8 月 7 日請求日本協助搜索、攻擊在東亞洋面上的德國偽裝巡洋艦，加藤高明收到英國請求後，判斷大戰很快結束、英方的盟國會獲勝，因此日本必須盡快參戰以取得戰爭紅利，加藤說服對參戰猶豫的閣僚、元老，井上馨也認為這是「大正新時代之天佑，日本國必須立即以舉國一致的團結，享受此天佑」。於是日本決議參戰，於 8 月 15 日對德發出最後通牒，要求德國軍艦撤出東亞、將在中國膠州灣的租借地交給日本。德國無視日本通牒，日本於 8 月 23 日對德宣戰，陸軍進攻青島德租借地、海軍進攻德屬的塞班、帛琉等南洋群島。

　　但日本陸軍除了青島德租借地外，還沿著膠濟鐵路擴大在中

國山東的占領區域，當時身為中立國的中國要求日本撤出青島德租借地以外領土，日本拒絕。此時，日本不僅要將德國在東亞的勢力一舉清除，並打算藉著歐洲列強陷入大混戰之際，以占領德國在中國膠州灣的租借地來壓迫中國延長旅大租借權，並進一步鞏固、擴大日本在中國的勢力範圍。

1915 年 1 月日本向袁世凱政府提出「二十一條要求」，以逼迫中國同意延長日本在中國東北南半部的特權，並擴張日本在中國的勢力，其主要內容如下：第一號關於取得德國在山東享有的一切權力利益等（共四條）。第二號關於日本在「南滿」及東部內蒙古享有優越地位，延長旅大租借期限及南滿鐵路權益期限延長為九十九年等（共七條）。第三號關於日中合辦漢冶萍公司等（共二條）。第四號共一條：中國政府允准，所有中國沿岸港灣及島嶼，概不讓與或租與他國。第五號共七條：中國政府須聘用日本人充當政治、財政、軍事等顧問；所有在中國內地設立的日本醫院、寺院、學校等，概允其土地所有權；重要地方的警察由中日合辦等。

袁世凱技巧地指示官員洩漏「二十一條要求」，列強震驚日本藉大戰大肆擴張在華特權的行徑，在列強關注下，為了盡快落袋為安，日本對華發出最後通牒，除第五號外，逼迫中國於大正四年（1915 年，民國四年）5 月 9 日接受前四號的大部分要求。中國被迫與日本簽約（《民四條約》），將 5 月 9 日訂為國恥紀念日，並頒布《懲辦國賊條例》，視將土地借與日本人的中國人為國賊，要公開審判乃至處死，此舉使條約中關於土地商租權的條款淪為空文。

　　日本的行為激發中國人民強烈的反日運動，紛紛集會、演講、組織反日愛國團體、抵制日貨，使《民四條約》不能完全付諸實行；而歐美列強也競相猜疑日本藉機欺壓中國，違反列強在中國的門戶開放、機會均等原則。日本惹了一身腥。

　　元老山縣有朋等人不滿加藤在外交上固守日英同盟、專斷獨行、不將外交機密文書提供元老閱覽的態度，逼迫加藤辭去外相，由石井菊次郎（1866–1945 年）繼任。石井隨後如山縣所願，於1916 年 7 月與俄國締結相當於軍事同盟的第四次協約，日俄協約締結後，山縣推舉長州藩、陸軍出身的寺內正毅（1852–1919 年）組閣（1916 年 10 月 9 日–1918 年 9 月 29 日）。

　　列強之中仍置身於大戰之外、一直宣揚門戶開放主義的美國，最有餘力關注日本的行為。1917 年 11 月 2 日，日本全權石井菊次郎與美國國務卿藍辛（Robert Lansing, 1864–1928 年）締結關於兩國在中國的利害調整之協定（《石井藍辛協定》），除了「特殊權益」外，兩國對中國主權獨立與領土完整、門戶開放與機會均等達成共識。據此，日本認為美國已承認日本於《民四條約》中取得的特權，但美國認為《石井藍辛協定》只是承認日本在華的經濟特權而不承認政治特權。

二、大戰景氣與米騷動

　　因大戰軍需與世界船舶不足使得船價和運費高漲，海運和造船景氣大好，日本一躍為僅次於英、美的海運大國，造船技術也躋身世界尖端地位，時人稱此景氣為「船成金」（以船大發利市）。

圖 68：設於滿洲的鞍山製鐵所

八幡製鐵所、滿鐵經營的鞍山製鐵所、民間企業蓬勃發展。因德國進口停頓，藥品、染料、肥料等化工產品陸續轉為國產，化學工業興起。此時工業產值超過農業，日本正式躋身工業國家之列。大戰景氣使日本在 1915 年成為貿易黑字國，1914 年末日本還負債十一億圓，到了 1920 年則變成擁有二十七億圓的債權國。

　　俄國在大戰中不堪總體戰負荷而爆發革命，1917 年 3 月因大戰通膨引起首都勞工全體罷工，高喊要求麵包、反對戰爭、打倒專制的口號，政府派軍隊鎮壓，但軍隊同情人民，許多軍人加入示威行列並起而叛亂，沙皇帝制崩潰。以議員等自由主義者為中心成立了臨時政府，但新政府仍持續參戰。11 月又爆發革命，列寧（Vladimir Lenin, 1870–1924 年）領導的社會民主勞動黨之多數派（布爾什維克，共產黨前身）推翻臨時政府，建立世界首個蘇維埃政府，並於 1918 年 3 月與德、奧單獨締結和平條約，退出大戰。

英、美❸等協約國陣營敵視蘇維埃政權，為使德國重新注意東部戰線、推翻蘇維埃政權，遂以解救在海參威的捷克軍俘虜為大義名分，出兵西伯利亞。日、美、英、加、義分別派軍七萬三千人、七千九百五十人、一千五百人、四千一百九十二人、一千四百人至西伯利亞。各國於 1920 年撤兵，日本則拖延至 1922 年才撤兵。

大戰使日本物價上漲，在軍用米需要大增、外米進口量大減之下，米價暴漲，政府於 1917 年 9 月 1 日頒布「暴利取締令」，禁止商人對米、鐵、石炭、藥品等囤貨居奇，但未收到效果。1918 年 4 月的「外米管理令」指定三井物產、鈴木商店等七家公司大量進口外米，但米價依舊上漲。

1918 年 7 月 22 日夜間，富山縣魚津港婦女阻擋暫時靠岸的運米船前往北海道。 1918 年 8 月 2 日寺內內閣宣布西伯利亞出兵，商人更加囤貨居奇。8 月 9 日《高岡新報》將富山婦女阻擋運米船的事件報導為「越中女一揆」，8 月 20 日以後一揆波及全國，民眾打燒搶劫米問屋、炭工等要求加薪，約七十萬人參與了一揆。政府派出軍隊鎮壓，令警察逮捕參與者，並控制言論，禁止報社報導一揆。

被稱為「最後藩閥內閣」、「超然內閣」的寺內內閣因對米騷動事件負責而總辭。

---

❸ 原本堅守中立的美國，因德國的無限制潛艇戰而於 1917 年 4 月對德宣戰，中華民國受美國邀請，也於 8 月對德宣戰。

　　第一次世界大戰是總體戰，協約國陣營將之稱為民主主義對抗專制主義的戰爭，日本受此世界潮流影響，也出現所謂大正民主的民主主義風潮，其中吉野作造（1878-1933 年）宣揚的民本主義，主張政治的目的在於民眾的福利，政策決定應基於民眾意向，批判以天皇大權為後盾而行使違反民意政策的元老、藩閥、官僚、軍部、貴族院等政治菁英，主張以議會為中心的政治運作，以及普通選舉，其主張成為大正民主的理論指導。以《朝日新聞》及雜誌《中央公論》、《改造》為首的媒體也強力批判藩閥、官僚、軍部，將民本主義思想傳播給國民。

　　寺內內閣總辭後，元老們認為輿論不會再支持官僚內閣，於是推薦眾議院最大黨的立憲政友會總裁原敬出任首相。原敬（其祖父為盛岡藩家老）當時沒有爵位，也拒絕受爵，並非藩閥政治家，因此被稱為「平民宰相」。原內閣（1918 年 9 月 29 日-1921 年 11 月 13 日）除了陸相、海相、外相外，閣僚全為政友會成員，被視為政黨內閣，受到國民歡迎。

　　原敬在外交上採取與英美合作、改善與中國關係的策略；在內政上強化政黨在統治機構中的影響力，擴充教育設施、整備交通、振興產業、充實國防，並配合輿論，於 1918 年修正選舉法，將選舉資格從繳納直接國稅十圓降到三圓，大選舉區改成小選舉區。

　　大戰末期以來，以知識分子、學生、勞工組織為中心的團體積極主張男性普選，但作為平民宰相的原敬修訂的選舉法卻反對普選，仍然保持了繳納三圓以上國稅的資產資格限制。加上政友會長期以來作為多數黨的腐敗與驕橫現象，導致原敬於 1921 年

11 月 4 日在東京車站前被一憤慨青年暗殺。隨後由高橋是清（1854–1936 年）率領政友會組閣（1921 年 11 月 13 日–1922 年 6 月 12 日），但因閣內不統一，不久總辭。此後接替的內閣皆非政黨內閣。

三、巴黎和會、華盛頓體制與協調（合作）外交

1918 年 1 月美國總統威爾遜(Thomas Woodrow Wilson, 1856–1924 年) 提出和平原則十四條，試圖作為戰後和會的條件。德國於 10 月向美國通告同意接受十四條原則，11 月初德國爆發革命，德皇亡命荷蘭，德國新政府於 11 日簽署停戰協議，大戰終了。

1919 年 1 月巴黎和會召開，會議由英、美、法三巨頭再加上義、日五大國把持。日本派遣以西園寺公望、牧野伸顯（1861–1949 年）等五人全權代表為中心的大型代表團與會。1919 年 6 月戰勝國與德國簽訂《凡爾賽條約》，德國喪失一部分國土與所有海外殖民地、承擔巨額賠償義務❹、禁止擁有空軍、陸海軍也受嚴格限制。和會依據三巨頭決定的民族自決原則重劃歐洲國境，誕生波蘭、捷克、匈牙利、南斯拉夫、芬蘭等新國家。巴黎和會規定的戰後秩序被稱為凡爾賽體制。

---

❹ 原訂為一千三百二十億金馬克，後陸續減額，1929 年減為三百五十八億金馬克，分期付款加計利息後，總額為三千億金馬克，而當時德國的償付能力約為三十億金馬克。1929 年世界經濟大恐慌後，德國無力償還，納粹政府更拒絕履行條約。但在第二次世界大戰後，德國繼續償還，直至 2010 年還完凡爾賽賠款。

中國因參戰而與日本同為戰勝國，但日本在英、法密約的支持下，繼承德國在山東的權益、託管舊德屬南洋群島，不願在和會上將山東交付中國，僅承認日後與中國交涉歸還山東，結果引發中國的五四運動。日本提出人種差別禁止議案，中國支持，但美、英等大國反對，最終未能寫入國際聯盟約中。

1919 年 3 月 1 日，朝鮮爆發反對日本殖民，高喊獨立萬歲的獨立運動（三一獨立運動、萬歲事件），遭到日本武力鎮壓。在世界裁軍、和平的潮流下，日本改派具有與歐美合作態度的海軍大將齋藤實（1858–1936 年）出任朝鮮總督，對朝統治從武斷政治轉為文化政治，並將朝鮮總督任用範圍從現役軍人擴大到文官。

美國參議院未批准加入國際聯盟，但作為在大戰後逐步掌握國際政治主導權的大國，美國為了抑制日本的擴張、重塑東亞國際秩序，並節制英國與日本的海軍軍備競爭，由總統哈定（Warren Gamaliel Harding, 1865–1923 年）於 1921 年 11 月邀請相關各國，舉行了華盛頓會議。日本為了化解各國誤解、增進國際聲望、尤其為了與美國親善，派出以海相加藤友三郎、駐美大使幣原喜重郎（1872–1951 年）等人為全權的代表團。1921 年 12 月，美、英、法、日簽訂《四國條約》，約定太平洋群島的領土完整與安全保障，日英同盟作廢。1922 年 2 月與會國簽訂《九國條約》，尊重中國主權獨立與領土完整、各國機會均等與中國門戶開放，《石井藍辛協定》作廢。同月簽訂《海軍裁軍條約》，規定美英、日、法義的戰艦與巡洋艦保有比例分別為 5:3:1.67。

1922 年 2 月日本在華盛頓會議期間與中國另訂《山東懸案解

決條約》，約定向中國歸還在山東的權益。

上述條約構成華盛頓會議體制，是以美、英、日合作關係為基軸的新東亞、太平洋區域國際秩序。

從華盛頓會議到 1930 年代初期為止，是日本所謂的協調外交（國際合作）時代，這近十年期間由於幣原喜重郎在四任內閣中，前後擔任五年多的外相職務，採取與美合作、不干涉中國內政的態度，故也稱為幣原外交時期。

日本陸海兩軍在華盛頓會議體制下，相繼減縮軍備、裁軍，大量被裁軍人轉任學校軍事教練，軍事費用也從 1921 年占國家歲出的 49% 降到 1926 年的 27%。自日俄戰爭以來社會地位高漲的軍人不滿裁軍、反對協調外交，激進軍人經常發起恐怖暗殺與政變行動。

華盛頓會議體制下，1924 年美國聯邦通過《排日移民法》，造成日本國民對美國印象惡化，但外交層面依然維持合作關係。

第三節　恐慌時代與普選運動

日本資本主義極其不穩定，屢屢通過戰爭取得發展，且軍工產業占比過大、國民購買力尚不充分、國內市場規模不大，經常依賴海外市場提振景氣。從 1917 年美國參戰提供協約國軍器、物資之後，日本的大戰景氣逐漸反轉，戰爭一結束，大戰景氣也隨即消逝。當列強生產恢復，1919 年日本的貿易收支又轉為入超，特別是重化學工業的入超壓迫了國內生產。 1920 年日本股市暴

跌，紡織、製絲業景氣低迷。
1923 年日本政經中心的關東
發生大震，在大戰中得到臺灣
銀行大量融資而急速擴張的
鈴木商店倒閉，作為鈴木商店
主要債權者的臺灣銀行等眾
多銀行歇業，日本陷入慢性不
景氣狀態。

圖 69：關東大地震中，東京著名地
標凌雲閣遭到嚴重損壞

　　在山縣有朋、松方正義分
別於 1922、1924 年去世後，
元老僅存貴族西園寺公望一
人。元老凋零之際，1924 年，立憲政友會、憲政會❺、革新俱樂
部❻發起第二次護憲運動，主張樹立政黨內閣、實現普通選舉、
貴族院改革、財政改革，此三黨被稱為護憲三派。三黨在選舉中
勝利，取代被三黨稱為「時代錯誤的特權階級內閣」、以貴族院為
基礎的清浦奎吾內閣（1924 年 1 月 7 日–6 月 11 日），成立護憲
三派內閣，以加藤高明為內閣總理，是為政黨內閣，史稱第二次
大正政變。1925 年，加藤高明內閣（1924 年 6 月 11 日–1926 年
1 月 30 日）通過《普通選舉法》，實現了不拘身分、財產，成年

❺　由立憲同志會於 1916 年改組而來，1927 年 6 月 1 日憲政會又改組為立
　　憲民政黨。
❻　由犬養毅的立憲國民黨於 1922 年 11 月 8 日改組而成的黨派。

男子皆有選舉權的普選主張。

　　從加藤高明內閣起，政黨政治維持了八年，結束明治以來的藩閥政治。作為帝國大學畢業生的加藤縱橫財（經濟產業）、官、政三界，最終登上內閣總理，其經歷不僅代表明治時代以來藩閥政治菁英被近代學歷菁英取代的現象，高層菁英的換血，也代表日本近代化的一個里程碑。

　　加藤過世後，由憲政會若槻禮次郎（1866-1949 年）組閣（1926 年 1 月 30 日-1927 年 4 月 20 日），1927 年 4 月在國會閉會時期，內閣希望發布緊急敕令（代替法律，待國會開議時再追認）處理以臺灣銀行為首的金融危機，但樞密院反對，未獲樞密院支持的若槻內閣於 4 月 20 日總辭。21 日由立憲政友會的田中義一（1864-1929 年）組閣（1927 年 4 月 21 日-1929 年 7 月 2 日），樞密院同意以緊急敕令處理金融危機，高橋是清（1854-1936 年）藏相採取日銀提撥近二十億圓非常貸款、銀行歇業三週延緩支付到期支票等手段，才勉強壓制恐慌。

　　在 1920 年代的慢性不景氣中，企業的壟斷、資本集中傾向持續進展，三井、三菱、安田、住友等四大財閥以同系資本結合各企業部門成為集團 (Konzern) 而稱霸財界。三井、三菱、安田、住友、第一等五大銀行吸收在金融恐慌中陸續倒閉的中小銀行，控制了金融界。財閥的經濟控制與政商瘉著（勾結）愈發嚴重，如三井與立憲政友會、三菱與憲政會之間存在密切關係，財閥通過提供政黨政治資金而在政策上擁有強大的發言權。

昭和前期

八年政黨內閣政治期間，日本政府依舊飽受軍部的影響，加上國家改造主義者不滿政黨與財閥勾結，激進青年將校的暗殺、政變行動層出不窮。在極端右翼浪潮中，日本於 1930 年代步上軍國主義道路，最後迎來敗戰的結局。

第一節　中國北伐與協調外交末路

中國在五四運動後，反帝國主義的運動更加高漲，1924 年中國國民黨與中國共產黨第一次國共合作，高喊打倒軍閥的口號。蔣介石（1887–1975 年）於昭和元年（1926 年，民國十五年）就任國民革命軍總司令，以統一全國為目標，率軍北伐。1927 年年初，國民革命軍抵達長江，強力收回英國漢口等租界，英國提議和日本共同出兵中國，但若槻內閣的幣原外相採不干涉中國內政的態度，而未接受英國提案。3 月國民革命軍進入南京，美、英、日等領事館和居留公民遭到攻擊（南京事件），美、英以軍艦砲擊

南京，日本亦未參加。蔣介石因南京事件遭到列國強烈抗議，將攻擊領事館和外人之事歸咎於共黨人士所為，而於 4 月 12 日進行清共，宣言與共產黨決裂，並在南京成立國民政府。

　　日本陸軍、國家主義團體、在野的立憲政友會、在中國擁有利權的實業家等批判幣原外交為「軟弱外交」，主張對中國採強硬態度。繼任若槻擔任內閣總理的田中義一，為長州閥、陸軍大將出身，1925 年退役後成為立憲政友會總裁，田中於 1927 年 4 月組閣後兼任外相，改採干涉中國的強硬外交策略。當北伐軍接近山東時，為了制止國民黨繼續北伐、進入華北、威脅東北，遂於 5 月 28 日出兵山東。蔣介石在 8 月因戰事失利而下野，北伐中止，日軍也於 8 月撤兵。蔣下野期間於 11 月到日本訪問田中，闡明北伐的態度，田中不希望蔣攻打張作霖（1875–1928 年）及東北。12 月蔣又復任國民革命軍總司令。

　　北伐再開後，日本於 1928 年 4 月 19 日第二次出兵山東，5 月 3 日爆發交涉員蔡公時等人被日軍虐殺的濟南事件，中國輿論激憤，日本再次於 5 月 8 日增兵（第三次山東出兵）。國民革命軍繞過濟南，前進河北，而控制北京政府的張作霖撤回東北。不願意張作霖再回東北的關東軍於 6 月 4 日炸死列車上的張作霖，日本陸軍聲稱爆炸為國民黨便衣隊所為，但不為國際社會所接受。張學良（1901–2001 年）隨後控制了東北軍，12 月東北易幟，國民政府取得形式上的統一。

　　1929 年 7 月，田中義一因張作霖爆殺事件善後處置失敗而內閣總辭。立憲民政黨濱口雄幸（1870–1931 年）組閣，再次起用

幣原喜重郎為外相，1930 年 5 月 6 日，締結日中關稅協定，承認中國關稅自主權；1930 年 4 月，在倫敦海軍裁軍會議上簽署的協議規定日本巡洋艦數只占美、英六成比例，引發海軍不滿，攻擊內閣「干犯統帥權」，國家主義團體、立憲政友會也攻擊內閣的協調外交與裁軍政策。11 月，濱口首相在東京車站被國家主義團體青年暗殺，受重傷（隔年 8 月卒），1931 年 4 月內閣總辭。以立憲民政黨及幣原作為代表的協調外交路線行至末路。

第二節　國家改造與軍部專斷

一、昭和恐慌與國家改造運動

　　日本在 1920 年代一直處於慢性不景氣，政府採取通膨財政手段，但經濟仍重整困難，工業在國際競爭中也居於弱勢，加上 1917 年以來禁止黃金輸出，導致匯率下跌與波動過大，使得國際收支更形惡化。1930 年 1 月，濱口內閣的井上準之助（1869–1932 年）藏相解禁黃金輸出，試圖穩定匯率、促進出口、恢復景氣，但隨即遭遇到因 1929 年 10 月美國華爾街股市崩盤而擴及到全世界的恐慌影響，此時解禁黃金出口，使日本陷入更嚴重的恐慌，物價、股價急跌，產業破產，至 1931 年年中，失業者達二百萬人，此即昭和恐慌。

　　1931 年英國再次禁止黃金輸出，脫金本位制，許多國家跟進，日本在同年 12 月由立憲政友會犬養毅內閣（1931 年 12 月

13 日−1932 年 5 月 26 日）的高橋是清藏相再次禁止黃金輸出，脫金本位制，採取貨幣管制制度。

　　大恐慌下，農村受到的打擊最為嚴重，原在都市工作的農民工不得不回到農村，米價等農產物價暴跌以及以輸出到美國為大宗的生絲出口驟減，農村養蠶業大受打擊，中小地主放棄土地，小作爭議頻發。1931 年又因冷害，收成太差，以日本東北地方為首的農家貧困無依，受饑兒童和賣身婦女成為社會問題。

　　此時以民間農本主義、國家主義者及軍部青年將校為中心，主張打倒政黨政治、協調外交、財閥為目標的「國家改造運動」活躍，批判政黨與財閥的勾結，認為他們不顧國家危機與國民窮困，而只顧自己的私慾私利、黨利黨略，還批判三井財閥在黃金輸出禁止時買進美元而獲得暴利。在此運動下，血盟團❶成員於 1932 年 2 月殺害了前藏相井上準之助，3 月又殺了三井合名理事長團琢磨（1858–1932 年）。

二、滿洲事變（九一八事變）與退出國聯

　　1920 年代下半葉以來中國局勢發生重大變化，國民政府以民族主義統一中國，主張恢復國權，強力收回列強的條約特權；張學良不顧日本反對而易幟，以中國東北為首的各地發生杯葛日貨運動，這些變化讓在日俄戰後把「滿洲」視為「生命線」的日本

---

❶　由日蓮宗僧侶、國家主義者井上日召（1886–1967 年）組織的右翼團體，主張「一人一殺」。

感到深刻危機，關東軍為首的日本陸軍為了一舉解決失去「滿」蒙勢力範圍的危機，策畫了「滿洲事變」。

1931 年 9 月 18 日半夜，奉天（今瀋陽）郊外滿鐵遭到爆破（柳條湖事件），第二次若槻內閣（1931 年 4 月 14 日-1931 年 12 月 13 日）採取不擴大方針，但始作俑者的關東軍無視內閣政策；10 月，以激進的國家改造為目標而結成的陸軍祕密結社「櫻會」，其將校橋本欣五郎（1890-1957 年）等人，與民間國家主義團體的大川周明（1886-1957 年）、北一輝（1883-1937 年）等人發起打倒政黨內閣、樹立軍部政權的未遂政變。若槻內閣出現與國家主義相同主張的閣員，因閣內意見不一而總辭，由立憲政友會的犬養毅內閣繼任。

翌年 2 月關東軍占領中國東北全境，打算排除張學良政權、樹立新政權，成立與中國國民政府分離的「獨立國」，為達此目的，1932 年 1 月日軍策畫上海事變，與中國軍隊在上海交戰，列強群起抗議，日軍藉上海事變吸引中國和國際目光之時，暗中將前清遜帝溥儀（1905-1967 年）迎接到長春，3 月 1 日宣布以溥儀為執政建立「滿洲國」，目的達成後，日軍於 3 月 3 日停止上海的戰鬥，5 月與中國簽訂停戰協定後撤軍。

犬養內閣礙難承認日軍策畫的「滿洲國」，引發陸相荒木貞夫（1877-1966 年）為首的皇道派❷軍人不滿，5 月 15 日犬養遭到血盟團成員的海軍青年將校暗殺，除犬養外，海軍青年將校及民間農本主義者還分別攻擊牧野伸顯內大臣官邸、警視廳、立憲政友會本部、日本銀行、東京近郊變電所等地，此即「五一五事件」。

圖 70：日軍進入中國東北的錦州城

犬養死後不久內閣總辭，元老西園寺公望顧慮陸軍反對政黨內閣的意見，選了穩健派海軍大將齋藤實組閣，齋藤實內閣（1932 年 5 月 26 日–1934 年 7 月 8 日）由軍部、貴族院、官僚勢力、政黨等閣僚組成所謂的舉國一致內閣，此後直到日本敗戰，都不再有政黨內閣，「五一五事件」終結了加藤高明內閣以來的政黨內閣政治。

❷　陸軍中受北一輝思想影響、主張天皇中心革新論的派閣，以荒木貞夫、貞崎甚三郎（1876–1956 年）為中心，激進青年將校集結於皇道派，強力攻擊元老、重臣、政黨、財閥等「現狀維持勢力」和天皇機關說。所謂天皇機關說，為東京帝國大學憲法教授美濃部達吉 （1873–1948 年）依據德國學者的國家法人學說，主張國家為法人、統治權屬於國家，天皇是國家行使統治權的機關（機構代表）。但當時大多數日本軍人及民眾無法理解，認為將天皇形容成機關，是對天皇大不敬。

　　中國向國際聯盟控訴日本占領中國東北，1932年2月國聯派出以英國伯爵李頓 （Victor Alexander George Robert Bulwer-Lytton, 2nd Earl of Lytton, 1876–1947年） 為首的調查團到日本及中國調查。日本趕在李頓報告書出爐前，試圖製造「既成事實」，於9月與「滿洲國」簽訂《日滿議定書》，齋藤實內閣承認「滿洲國」為獨立國。

　　1932年10月李頓報告書否認 「滿洲國」 是因自發民族獨立運動而形成的，一方面強調此地為中國領土，但中國應尊重日本的特殊權益，一方面要求日本從中國東北撤軍。但關東軍無視李頓報告書，1933年2月將軍事行動擴大到熱河，試圖鞏固「既成事實」，同月國聯臨時總會決議案以四十二比一、僅日本一票反對

圖 71：「滿洲國」皇宮

的懸殊比例通過《國聯特別大會關於中日爭議報告書》，報告書認為日本侵略中國，規定日本撤兵的步驟與期限。日本則於 3 月 12 日通告退出國聯。

當時《東京朝日新聞》、《大阪朝日新聞》、《東京日日新聞》、《大阪每日新聞》等四大報的輿論從「滿洲事變」以後就支持關東軍行為，也不接受李頓調查團報告書，造就退出國聯的輿論，協調外交路線失去輿論支持，促使日本走上軍國主義之路。

在日本退出國聯又不履行撤軍的情況下，中國於 1933 年 5 月與日本簽訂《塘沽停戰協定》。1934 年 3 月「滿洲國」改稱「滿洲帝國」，以新京（長春）為首都，實施帝政，成為日本的傀儡國家。

圖 72：鼓勵移民「滿洲」的廣告

中國軍隊皆被關東軍逐出東北的情況下，中國人以層出不窮的游擊隊展開抗日，如 1932 年 9 月爆發的平頂山事件，日本控制的撫順炭坑遭到中國游擊隊攻擊，日軍懷疑平頂山的中國居民藏匿游擊隊而屠殺了三千中國平民。為了在充滿游擊抗日的狀態下移民「滿洲國」，日本以在鄉軍人組成「滿蒙開拓團」的形式進行武裝移民，年輕的少年則組成「滿

蒙開拓青少年義勇軍」。直到日本敗戰為止大約移民了二十七萬人。日本敗戰當時，由於蘇聯突然進軍中國東北，日本人倉皇逃難之際拋下的孩童成為中國殘留孤兒，由中國人撫養。

此外，在日本殖民下的朝鮮半島，朝鮮人只能作為底層階級而存在，因此許多朝鮮人也紛紛移民到「滿洲國」。當時關東軍掌控下的「滿洲國」以「五族協和」為口號，號召日、朝、滿、蒙、漢五個民族和諧共處，但實際上是階級嚴明的社會，朝鮮人來到「滿洲國」，雖然頭頂上還是日本人，但其社會地位卻在滿、蒙、漢族之上，有晉升上層階級的機會。

三、脫離恐慌與軍部專斷

1931 年 12 月高橋是清藏相禁止黃金輸出後，停止兌換貨幣，日本經濟進入貨幣管制時代，日圓貶值一半，產業得以增加出口；政府並發行赤字國債用於軍費、農村救濟、振興出口、復甦產業上。藉由高橋財政措施，到 1933 年時日本已恢復經濟大恐慌前的生產水準，較其他資本主義國家先一步克服恐慌。美國羅斯福總統於 1933 年以後採行新政，英國也設置關稅壁壘經濟圈，努力克服世界恐慌。

日本在棉織品出口上保持世界第一，但棉花、石油、鐵屑、機械等依然依賴美國進口。1931 年 3 月，濱口內閣公布《重要產業統制法》，控制生產內容、訂單、價格，「滿洲事變」後因軍需和政府保護政策，重化學工業取得飛躍進展，1930 年代後半葉其產能超過輕工業，完成日本產業構造轉變。1934 年八幡製鐵所與

財閥製鐵合併，改組成國策會社日本製鐵會社，達成自給。此時也出現以經營重工業、重化學工業為中心，將股票上市、排除家族經營的新興財閥，如鮎川義介（1880-1967 年）的日產コンツェルン（企業集團）與野口遵（1873-1944 年）的日窒コンツェルン，新興財閥與軍部合作，在朝鮮和「滿洲」建設以電力為基礎的工業區。而過去不太注意重化學工業的三井、三菱等舊財閥，隨後也逐步向重化學工業發展。

隨著政府推進經濟統制，被稱為革新官僚的經濟官僚在政府中十分活躍，他們與軍部幕僚集團合作，被合稱為「新官僚」，為了備戰即將爆發的總體戰而強力推進國防國家建設計畫。

1930 年代內外局勢劇變，特別是「滿洲事變」後國家主義、右翼運動氣勢高漲，他們與軍部結合進行各種活動。而共產、社會主義等左翼陣營也陸續出現轉向國家主義陣營者。1933 年在獄中的日本共產黨最高指導者佐野學（1892-1953 年）、鍋山貞親（1901-1979 年）聲明向國家主義陣營轉向，以「一國社會主義」的立場批判本部在莫斯科的共產國際，主張在天皇之下進行一國社會主義革命，為了導向民族解放戰爭，認為「滿洲事變」有其必要性。兩人轉向後，共產黨關係分子隨即大量轉向。相對於納粹、蘇聯大肆清除異己的作為，當時日本政府對左翼人士原則上不使用治安維持法最嚴重的死刑刑罰，並起用轉向者擔任公職，這提供了左翼人士轉向的條件。

雖說如此，日本政府仍嚴格取締馬克思主義、自由主義、民主主義思想、學問和言論。如 1933 年瀧川事件，提倡自由主義刑

法的京都帝大教授瀧川幸辰遭到大學辭退；1935 年美濃部達吉因
「天皇機關說」遭受軍部攻擊而辭去貴族院議員，其著作也被禁。

　　國家主義革新勢力高漲下的日本，籠罩在批判歐美文明、思
想，提高日本傳統文化的氛圍之中，迥然不同於明治時代。

　　反對既有政黨、主張打破現狀的新官僚，在政治上的話語權
逐步增大。1934 年陸軍頒布「国防の本義と其強化の提唱」（國
防本義及其強化的主張）的宣傳冊子，主張除軍事層面外，政治、
經濟、思想、國民生活等方面都必須進行全面改革。顯示軍部、
尤其是陸軍對國家及政治的強大話語權。

　　對政治有強大話語權的陸軍，其內部存在皇道派與統制派的
派閥對立，相對於以荒木貞夫為首、主張以天皇中心來革新政治
的皇道派；統制派主張強化陸軍整體的統制，以組織動員實行高
度國防國家的各種革新政策，認為不應一味攻擊元老、重臣、政
黨、財閥乃至無產政黨等勢力，而應加以活用，以備未來的總體
戰，代表人物為林銑十郎（1876–1943 年）、永田鐵山（1884–1935
年）等人。兩派在陸軍之中彼此鬥爭，1935 年 8 月皇道派系將校
相澤三郎（1889–1936 年）斬殺被啟用為軍務局長的永田鐵山。

　　1936 年 2 月 26 日皇道派陸軍青年將校率領約一千五百名士
兵襲擊內閣總理等高官的官邸、私邸以及警視廳等地，高橋是清
藏相、齋藤實內大臣、渡邊錠太郎（1874–1936 年）陸軍教育總
監等人遭到殺害，時任總理的岡田啟介（1868–1952 年）因政變
士兵將岡田妻弟當作岡田本人槍殺而逃過死劫。在天皇和海軍強
力主張鎮壓下，陸軍才出兵鎮壓政變，此即「二二六事件」。事件

圖 73：二二六事件中的皇道派軍人，左側站立者為丹生誠忠中尉，參與刺殺岡田啟介的行動之後，正在對士兵們訓示

後，陸軍仍強力介入內閣人事，反對親歐美派和自由主義派人士入閣，新組成的廣田弘毅內閣（1936 年 3 月 9 日–1937 年 2 月 2日）恢復軍部大臣現役武官制，陸軍逼迫廣田內閣以「廣義國防國家建設」作為政綱。1936 年 8 月，由首相、外相、陸相、海相、藏相組成的五相會議決定國策基準，制定了把中國大陸和南方（南洋地區）編入日本勢力圈的國策。

第三節　樞軸陣營與日中戰爭

1920 年代以後，歐洲逐漸籠罩在極右的法西斯主義與極左的集體主義浪潮之中，日本高漲的右翼國家主義其實也呼應了當時

的時代潮流。

　　先是 1922 年義大利墨索里尼　（Benito Mussolini, 1883–1945 年）領導的法西斯黨建立了一黨獨裁體制。在世界恐慌與社會不安之中，1933 年 1 月德國也成立了希特勒　（Adolf Hitler, 1889–1945 年）　內閣，3 月通過希特勒全權委任法、禁止納粹以外政黨，確立了納粹一黨獨裁體制，10 月德國退出國聯。1935 年希特勒毀棄《凡爾賽條約》的軍備限制條款。1936 年德、義共同援助西班牙佛朗哥（Francisco Franco, 1892–1975 年）政權，組成了柏林、羅馬樞軸。

　　在列寧死後，由史達林（Joseph Stalin, 1878–1953 年）領導的蘇聯於 1934 年加入國聯，史達林鞏固了共產黨一黨獨裁的體制。

　　逐漸與美、英兩國漸行漸遠的日本，於 1934 年單獨退出華盛頓裁軍會議，1936 年退出倫敦海軍裁軍會議，結束與美、英合作的協調外交時代。1936 年日本與德國簽訂《防共協定》，翌年加上義大利，簽訂《三國防共協定》，義大利也退出美、英主導的國聯。日、德、義以防共協定形成樞軸陣營，試圖打破華盛頓與凡爾賽體制、追求世界新秩序。

　　1935 年 11 月日本在長城以南的非武裝地帶成立冀東防共自治政府，展開將華北分離出中國的工作。1937 年 1 月廣田內閣因政黨勢力不滿其軍備擴張造成國際收支惡化，以及軍部不滿其改革不徹底而妨礙高度國防國家目標，在雙方夾擊下而總辭。隨後的林銑十郎內閣得不到既成政黨立憲政友會、立憲民政黨的支持，僅持續四個多月即總辭。貴族出身的近衛文麿　（1891–1945 年）

作為革新政治家，得到陸軍及國民的廣大期待，在林內閣後組織近衛內閣（第一次，1937 年 6 月 4 日-1939 年 1 月 5 日）。

　　1936 年 12 月呼應共產黨抗日主張的張學良與楊虎城（1893-1949 年）發起西安事變，綁架蔣介石，要求蔣抗日。西安事變期間，包含原本反蔣的人以及共產黨在內，各界均要求張、楊釋放「領袖」，中國國內的抗日民族統一戰線逐步形成。日本軍部驚訝中國要統一抗日，於是藉著 1937 年 7 月 7 日的盧溝橋事件一舉擴大戰事，試圖搶占制約中國的先機。由於關東軍必須在國境防範蘇聯，日本軍方為了避免腹背受敵，採取「對支一擊論」，試圖盡速給中國一個重大打擊，迫使中國投降、和談，於是在 8 月把戰事從華北擴張到上海（第二次上海事變、淞滬會戰）並空襲南京，全面打擊中國政經要地，但這次遭遇到中國軍隊的頑強抵抗。9 月第二次國共合作，共同抗日。日軍因無法如期快速逼迫中國投降，遂於 12 月 13 日攻占南京時，展開對平民的報復性大虐殺（南京大屠殺）。

　　日本隨後通過德國，試圖與中國和談，但所提條件太過嚴苛，中國政府拒絕和談。1938 年 1 月 16 日第一次近衛聲明提出「爾後不以國民政府為對手」，停止與國民政府和談。但因在華戰事膠著，11 月、12 月又兩度提出近衛三原則：「善鄰友好、防共協同、經濟提攜」，聲明戰爭的目的是建設「東亞新秩序」，以此期待國民政府內部的和平派與日本和談。12 月 22 日汪兆銘（1885-1944 年）逃出重慶，但沒有其他重量級中國政治家呼應其行動，近衛內閣因策動中國和平派以早期談和的政策失敗而解散。

　　1940 年日本統合在華各地傀儡政權後，扶植汪政權，藉此形成包含日本、「滿洲」、在華日本占領區的「圓貨幣圈」，以抗衡美英的貨幣圈壁壘。

　　廣田內閣的「廣義國防國家建設」已使財政嚴重向軍備傾斜，國際收支惡化，日本政府直接以國家管制經濟；盧溝橋事件後，1937 年 9 月制定《軍需工業動員法適用法》等法令，10 月設置企畫院調配全國物資，全力確保軍需物資的供應；隨著戰事長期化，1938 年 4 月又制定《國家總動員法》、《電力管理法》，強化經濟管制，以打造應對總體戰的總動員體制。

　　1939 年 7 月美國通告廢棄《日美通商條約》（翌年 1 月生

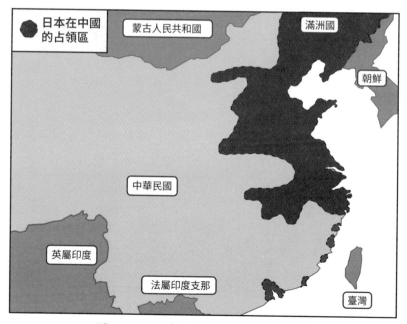

圖 74：1940 年，日本在中國的占領區

效），9 月第二次世界大戰的歐洲戰區開戰，此後日本的軍需籌集更加困難，10 月為了軍需產業動員頒布了《價格統制令》、《工資臨時措置令》、《國民徵用令》等法令，連企業的員工動員及工資都由政府管制。軍需動員的結果，糧食生產減少，1939 年糧食開始匱乏，1940 年政府實施強制買米制度。1940 年 7 月美國禁止對日本出口石油、鐵屑等軍需物資，日本政府頒布《七七禁令》，禁止製造、販買奢侈品。

1939 年 8 月德、蘇簽訂互不侵犯條約後，德國於 9 月 1 日侵略波蘭，英、法對德宣戰，日本採取不介入大戰的立場，試圖與英、美改善關係。德國以閃電戰模式橫掃歐洲戰場，於 1940 年 6 月占領巴黎，法國投降。此時，日本國內瀰漫歌頌德國的熱潮，7 月由近衛取代採取不介入大戰方針的米內內閣，組成第二次近衛內閣，並於 9 月與德、義簽訂《三國同盟條約》。與此同時，由於無法從美國取得軍需物資，日本開始積極前往南洋，與荷蘭東印度交涉獲取物資，試圖打造「大東亞共榮圈」作為總體戰物資來源地；又為了切斷英、美援蔣管道，與作為德國傀儡的法國維琪政府 (Régime de Vichy) 交涉，於 9 月派軍進駐越南北部。

1940 年 6 月日本國內模仿納粹德國的新體制運動開始活躍起來，既有政黨陸續被解散，10 月成立大政翼贊會，原本要塑造如德、義那樣一國一黨的法西斯政黨，但最終只成為將政府的上意下達給國民的「政事公社」。大政翼贊會隨後將陸續成立的大日本產業報國會、大日本婦人會等團體納入傘下，珍珠港事變後，在戰爭體制下的國民動員中扮演了重要角色。

第四節　亞洲太平洋戰爭與敗戰

1941 年 4 月第二次近衛內閣的松岡洋右（1880–1946 年）外相與蘇聯締結中立條約，以確保日本得以採行「北守南進」的策略。對此，美國警戒日本將南侵南洋地區。

同時，在松岡不知情下，日本駐美大使野村吉三郎（1877–1964 年）和美國國務卿赫爾（Cordell Hull, 1871–1955 年）交涉諒解案，日本希望以逐漸從中國撤軍、退出與德義的同盟，來交換美國承認「滿洲國」、協助日本確保南方資源。松岡回國後反對與美國達成諒解，他希望在日、德、義三國同盟上再加蘇聯，組成四國同盟去對抗美、英勢力。

6 月德國廢棄與蘇聯的互不侵犯條約，德、蘇戰爭爆發，日本於「滿」蘇邊境集結大軍。松岡夢想的四國同盟因德、蘇戰爭而宣告破滅，松岡轉而宣揚對蘇戰爭，並堅持對美強硬態度。近衛認為松岡的存在會妨礙與美交涉，希望松岡辭職，但松岡不願意，近衛遂於 7 月 18 日內閣總辭，同日成立第三次近衛內閣，以豐田貞次郎（1885–1961 年）取代松岡為外相，其餘閣員不變。

7 月末，日軍進駐南部法屬印度支那，美國凍結日本在美資產。8 月美國全面禁止對日本輸出石油。至此，日本自認陷於「ABCD 包圍陣」中，即陷於美、英、中、荷包圍陣。同月羅斯福（Franklin Roosevelt, 1882–1945 年）與邱吉爾（Winston Spencer-Churchill, 1874–1965 年）共同發表《大西洋憲章》，嚴厲批判軸

心諸國的侵略行為，宣言現在的戰爭是針對法西斯主義的民主主義防衛戰。此宣言代表美、英兩國結成同盟，還成為戰後《聯合國憲章》的基礎。

日本於 9 月 6 日召開御前會議，決議《帝國國策遂行要領》：美國如不能在 10 月上旬前接受美、英不介入日中戰爭、不在遠東威脅日本國防、幫助日本獲得物資要求等要求，則日本決議與美、英兩國開戰。而美國則要求日本退出中國和法屬印度支那等地。雙方交涉良久，依舊處於各說各話、毫無交集的狀態。對此，近衛主張即使撤兵也要繼續與美國交涉，但陸相東條英機 (1884–1948 年) 反對撤兵，因內閣意見不一致，第三次近衛內閣僅存在三個月便總辭，繼任的是東條英機內閣 (1941 年 10 月 18 日–1944 年 7 月 22 日)。

11 月 26 日美國向日本提出赫爾備忘錄 (Hull note)，要求日軍從中國、法屬印度支那全面撤兵，以及廢棄三國同盟、否認重慶國民政府以外的中國政權等內容，這是兩國交涉以來美國最強硬的提案，等於全面否定「滿洲事變」以來日本的對外政策，日本將此視為美國的「最後通牒」。12 月 1 日，日本御前會議決定對美、英、荷開戰。12 月 8 日凌晨日本陸軍登陸馬來半島、海軍偷襲珍珠港，隨後對美、英宣戰。美國及英聯邦向日本宣戰後，12 月 9 日，一直等待美國參戰的中華民國也對德、義、日宣戰。

12 月 12 日，日本閣議將此次戰爭正名為「大東亞戰爭」（目前日本學界稱「亞洲太平洋戰爭」），含括了從盧溝橋起一直處於戰爭狀態的「支那事變」。日本主張「大東亞戰爭」的目的是從歐

美的殖民統治中解放亞洲諸民族,標榜建設亞洲人共存共榮的「大東亞共榮圈」。

日軍偷襲東南亞、珍珠港後,約用半年時間壓制東亞各地,先後占領關島、香港、美國殖民地菲律賓的馬尼拉、馬來半島、新加坡、荷屬印度支那、緬甸、菲律賓全島。日軍占領新加坡期間大量虐殺協助重慶國民政府或有共產黨嫌疑的華僑。

1943 年 11 月,日本於東京召開大東亞會議,聚集汪政權、「滿洲國」、緬甸、菲律賓等日本扶植的占領區傀儡政權首腦,以及泰國和流亡日本的「自由印度臨時政府」代表,發表「大東亞宣言」,主張脫離歐美殖民統治,並要求這些傀儡政權協助日本作戰。但日軍取代了西方殖民者控制東南亞,不過為了搜刮戰略物資,因此逐漸引發當地的抗日行動。

此外,中國戰場上不斷有游擊抗日行動,日軍因此對占領地採取「搶光、殺光、燒光」的「三光作戰」方式,一方面奪取中國物資,一方面不留任何有生力量。即便如此,中國戰場上長時間牽制著三百萬日本陸軍菁英,日軍為求快速結束戰爭,在中國東北的七三一部隊不斷研發各種生物、化學武器,企圖以此大規模殺害中國軍民。

東條內閣在「大東亞戰爭」初期勝利的情況下,於 1942 年 4 月舉行眾議院選舉,是由親政府的團體推薦候選人的「翼贊選舉」,結果當選者八成以上都是被這些團體推薦的候選人,這些人組成「翼贊政治會」,強化戰爭體制。12 月在內閣情報部指導下,組成大日本言論報國會,強化對媒體輿論的指導與管控,廣泛使用

圖 75：1942 年翼贊選舉的講演會

「鬼畜米英」的詞語，來煽動國民的同仇敵愾心理。因大量勞工
上戰場，在勞動力不足下，日本徵用中學以上的學生到軍需工廠
工作，此即「學徒動員」；女性也作為「女子挺身隊」在工廠等地
勞動。在朝鮮、臺灣殖民地上也陸續通過志願兵、徵兵等方式讓
當地人加入日本軍隊；許多中國人、朝鮮人被強制帶到日本礦山
和工地工作，一些女性則被送到戰地的「慰安」設施，成為「從
軍慰安婦」。

　　1942 年 6 月的中途島海戰，日本海軍敗北，政府管控下的日
本新聞卻將之報導為「大勝利」。從中途島海戰起，戰勢逆轉，軸
心國逐一走向敗亡。1943 年 2 月，德軍在西部戰線大敗，三十萬

軍隊幾乎全滅。7 月義大利墨索里尼政權垮臺，9 月義大利向同盟國投降。11 月美、英、中首腦會議，發布《開羅宣言》，決定戰至日本無條件投降，要求日本歸還第一次世界大戰以來占領的太平洋各島、將「滿洲」和臺灣歸還中國、讓朝鮮成為自由獨立之國。

1944 年 6 月，日本海軍喪失制海、制空權，7 月日本視為「絕對國防圈」的塞班被美軍占領，東條內閣總辭，由小磯國昭（1880–1950 年）陸軍大將與米內光政（1880–1948 年）海軍大將合組內閣（1944 年 7 月 22 日–1945 年 4 月 7 日）。

1943 年底，為防範美軍空襲，日本開始將小學生從都市疏散到鄉村，1944 年美軍占領塞班後，閣議決議「學童疎開促進要綱」，將東京、大阪等都市學童以依親或集團方式疏開到鄉下。1944 年底以後隨著美軍頻繁的空襲，大都市幾乎都成廢墟，生產停頓、糧食缺乏，縱使媒體還在呼籲聖戰必勝，但國民開始失去戰意，社會瀰漫著厭戰情緒。

1945 年 2 月，美、英、蘇在雅爾達 (Yalta) 會議，處理德國投降問題，美國並要求蘇聯在德國投降後的三個月內對日參戰，交換的祕密條件是美國答應蘇聯成為戰後聯合國安全理事會的常任理事國，並承認外蒙古作為中、蘇緩衝區的現狀等。

1945 年 3 月美軍占領硫磺島，4 月 1 日美軍登陸琉球本島，小磯、米內內閣總辭，改由天皇信任的樞密院議長鈴木貫太郎（1867–1948 年）組閣。6 月在琉球的十萬日本軍幾乎全滅，平民十萬多人也被日軍逼迫上前線而全部陣亡。

　　1945 年 4 月同盟國軍逼近柏林， 希特勒自殺， 5 月德國投降。6 月鈴木內閣通過蘇聯進行和平工作。7 月美、英、蘇在波茨坦 (Potsdam) 討論德國問題，7 月 26 日，美、英、中發表《波茨坦宣言》，聲明要繼續戰勝日本、依據《開羅宣言》處理戰後日本、呼籲日本無條件投降。鈴木內閣對《波茨坦宣言》採取「默殺」（無反應）態度，美國視為日本拒絕接受宣言。8 月 6 日，美國在廣島投下原子彈，炸死約二十萬人。8 月 8 日，蘇聯毀棄《日蘇中立條約》、加入《波茨坦宣言》，向日本宣戰，出兵「滿洲」、南樺太、千島。8 月 9 日美國在長崎投下原子彈，炸死約七萬人。

　　這期間日本連日召開最高戰爭指導會議， 其中， 東鄉茂德（1882–1950 年）外相、米內光政海相主張接受《波茨坦宣言》、無條件投降，但阿南惟幾（1887–1945 年）陸相、梅津美治郎（1882–1949 年）參謀總長、豐田副武（1885–1957 年）軍令部總長均反對投降，雙方相持不下。8 月 10、14 日兩次召開御前會議，鈴木首相要求天皇裁斷，天皇決定接受《波茨坦宣言》，14 日晚上通過中立國瑞士向同盟國通告投降。 8 月 15 日正午天皇 「玉音放送」，向全國軍民廣播接受《波茨坦宣言》、無條件投降。9 月 2 日，日本在美國密蘇里軍艦 (USS Missouri) 上與同盟國簽署降書。

　　在近代迭次以不宣而戰、偷襲方式取得戰勝或開局勝利的日本，通過對外征戰開創了帝國，但在國土、人口、資源等體量上都不大的日本，無法擔負長期的總體戰，在偷襲珍珠港後不能再複製先前的戰績，最終迎來了敗戰，結束日本短暫的近代和帝國時代。

圖 76：在密蘇里軍艦上的日本全權代表，最前面的是外務大臣重光葵與陸軍大將梅津美治郎

結語：現代日本

一、GHQ 占領期與新憲法

同盟國原本要如占領德國一樣，也共同占領日本，尤其中華民國應該扮演占領日本的重要角色，但由於總體戰太過慘烈，加上中國在慘勝之後隨即陷入內戰，以至於對日本的占領主要由盟軍太平洋戰區最高司令官總司令 (GHQ) 麥克阿瑟 （Douglas MacArthur, 1880–1964 年） 及其麾下負責。但美國的戰略重心在歐洲，無法在對日占領上投入太多精力，因此不同於對德國的直接占領，GHQ 對日本採取通過天皇權威以指揮日本官僚的間接占領方式，遂保持天皇的存在，以「波茨坦敕令」(日本接受《波茨坦宣言》後，以發布緊急敕令的形式來執行 GHQ 的占領行政命令，GHQ 的命令優先於日本所有的法令) 取代法律，施行占領行政。

GHQ 對日占領的重要政策是「非軍事化、民主化」，以此阻絕日本再次走上軍國主義，於是下達修改《大日本帝國憲法》(憲法的自由主義化，包含給予婦女參政權)、獎勵組織勞動工會、改

革教育制度、廢止祕密警察、經濟機構民主化（財閥解體）等五大指令。除了 GHQ 要求去除教育體系中的皇國思想外，1946 年 1 月 1 日天皇也發布詔書向「國民」否定天皇是現御神、否認日本民族優於其他民族的神話，學者稱此詔書為「天皇人間宣言」，此詔書也首次將過去使用的「臣民」一詞改為「國民」。

GHQ 於 1945 年 11 月下達「持株會社解體指令」，三井、三菱、住友、安田等十五個財閥的資產遭到凍結，財閥解體。隨後又下達農地改革指令，歷經兩次改革，創造出大量自耕農，但農地過度分割的結果，也為大規模機械化農業經營設置了障礙。此外，GHQ 陸續下達包含《勞動組合法》、《勞動關係調整法》、《勞動基準法》等「勞動三法」，提高日本勞工的福祉和權益。1947 年頒布《教育基本法》，強調注重個人尊嚴、完善人格的教育理念，規定機會均等、男女共學等制度，將日本學校改成小學六年、初中三年、高中三年、大學四年的單一升學管道制度，並廢止與皇國思想相關的日本帝國時期的「教育勅語」。女性因此獲得與男性一樣上大學的機會。

日本敗戰後數年，百業待興，加上從過去的海外殖民地、占領地撤回許多軍人等人員❶，物資、糧食匱乏，通膨嚴重，人民

---

❶ 日本敗戰時，約有六百多萬軍民滯留於過去的殖民地、占領地上，要依靠當地政府集體送回，直至 1946 年年底，陸續從美軍、中國軍、澳大利亞軍、英軍等管理區域送回大部分的日本軍民，其中光中華民國就送回三百多萬日本人。蘇聯從中國東北擄走五十七萬多以關東軍、「滿洲國」官吏為首的日本人，將這些俘虜送至西伯利亞等地當苦力。

必須在黑市換取物資以維持生計。日本在有限的財政和物資約制下，設立復興金融金庫，選擇「傾斜生產方式」，對煤炭、鋼鐵、電力、化肥等基礎工業提供長期鉅額融資。

　　1946 年 2 月 13 日 GHQ 提交麥克阿瑟的憲法草案給日本政府，該憲法草案的主要特色是基於主權在民的象徵天皇制以及放棄戰爭權。8 月 24 日、10 月 6 日眾議院、貴族院分別修正、通過此憲法草案，11 月 3 日憲法公布，1947 年 5 月 3 日憲法施行。在新憲法架構下，由眾議院、參議院構成的國會，成為國權最高機關，擁有指名內閣總理的權限。與先前的《大日本帝國憲法》所有主權均由不實際負責施政的天皇總攬，統帥權、行政權、司法權、議會權均各自襄贊天皇而不相統屬，內閣政府由元老或樞密院指定組閣，內閣政治權力高於議會等狀況迥然相異。新憲法第 9 條第 1 項規定日本國民永遠放棄發動戰爭的權力。新憲法施行後，GHQ 改用「波茨坦政令」施行占領行政。原先的「波茨坦敕令」僅是占領行政下的緊急臨時舉措，憲法施行後有法可據，但因此時日本尚未簽訂和約，仍被 GHQ 占領，因此改用「波茨坦政令」。

二、冷戰與美國扶植日本

　　GHQ 試圖利用新憲法將日本打造成一個放棄戰爭的農業國

1946 年 12 月美國協商蘇聯送返在蘇日本人，但直到 1950 年，日本認為至少還有三十多萬人沒被蘇聯送返。

家，但隨著冷戰局勢愈發嚴峻，新憲法施行的同時，美國已經改
變其對日本在戰後應扮演農業國角色的想法。美國國務院政策企
畫室長凱南（George Frost Kennan, 1904–2005 年）於 1947 年中葉
對亞洲局勢分析，認為對美國而言，作為美蘇遠東對立的關鍵，
日本的經濟復興至關重要，建議轉變對日占領政策，用美援打造
日本為美國在遠東的橋頭堡。1948 年 10 月美國祕密採用了國家
安全保障委員會的「關於美國的對日政策之勸告」，將美國的占領
目的從「非軍事化」轉為「經濟復興」，並將凱南與麥克阿瑟意
見，提交總統決議，對日本採取緩和公職追放❷、縮小占領經費、
中止賠償、不急著簽訂和平條約、非懲罰性的和平條約、美軍長
期駐留琉球、強化日本警察力量等政策。冷戰，改變了敗戰後的
日本命運。

　　1950 年 6 月 25 日韓戰（1953 年 7 月 27 日簽署停戰協定）爆
發，是朝鮮民主主義人民共和國與大韓民國在朝鮮半島上的交戰，
也是第二次世界大戰之後冷戰中的一場熱戰。日本作為美國在遠
東的橋頭堡，成為美軍基地，戰爭的特需景氣一舉轉變日本敗戰
後的蕭條，1951 年，日本礦工業生產已經超越戰前水準。韓戰也
讓美國重新保護起因內戰失敗而從中國大陸遷移至臺灣的中華民
國政府。

---

❷　1946 年 1 月，GHQ 要求日本政府機構、議會、企業、學校等單位追放
　　（驅逐）戰犯及被認定有軍國主義傾向者。但隨著韓戰爆發以及冷戰
　　國際形勢嚴峻，GHQ 縮減驅逐範圍甚至讓已被驅逐的人復職。1952 年
　　廢除「公職追放」令。

三、《舊金山和約》與日本獨立

韓戰告一段落後，1951 年 9 月 8 日在美國主導下召開舊金山和會，簽訂與日本的和平條約，共五十二國參加，四十九國締約，蘇聯、波蘭、捷克因抗議美國未邀請中華人民共和國而未簽署和約❸。日本原本希望是一個全面和約，但臺灣海峽兩岸政權均未受邀參加舊金山和會，受日本軍國主義殘害最為深重的中國缺席和會，加上美國強制各國放棄對日本求償，許多國家不滿意美國強力主導的《舊金山和約》，迄今遺留下不少問題。在冷戰局勢下，美國強制日本與中華民國政府簽訂和約，中華民國也在美國的干涉下成為聯合國安理會五大常任理事國。

日本總理吉田茂（1878–1967 年）簽署《舊金山和約》當日，由於 GHQ 要隨著和約成立、日本恢復獨立地位而終止占領，但被 GHQ 新憲法廢除軍隊的日本，除了武裝警察外並無防衛能力，於是吉田茂與美國又簽訂《日米安全保障條約》，規定美軍從占領軍變成駐留軍，但條約沒規定對日本的防衛義務，也沒記載期限。

簽訂和約、恢復獨立國狀態後，隸屬美國陣營中的日本於 1952 年加入國際通貨基金 (IMF)、國際復興開發銀行（世界銀行），1955 年加入 GATT。1956 年日本《經濟白書》寫道：「已經不是

---

❸ 日蘇兩國後來於 1956 年 10 月 19 日發布《日蘇共同宣言》，宣布戰爭狀態終止與邦交恢復，原打算在共同宣言上進一步討論和約，但直到今日，因為兩國對北方四島的領土爭議等問題，繼承蘇聯的俄羅斯迄今仍未與日本簽訂和約，日俄兩國仍處停戰狀態而沒有和約。

戰後」，日本完全擺脫戰後的困苦狀態，進入經濟高度成長期。

四、五五年體制與「尼克森震撼」

　　日本在 GHQ 占領期間，政黨恢復。經歷十年的政黨重組後，1955 年 10 月 13 日，社會黨以委員長由左派的鈴木茂三郎（1893–1970 年）出任、書記長由右派的淺沼稻次郎（1898–1960 年）出任的方式完成統一，當時在眾議院四百六十七議席中社會黨占一百五十六席，反對修憲。社會黨統一引發保守右派政黨的危機感，於是保守勢力於 11 月組成自由民主黨（自民黨），在眾議院有二百九十九席，形成三分之二為保守勢力、三分之一為革新勢力❹的抗拮狀態，此後保守、革新勢力基本維持這樣席次的平衡，不至於發生修憲問題，這樣安定的情況被稱為五五年體制❺。首任自民黨內閣總理鳩山一郎（1883–1959 年）一直主張修憲、再武裝，以及與中蘇恢復國交，但在其執政期間僅達成 1956 年 10 月簽訂《日蘇共同宣言》，並於 12 月使日本順利加入聯合國，其後隨即引退，任內並未著手推動修憲。

　　鳩山之後經歷短暫的石橋湛三內閣，迎來岸信介　（1896–

---

❹　日本政治界將維持既有體制的政黨稱為保守勢力，將反對保守勢力的左翼政黨稱為革新勢力。此時保守勢力自民黨主張修憲、再武裝，維持日美安保與資本主義體制，左翼政黨的革新勢力主張護憲、和平、反安保體制、加強社會福祉等政策。

❺　政治學者升味準之輔於 1964 年〈1955 年の政治体制〉（《思想》，1964 年 4 月）中提出的概念。

1987 年）內閣。作為前日本帝國時期「新官僚」的岸信介，賭上自己內閣總理的政治生命，在日本左翼及反戰人士的劇烈反抗（安保鬥爭）中，於 1960 年 1 月強行簽署《日美相互協力及安全保障條約》（《新安保條約》）與《日美地位協定》，才規定了兩國的共同防衛義務、在日美軍重大行動的事前協議以及十年期限（可自動延長）等內容。另外，駐日美軍及其軍屬在日本享有治外法權。直至今天，兩國仍然維持這樣的安保框架。

岸下臺後，繼任的池田勇人（1899–1965 年）以「寬容與忍耐」為口號，試圖將日本從安保鬥爭的政治季節轉向經濟季節，提出十年成長為兩倍的「所得倍增計畫」，日本進入經濟高度成長時期。1964 年 10 月東海道新幹線通車，並成功舉辦東京奧運會，日本在國際上的地位大為提升。

池田政權（1960 年 7 月 19 日–1964 年 11 月 9 日）之後由佐藤榮作（1901–1975 年，岸信介之弟）擔任內閣總理，1965 年 6 月簽訂 《日韓基本條約》， 日韓兩國建立邦交關係 。 佐藤政權（1964 年 11 月 9 日–1972 年 7 月 7 日） 持續發展經濟的同時，也遭遇了環境汙染的公害問題，於 1967 年制定 《公害對策基本法》、1971 年設立環境廳應對公害。另外，1967 年起佐藤開始主張不擁有、不製造、不運進核武器等「非核三原則」，並因「非核三原則」而獲得 1974 年的諾貝爾和平獎❻。

---

❻　但在 1969 年與美國簽訂返還琉球協定的「密約」中，佐藤同意美國軍機及軍艦攜帶的核武器在琉球返還日本後也得以靠港琉球。 其實在

　　經歷韓戰、越戰，在美國東亞局勢中擔當橋頭堡的日本，也在美國陣營中取得產業分工利益，逐步壯大成僅次於美國的經濟大國。富裕起來的日本也試圖從經濟大國邁向政治大國，尋求在聯合國等國際組織中扮演更重要角色的機會。但 1970 年代的兩次尼克森震撼 (Nixon Shock)，帶來了世界局勢的變化。1971 年 7 月美國國家安全顧問季辛吉 （Henry Kissinger, 1923 年 - ） 密訪中國大陸，尼克森總統 （Richard M. Nixon, 1913–1994 年，1969 年 1 月 20 日–1974 年 8 月 9 日在任） 隨後宣布訪問中國大陸計畫，此即第一次「尼克森震撼」，因美國與共產陣營的中共接觸，造成冷戰體制發生巨大鬆動；8 月尼克森宣布取消以黃金為基礎的貨幣匯兌制度 （第二次「尼克森震撼」），使得第二次世界大戰後美元與黃金掛鉤而作為全球貨幣的經濟獨霸局面不再穩固。「尼克森震撼」 促使當年 10 月在聯合國大會上中國代表權由臺北轉移到北京手中。日本在「尼克森震撼」下，急速轉變中國政策，1972 年 7 月田中角榮（1918–1993 年）主張「日中國交正常化」而當選自民黨總裁，成為內閣總理。9 月 29 日，日本與北京發表共同聲明，臺北與日本斷交。1978 年日本搶在美國之前與北京締結和平友好條約。

　　「尼克森震撼」代表美國在軍事、政治、經濟上霸權的鬆動，在師老無功的越戰上投入過多的美國，打算縮減相對安穩的第一

1960 年岸信介與美國締結《新安保條約》時，日本也簽署了美國核武器可以靠港日本的密約。日本歷屆內閣高層都知道密約存在，且美國也確實多次帶著核武器靠港過日本。

島鏈軍力，1971 年與日本簽訂《返還琉球協定》。琉球原本應以住民公投方式決定結束美國軍事託管後的狀態，卻被美國以由日本承擔美軍琉球基地復原費用等代價，擅自移交給日本。1972 年 5 月協定生效，日本將琉球再度改名為「沖繩縣」。

五、冷戰終結、泡沫經濟破滅與五五年體制崩潰

美元與黃金脫鉤後仍未能解決美元危機，1985 年廣場協議使得美元大貶，日元迅速升值，帶來了日本的泡沫經濟時期。1989 年柏林圍牆倒塌，冷戰終結。1990 年日本泡沫經濟崩壞，此後經濟進入蕭條低迷時期，國民從「一億總中產」（全國一億人都是中產階級）變成「一億總負債」。冷戰中，於美國羽翼下成長為經濟大國的日本，也因冷戰終結而陷入長期不景氣的泥淖之中。

五五年體制後日本的政黨政治幾乎就是任由執政黨操弄選舉、輪流組閣的遊戲。日本自明治憲法有民選議院以來，迄今為止，除了三木武夫（1974–1976 年在任）這個弱勢總理無力提前解散議會而使議員能任期屆滿外，幾乎沒有一屆眾議員是做完任期的。明治憲法時期的眾議院是被官僚政府強制解散，而現行憲法下的政黨內閣，眾議院都是執政黨為了有利競選的時機或內部派系利益等問題而逕自提前解散的，例如 2021 年 10 月，剛就任內閣總理十天的岸田文雄（1957 年 –），在議員任期離屆滿僅剩一個月時間，為求勝選以加強自己對黨內外的控制力，依舊提前解散議會，於勝選後又新組內閣，短短月餘時間，日本就更迭兩屆內閣。

1993 年，因泡沫經濟破滅，長期執政的自民黨失去政權，五

　　五年體制崩潰。 日本經歷了幾年諸黨聯合組閣的政權之後， 自
1996 年起自民黨又奪回政權，由橋本龍太郎（1937–2006 年）組
閣，此後的自民黨內閣幾乎都要和其他小黨聯合組成「連立」政
權，而不再是五五年體制時期的一黨獨大內閣。

　　橋本龍太郎第二次內閣（1996 年 11 月 7 日–1998 年 7 月 30
日，自民黨單獨組閣），提出行政、經濟、金融、財政構造、社會
保障與教育六大改革， 並在 1997 年 4 月 1 日將消費稅提高到
5%，在日本內部仍身處泡沫經濟破滅痛苦之中提高了消費稅，又
恰巧面臨 1997–1998 年亞洲金融風暴的外在打擊，在內外經濟、
金融危機打擊之下，自民黨於 1998 年 7 月的選舉中大敗，橋本引
咎辭去自民黨總裁，內閣總辭。

　　橋本內閣後，經歷小淵惠三（1937–2000 年）、森喜郎（1937
年–）兩位任期不長的總理之後，日本迎來了罕見長期執政的小
泉純一郎（1942 年–）總理，小泉總理三任內閣（2001 年 4 月
26 日–2006 年 9 月 26 日）時間超過五年，支持率為歷代內閣最
高，小泉不僅是媒體寵兒，自己也善於運用媒體提高人氣，其任
內主張「不存在聖域的改革」（不存在能豁免改革的地方），並提
拔多位女性內閣成員及議員候選人，實施郵政民營化改革、召集
學者及社會賢達討論天皇由第一子繼位的可能性；對外關係上，
重視日美同盟、國際合作，派遣自衛隊到伊拉克維和，並為了解
決朝鮮綁架日本人的懸案、改善與朝鮮關係而兩度赴朝鮮訪問，
於 2002 年 9 月與金正日簽署《日朝平壤宣言》，試圖推進兩國關
係正常化，於 2004 年 5 月再訪朝鮮確認《日朝平壤宣言》以及日

本提供朝鮮的人道援助事項，帶回五名被朝鮮綁架的日本人。小泉總理為了履行競選公約，在任期最後一年的 8 月 15 日去參拜靖國神社，這是繼中曾根康弘（1918–2019 年）於 1985 年 8 月 15 日參拜靖國神社以來，第二位於任內在 8 月 15 日參拜靖國神社的內閣總理，再次引發鄰國批評，但小泉於翌月隨即因黨總裁任期屆滿而內閣總辭。

六、民主黨政權與三一一福島核災

小泉之後又歷經安倍晉三（1954–2022 年，岸信介外孫、佐藤榮作外姪孫）等三屆自民黨短命內閣，接著由反自民黨的議員重組而成民主黨取得政權。2009 年 8 月民主黨於眾議院選舉中大勝，獲得三百零八席，黨代表鳩山由紀夫（1947 年 – ，鳩山一郎之孫）被指名為內閣總理，這是日本於第二次世界大戰後首次有在野黨以席次過半的形式組閣，但因民主黨於參議院並未獲得過半席次，為了取得絕對執政而由民主黨與社民黨、國民新黨合組連立內閣（2009 年 9 月 16 日–2010 年 6 月 8 日）。鳩山總理於聯合國上表示日本願意在 2020 年以前達到將碳排放量從 1990 年減少 25% 的目標，獲得國際矚目；但鳩山提出「脫官僚依存」的主張，試圖由政治主導國政，改變自民黨執政的弊病，但此舉無異於不信任執行政務的公務員，由長期在野黨成員組成的內閣卻又不信任公務員，結果施政措施與內閣發言顛三倒四，在琉球普天間基地移設問題上又與社民黨主張不合，導致社民黨脫離內閣，再加上民主黨幹事長小澤一郎（1942 年 – ）的政治資金問

題，引發國民批判，內閣支持率從一開始超過七成跌到低於20%，已經低於30%的內閣存亡線，因此鳩山於2010年6月辭去內閣總理，在任僅八個多月。

接任鳩山的是由6月4日選出的民主黨代表菅直人（1946年–），菅總理與國民新黨組成連立內閣（2010年6月8日–2011年9月2日），啟用非小澤派議員擔任閣員，一開始支持率超過六成，隨即因總理的消費稅增稅發言，導致連立政權於7月的參議院改選中失去過半席次；又因9月發生日本海上保安廳船艦與中國漁船衝突事件，同時俄國總統又訪問日本所謂的北方四島，外交上層出不窮的紛擾事件，使支持率持續低迷；2011年爆發三一一福島核災事故，在面對巨大災害之際，無法與自民黨達成合作，於8月通過修正預算案後總辭。隨後民主黨選出野田佳佑（1957年–）繼任黨代表，成立野田佳佑與國民新黨的連立內閣（2011年9月2日–2012年12月26日），任內持續處理福島核災事故與災區復興問題；2012年4月15日，在美國華盛頓訪問的東京都知事石原慎太郎（1932–2022年）宣布東京都政府要購買釣魚島，導致中日關係惡化；8月通過消費稅增稅議案。此時民主黨勢力不斷衰微，野田總理於12月解散眾議院，但於同月的選舉中，民主黨大敗，失去政權。

七、安倍政權

自民黨與公明黨連立的安倍晉三內閣（2012年12月26日–2020年9月16日）成立後，自民黨又重返執政，直至今日。

　　為了振興經濟，安倍晉三於任內提出以「大膽金融政策」、「機動財政政策」、「喚起民間投資的成長戰略」作為三隻箭的「安倍經濟學（アベノミクス）」，並分別於 2014 年 4 月、2019 年 10 月將消費稅從 5% 提高到 8%、從 8% 提高到 10%。在 2014 年 12 月選舉後，聯合執政的與黨眾議院議員已經超過三分之二，使得修憲成為可能，安倍提出安全保障的修憲問題，試圖讓自衛隊隨時派赴海外；2016 年參議院選舉，與黨在參議院議員人數也超過三分之二，安倍也表達要將 2020 年當作實施新憲法的年度，但隨後因 2016 年熊本地震及颱風等災害，加上 2020 年起的新冠疫情大爆發，結果修憲問題並無具體進展。或許安倍也和鳩山一郎一樣，不過是將修憲問題當作凝聚右翼以及擔心安全問題的國民選票之手段，而未必真有修憲之決心。

　　安倍積極配合美國推動排斥中國的貿易協定，與美國等十二國於 2016 年 2 月簽署《跨太平洋夥伴關係協議》(TPP)，但美國在川普（Donald John Trump, 1946 年 – ）當選總統後於 2017 年 1 月退出 TPP，日本只好與其他國家於 2018 年 3 月另簽《跨太平洋夥伴關係全面進步協議》(CPTPP)。

　　另外，2016 年天皇明仁以高齡為由表達生前退位的意願，並於 2019 年 4 月 30 日退位，翌日由德仁繼位為新皇，年號令和。

　　長期執政的安倍，任內爆發森友學園、加計學園、賞櫻會等醜聞，其中森友學園的國有地出售問題甚至導致財務省職員自殺。2020 年因新冠疫情，東京奧運會延期而未能於當年舉辦。8 月安倍以生病為由辭去黨總裁，內閣總辭。安倍任期超越歷屆日本內

表 17：日本內閣總理在任日數排行，前四名（安倍晉三、桂太郎、佐藤榮作、伊藤博文）均為長州（山口）出身

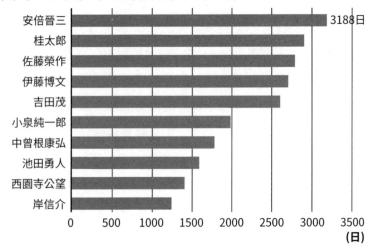

閣總理。

　　安倍下臺後，由其左右手、原官房長官菅義偉（1948 年－）繼任總理，菅內閣任內完成延期一年舉辦的新冠疫情下東京奧運會，但因應對疫情不力，遭到國民批評，支持率跌至 28%，菅義偉於 2021 年 9 月 3 日表示不參選黨總裁，9 月 29 日自民黨選出岸田文雄為總裁。

　　安倍晉三於 2022 年 7 月 8 日在奈良街頭為自民黨參議院候選人演講時，遭舊「統一教」（現稱世界和平統一家庭聯合會）成員家屬以自製槍砲暗殺身亡，在此突發悲劇之下，自民黨參議院獲得大勝。岸田內閣在疫情期間為安倍舉辦「國葬」的同時，也受輿論壓力而調查自民黨議員與舊「統一教」關係，即便是黨內

以個人自白的鬆散問卷方式調查，結果自民黨議員仍有半數左右接受過舊「統一教」資助，或有所往來。岸田內閣因「國葬」的高額費用、物價高漲以及自民黨與舊「統一教」的關係，遭致國民不滿，支持率持續下降，10月甚至低至27%的危險境地。而與舊「統一教」往來密切的經濟再生大臣山際大志郎（1968年－），因遭到在野黨與輿論的不斷追究，於10月24日辭去大臣職位，算是岸田內閣斷尾求生的一個舉措。

　　綜觀日本於二戰敗戰後的歷史，從被GHQ占領的戰後悲慘狀況，到美國因冷戰轉而援助日本成為其在東亞的橋頭堡，其後日本一直處於美國的羽翼之下，因美國的保護而免去敗戰鉅額賠款（同時也招致簽約各國與日本之間的齟齬）；簽署《舊金山和約》後雖然表面上號稱獨立了，但因不具備軍隊，必須仰賴與美國之間的安保條約保護，美軍迄今駐留日本各處基地、享有治外法權；在美國陣營下的產業分工體系中，造就1950至1980年代日本高速經濟成長，使日本長期穩居經濟第二大國的地位。但與美國的共生關係，使得日本的一切榮辱均來自美國，廣場協議後，日本經濟隨即陷入泡沫破裂，長達三十多年處於景氣低迷之中，直至今日仍未能走出泥淖。

　　二戰後的當代日本，在政治、外交、軍事戰略上均緊緊依附美國，已經很難維持變色龍的矜持，只塗上了作為美國小弟的色彩。

附　錄

大事年表

西元	日本年號	
57		東漢光武帝賜給倭奴國王蛇鈕金印。
238		曹魏冊封卑彌呼為親魏倭王。
478		劉宋冊封武為倭國王。
538（或 552）		百濟聖明王贈送釋迦佛像和經典。
600	推古 8	第一次遣隋使。
630	舒明 2	第一次遣唐使。
645	皇極 4	乙巳之變。
663	天智 2	白村江之戰。
672	天武 1	壬申之亂。
694	持統 8	遷都藤原京。
701	大寶 1	完成《大寶律令》。
710	和銅 3	從藤原京遷都到平城京。
794	延曆 13	桓武天皇遷都平安京。
810	大同 5	藥子之變。
902	延喜 2	最後班田。
1086	應德 3	白河上皇開啟院政。
1156	保元 1	保元之亂。
1159	平治 1	平治之亂。
1185	元曆 2	壇之浦之戰，平氏滅亡。

1192	建久 3	源賴朝被任命為征夷大將軍。
1221	承久 3	承久之亂。
1232	貞永 1	北條泰時頒布《御成敗式目》。
1274	文永 11	文永之役。
1281	弘安 4	弘安之役（神風）。
1333	元弘 3／正慶 2	元弘之亂，鎌倉幕府與北條氏滅亡。
1336	建武 3／延元 1	足利尊氏制定建武式目。
1338	建武 5／延元 3	足利尊氏被任命為征夷大將軍。
1392	元中 9／明德 3	足利義滿促成南北朝統一。
1441	嘉吉 1	嘉吉之變。
1467	應仁 1	應仁之亂。
1493	明應 2	明應政變。
1560	永祿 3	桶狹間之戰。
1582	天正 10	本能寺之變；山崎合戰。
1586	天正 14	秀吉獲豐臣賜姓；德川家康臣服。
1587	天正 15	頒布「伴天連追放令」，將傳教與南蠻貿易分離。
1591	天正 19	頒布「人掃令」（「身分統制令」）。
1592	文祿 1	文祿之役（壬辰倭亂）。
1597	慶長 2	慶長之役（丁酉倭亂）。
1600	慶長 5	關之原之戰。
1603	慶長 8	德川家康被任命為征夷大將軍。
1613	慶長 18	日本全國嚴禁基督教。
1615	元和 1	頒布《武家諸法度》（《元和令》）、《禁中並公家諸法度》。

1617	元和 3	將軍向大名、公家、寺社頒布「領知宛行狀」。
1635	寬永 12	外國船僅能駛入長崎、禁止日本人出海與歸國。
1637	寬永 14	島原天草之亂。
1715	正德 5	海舶互市新例。
1854	安政 1	《日米和親條約》。
1862	文久 2	文久改革；生麥事件。
1864	元治 1	四國艦隊下關砲擊事件。
1867	慶應 3	大政奉還；王政復古大號令。
1868	明治 1	戊辰戰爭。
1869	明治 2	版籍奉還。
1871	明治 4	「解放令」；《日清修好條規》；廢藩置縣；岩倉使節團。
1873	明治 6	「徵兵令」；解除禁教；明治六年政變。
1874	明治 7	佐賀之亂；臺灣出兵。
1876	明治 9	《日朝修好條規》。
1877	明治 10	西南戰爭；東京大學設立。
1879	明治 12	廢琉球藩，置縣。
1881	明治 14	開拓使官有物払下事件；明治十四年政變。
1884	明治 17	「華族令」頒布。
1885	明治 18	廢除太政官制，設立近代內閣制度。
1889	明治 22	《大日本帝國憲法》頒布。
1894	明治 27	東學之亂；《日英通商航海條約》；日清

		戰爭。
1895	明治 28	《下關條約》；朝鮮獨立；經營臺灣殖民地。
1902	明治 35	《日英同盟協約》。
1904	明治 37	日俄戰爭。
1905	明治 38	《樸茨茅斯條約》。
1910	明治 43	合併韓國。
1907	明治 40	第一次日俄協約。
1913	大正 2	第一次大正政變。
1914	大正 3	第一次世界大戰爆發。
1915	大正 4	向中國袁世凱政府提出二十一條要求。
1918	大正 7	西伯利亞出兵；第一次世界大戰結束。
1919	大正 8	巴黎和會；《凡爾賽條約》。
1921	大正 10	華盛頓會議。
1923	大正 12	關東大震災；金融恐慌。
1924	大正 13	第二次大正政變。
1925	大正 14	加藤高明內閣通過《普通選舉法》。
1926	昭和 1	蔣介石率國民革命軍北伐。
1928	昭和 3	關東軍暗殺張作霖；張學良易幟。
1929	昭和 4	美國華爾街股市崩盤。
1931	昭和 6	「滿洲事變」（九一八事變）。
1932	昭和 7	上海事變；日本以溥儀為執政，建立「滿洲國」。
1933	昭和 8	希特勒內閣成立；國聯臨時總會；日本退出國聯。

1936	昭和 11	二二六事件；西安事件。
1937	昭和 12	盧溝橋事件；第二次國共合作；《日德義防共協定》。
1939	昭和 14	德蘇互不侵犯條約；第二次世界大戰爆發。
1940	昭和 15	汪精衛政權、圓貨幣圈成立；大政翼贊會創立。
1941	昭和 16	《日蘇中立條約》;《大西洋憲章》；大東亞戰爭爆發。
1943	昭和 18	德軍在西部戰線大敗；義大利投降；開羅宣言。
1945	昭和 20	雅爾達會議；德國投降；日本投降；GHQ 占領。
1947	昭和 22	《日本國憲法》施行；放棄戰爭權。
1950	昭和 25	韓戰爆發。
1951	昭和 26	《舊金山和約》;《日米安全保障條約》。
1951	昭和 27	《日華平和條約》。
1955	昭和 30	五五年體制。
1956	昭和 31	日蘇共同宣言。
1960	昭和 35	《日美相互協力及安全保障條約》、《日美地位協定》。
1964	昭和 39	東海道新幹線通車；舉辦東京奧運會。
1971	昭和 46	尼克森震撼；中國聯合國代表權由臺北轉到北京。
1972	昭和 47	美國將琉球交給日本；日中共同聲明；

		日華斷交。
1978	昭和 53	《日中平和友好條約》。
1985	昭和 60	廣場協議。
1989	平成 1	冷戰終結。
1990	平成 2	日本泡沫經濟崩壞；平成大蕭條。
1993	平成 5	五五年體制崩潰。
1997	平成 9	消費稅提高到 5%；亞洲金融風暴。
2002	平成 14	日朝平壤宣言。
2006	平成 18	小泉純一郎 8 月 15 日參拜靖國神社。
2009	平成 21	民主黨組連立內閣。
2011	平成 23	三一一福島核災。
2012	平成 24	自民黨重新執政。
2014	平成 26	消費稅提高到 8%。
2018	平成 30	《跨太平洋夥伴關係全面進步協議》(CPTPP)。
2019	令和 1	德仁天皇即位；消費稅提高到 10%。
2021	令和 3	新冠疫情下延期一年的東京奧運會。
2022	令和 4	前內閣總理安倍晉三遭暗殺身亡；安倍國葬。

參考書目

史料

《史記·越王句踐世家》

《漢書·地理志》

《後漢書·東夷列傳》

《三國志·魏書·東夷》

《宋書·東夷傳》《隋書·東夷傳》

《舊唐書·東夷傳》

《新唐書·東夷傳》

《元史·外夷傳》

《明史·日本傳》

《日本書紀》

《續日本紀》

《大日本史》

《吾妻鏡》

《續善鄰國寶記》

《高麗史》

著書及論文（依徵引順序排列）

佐藤信、五味文彦、高埜利彦、鳥海靖編，改訂版《詳說日本史研

究》，東京：山川出版社，2008 年。

佐賀県教育委員会，《吉野ヶ里遺跡－国営吉野ヶ里歴史公園整備に伴
　　う埋蔵文化財調査報告書 2》，佐賀県文化財調査報告書 173，
　　2007 年。

光本順、山口雄治、ライアンジョセフ，〈LiDAR 測量による岡山県
　　赤磐市鳥取上高塚古墳の墳丘の検討〉，《文明動態学》第 1 巻，
　　2022 年 3 月，頁 67–81。

高明士，〈中央研究院歷史語言研究所藏高句麗好太王碑乙本原石拓本
　　的史學價值〉，《古今論衡》第 3 期，1999 年，頁 91–104。

倉本一宏，《蘇我氏：古代豪族の興亡》，東京：中央公論新社，2015
　　年。

網野善彦，《日本とは何か》，東京：講談社，2008 年。

中村順昭，《橘諸兄》，東京：吉川弘文館，2019 年。

木本好信，《藤原仲麻呂：率性は聡く敏くして》，京都：ミネルヴァ
　　書房，2011 年。

下向井龍彦，《武士の成長と院政》，東京：講談社，2001 年。

上横手雅敬，《平家物語の虚構と真実》，東京：講談社，1973 年。

佐藤進一，《日本の中世国家》，東京：岩波書店，1983 年。

村上塾指導部，《国史の建設と完成》，大阪：駸々堂，1940 年。

五味文彦，《武士の時代》，東京：岩波書店，2000 年。

大山喬平，《鎌倉幕府》，東京：小学館，1974 年。

佐藤進一，《増訂鎌倉幕府守護制度の研究》，東京：東京大学出版会，
　　1971 年。

渡辺保，《北条政子》，東京：吉川弘文館，1961 年。

日本史史料研究会編，《将軍・執権・連署：鎌倉幕府権力を考える》，

東京：吉川弘文館，2018 年。

長又高夫，《御成敗式目編纂の基礎的研究》，東京：汲古書院，2017
　　年。

細川重男，《北条氏と鎌倉幕府》，東京：講談社，2011 年。

高橋慎一朗，《北條時頼》，東京：吉川弘文館，2013 年。

新井孝重，《蒙古襲來》，東京：吉川弘文館，2007 年。

武井邦夫，〈南北朝正閏論争〉，《研究紀要》（つくば国際大学）第 6
　　巻，頁 89–103，2000 年 3 月。

佐藤進一，《南北朝の動乱》，東京：中央公論社，1965 年。

亀田俊和,《観応の擾乱：室町幕府を二つに裂いた足利尊氏・直義兄
　　弟の戦い》，東京：中央公論新社，2017 年。

亀田俊和,《室町幕府管領施行システムの研究》,京都：思文閣出版,
　　2013 年。

臼井信義,《足利義満》,東京：吉川弘文館,1989 年。

藤野保,《新訂幕藩体制史の研究》,東京：吉川弘文館,1975 年。

吳座勇一,《一揆の原理》,東京：筑摩書房,2012 年。

今谷明,《足利將軍暗殺：嘉吉土一揆の背景》,東京：新人物往來社,
　　1994 年。

今谷明,《戦国三好一族：天下に号令した戦国大名》,東京：洋泉社,
　　2007 年。

廖敏淑著,箱田惠子譯,〈対外交渉の場としての寺院より見た徳川幕
　　府の対外体制〉,《経済史研究》第 23 號,2020 年 1 月,頁 121–
　　146。

杉山博,《戦国大名》,東京：中央公論新社,2005 年。

佐久間重男,《日明関係史の研究》,東京：吉川弘文館,1992 年。

田中健夫著，村井章介編，《倭寇と勘合貿易》，東京：筑摩書房，
　　2012 年。

三宅亨，〈倭寇と王直〉，《桃山学院大学総合研究所紀要》第 37 巻第
　　3 號，2012 年 3 月，頁 173–196。

永原慶二，《戦国期の政治経済構造・戦国大名と都市》（永原慶二著
　　作選集第 6 巻），東京：吉川弘文館，2007 年。

脇田修，《織田信長：中世最後の覇者》，東京：中央公論社，1987
　　年。

小和田哲男，《明智光秀と本能寺の変》，東京：PHP 研究所，2014
　　年。

藤木久志，《豊臣平和令と戦国社会》，東京：東京大学出版会，1985
　　年。

舊参謀本部編，《関ヶ原の役》，東京：德間書店，1965 年。

橋本政宣，《近世公家社会の研究》，東京：吉川弘文館，2002 年。

野村浩一，《國史参考略表》，岐阜：岡安書房，1902 年。

村井早苗，《キリシタン禁制の地域的展開》，東京：岩田書院，2007
　　年。

仲尾宏，《朝鮮通信使の足跡：日朝関係史論》，東京：明石書店，
　　2011 年。

辻達也，《享保改革の研究》，東京：創文社，1963 年。

竹内誠，《寛政改革の研究》，東京：吉川弘文館，2009 年。

鎌田道隆，《お伊勢参り：江戸庶民の旅と信心》，東京：中央公論新
　　社，2013 年。

津田秀夫，《封建社会解体體過程研究序説》，東京：塙書房，1970
　　年。

ゴンチャロフ (Ivan Alexandrovich Goncharov) 著，平岡雅英譯，《日本旅行記》，東京：ロシア問題研究所，1930 年。

井上勝生，《開国と幕末変革》，東京：講談社，2002 年。

Marco Tinello, "Early Meiji Diplomacy Viewed through the Lens of the International Treaties Culminating in the Annexation of the Ryukyus," *The Asia-Pacific Journal: Japan Focus*, Vol. 19, Issue 6, No. 2, March, 2021.

井上馨侯伝記編纂会編，《世外井上公傳》，東京：內外書籍，1934 年。

伊藤正徳編，《加藤高明》，東京：加藤伯伝記編纂委員会，1929 年。

厚生省援護局編，《引揚げと援護三十年の歩み》，東京：厚生省，1977 年。

若槻泰雄，《シベリア捕虜収容所》，東京：明石書店，1999 年。

日本外務省，《いわゆる「密約」問題の調査について》，https://www.mofa.go.jp/mofaj/gaiko/mitsuyaku.html。

圖片出處

国立国会図書館デジタルコレクション：33、59；Shutterstock 圖片網：4、5、8、13、14、25、26、38、71；Wikipedia：1、3、7、12、15、16、17、18、19、20、21、22、24、27、28、30、32、34、35、36、37、39、40、41、42、43、44、45、46、47、48、49、50、51、52、53、54、55、56、57、58、60、61、62、63、64、65、66、67、68、69、70、72、73、75、76。

國別史叢書

智利史——山海環繞的絲帶國

讓我們在智利的土地上跳舞／……／這片土地有最翠綠的果園／最金黃的麥田／與最紅的葡萄園／踏上去似糖如蜜！——智利詩人米斯特拉

越過大山大海的限制、走出極權統治的陰影，看智利如何從世界邊緣走向拉美強國。

丹麥史——航向新世紀的童話王國

全球最幸福國家不是一天內打造出來的！這個童話國度裡有全歐洲最開明的王室、勇敢追求改革的文人、還有積極擁抱創新的人民，讓我們一窺丹麥人如何攜手面對種種時代風潮，建立人人稱羨的幸福王國。

法國史——自由與浪漫的激情演繹

法國，她優雅高貴的身影總是令世人著迷，她從西歐小國逐漸成長茁壯，締造出日後舉足輕重的地位。在瑰麗的羅浮宮、不可一世的拿破崙之外，更擁有足以影響世界的歷史與文化成就。

西班牙史——首開殖民美洲的國家

大航海時代的海上強權——西班牙，締造了傲人的日不落國，也將王國帶入前所未有的輝煌。在時代的轉移下，經歷高潮、低盪、君權和獨裁，今日的西班牙，終於走出一條民主之路。

希臘史——歐洲文明的起源

希臘是孕育歐洲文明的故鄉，然而其銜接歐亞大陸的優越地理位置，卻也為眾多強權所垂涎，羅馬人、十字軍、鄂圖曼的先後入侵與征服，使得希臘長期遭受異族統治。即使在近代掀起獨立戰爭，獨立建國之後的希臘仍是列強爭奪東歐霸權的籌碼。希臘擁有偉大而悠久的歷史，走向現代的路途卻是顛簸坎坷。這個歐洲文明的起源地，能否發揮她古老的智慧，航向名為未來的彼岸呢？

阿拉伯半島史——伊斯蘭的崛起與地緣爭霸

從古文明時期，到伊斯蘭興起、曾一度建立起帝國卻因重心轉移而淪為邊陲的中世紀，以及進入近代被殖民、保護與各區域逐漸崛起的獨立時期。這部古老且浩瀚的阿拉伯歷史，內容深入淺出，作者運用大量的阿拉伯原始史料及半島各國歷史學者之作品，充分顯現其長年在阿拉伯與伊斯蘭文化領域的耕耘。本書對任何對於阿拉伯半島有興趣的讀者而言，都是不容錯過的巨作！

國家圖書館出版品預行編目資料

日本史：矜持的變色龍／廖敏淑著.－－初版一刷.－
－臺北市：三民，2023
面；　公分.－－（國別史）

ISBN 978-957-14-7660-5　（平裝）
1. 日本史

731.1　　　　　　　　　　　　　　　112010213

國別史

日本史——矜持的變色龍

作　　者	廖敏淑
責任編輯	陳至忻
美術編輯	陳欣妤

發 行 人	劉振強
出 版 者	三民書局股份有限公司
地　　址	臺北市復興北路 386 號 (復北門市)
	臺北市重慶南路一段 61 號 (重南門市)
電　　話	(02)25006600
網　　址	三民網路書店 https://www.sanmin.com.tw

出版日期	初版一刷 2023 年 7 月
書籍編號	S730300
ＩＳＢＮ	978-957-14-7660-5

三民書局